运动免疫学

杨永杰◎主编

人民体育出版社

图书在版编目（CIP）数据

运动免疫学 / 杨永杰主编. -- 北京：人民体育出版社，2023

ISBN 978-7-5009-6295-3

Ⅰ.①运… Ⅱ.①杨… Ⅲ.①运动医学－免疫学－高等学校－教材 Ⅳ.①G804.32

中国国家版本馆 CIP 数据核字（2023）第 055791 号

＊

人 民 体 育 出 版 社 出 版 发 行
北京中献拓方科技发展有限公司印刷
新 华 书 店 经 销

＊

710×1000　16 开本　13.75 印张　242 千字
2023 年 11 月第 1 版　2023 年 11 月第 1 次印刷

＊

ISBN 978-7-5009-6295-3
定价：61.00 元

社址：北京市东城区体育馆路 8 号（天坛公园东门）
电话：67151482（发行部）　　邮编：100061
传真：67151483　　　　　　　邮购：67118491
网址：www.psphpress.com

（购买本社图书，如遇有缺损页可与邮购部联系）

编委会

主　　编：杨永杰　副 教 授　山东体育学院
副 主 编：高　丽　教　　授　山东体育学院
　　　　　　隋　波　教　　授　山东体育学院
编写成员（按姓氏笔画排序）：
　　　　　　孙常青　主治医师　山东省运动康复研究中心
　　　　　　李　晔　讲　　师　山东体育学院
　　　　　　李雪莹　副 教 授　山东体育学院
　　　　　　张东彦　副 教 授　山东体育学院

前 言
PREFACE

  运动免疫学是一门新兴的学科，随着生物技术的发展，以及体育、医学工作者的不懈努力，运动免疫学的研究成果不断涌现，为了更好地推进运动免疫学的发展，尚需教材对目前的研究成果进行总结和传播。在"运动是良医"理念和"健康中国"战略背景下，体育院校学生有必要具备运动免疫学相关知识，但是体育院校学生免疫学知识相对薄弱，而医学教材内容较深，且缺乏运动免疫学相关知识和研究成果，不适合其学习。此外，适合体育院校学生学习的专业教材尤其稀少，因此，亟须编写一本运动免疫学教材以满足需求。

  本书介绍了免疫学的基本知识和基本理论、运动中免疫学的应用和研究进展，以及一些研究前沿热点问题。学生通过学习本书可以在"健康中国"战略背景下更好地实现"运动是良医"的理念。

  本书是在山东省研究生教育质量提升计划——建设体育专业学位研究生高级运动生理学课程教学案例库研究（SDYAL20203）项目和山东体育学院学科专业建设经费的支持下完成的。本书可以作为运动人体科学专业本科、硕士研究生的参考教材和体育工作者的参考用书。

  由于编者水平有限，书中难免存在不足之处，恳请各位读者批评指正。

编委会

2021 年 11 月

目录

绪论 ·· 001
  第一节 免疫学基本概念 ·· 001
  第二节 免疫学的发展简史 ·· 003
  第三节 运动免疫学概述 ·· 008

基础篇

第一章 免疫系统 ··· 012
  第一节 免疫器官 ·· 012
  第二节 免疫细胞 ·· 016
  第三节 抗体 ·· 026
  第四节 补体系统 ·· 032
  第五节 细胞因子 ·· 036

第二章 抗原和免疫应答 ··· 041
  第一节 抗原 ·· 042
  第二节 T 细胞介导的特异性免疫应答 ·· 044
  第三节 B 细胞介导的特异性免疫应答 ·· 048
  第四节 非特异性免疫应答 ·· 050

第五节	免疫记忆及其应用	055
第六节	免疫耐受	057
第七节	超敏反应	060
第八节	免疫调节	064

第三章　免疫技术 ……………………………………………………………………… 069

　　第一节　细胞、分子和基因水平的检测 …………………………………………… 069

　　第二节　生物学新技术在免疫中的应用 …………………………………………… 070

应 用 篇

第四章　运动性免疫机能 ……………………………………………………………… 076

　　第一节　运动对免疫功能的影响 …………………………………………………… 076

　　第二节　运动训练的免疫学评价 …………………………………………………… 087

　　第三节　运动性免疫抑制现象和免疫调理 ………………………………………… 089

第五章　运动和心理应激对免疫系统的影响 ………………………………………… 101

　　第一节　运动应激与机体免疫功能 ………………………………………………… 101

　　第二节　心理应激与机体免疫功能 ………………………………………………… 108

　　第三节　运动、应激适应和免疫功能 ……………………………………………… 113

第六章　特殊环境对机体免疫功能的影响 …………………………………………… 115

　　第一节　高温高湿环境对机体免疫功能的影响 …………………………………… 115

　　第二节　低温环境对机体免疫功能的影响 ………………………………………… 119

　　第三节　低氧环境对机体免疫功能的影响 ………………………………………… 123

第七章　运动对老年人和未成年人免疫功能的影响 ………………………………… 133

　　第一节　运动对老年人免疫功能的影响 …………………………………………… 133

　　第二节　运动对未成年人免疫功能的影响 ………………………………………… 139

第八章　运动对常见慢性病的免疫学影响 …………………………………… 144

第一节　运动、免疫与肥胖 ……………………………………………… 144
第二节　运动、免疫与 2 型糖尿病 ……………………………………… 148
第三节　运动、免疫与骨质疏松 ………………………………………… 149
第四节　运动、免疫与非酒精性脂肪性肝病 …………………………… 156
第五节　运动、免疫与心血管疾病 ……………………………………… 160
第六节　运动、免疫与哮喘 ……………………………………………… 167
第七节　运动、免疫与肿瘤 ……………………………………………… 171
第八节　运动、炎症与慢性代谢疾病 …………………………………… 174
第九节　运动、微生物菌群与慢性代谢疾病 …………………………… 179

参考文献 …………………………………………………………………………… 196

Introduction 绪 论

> **内容提要：**

通过学习本章内容，重点掌握以下知识：
1. 免疫、主动免疫、被动免疫、免疫防御、免疫监视与免疫自稳的概念。
2. 免疫系统的构成与功能。
3. 机体免疫应答的类型，以及特异性免疫应答的基本特征。

免疫学是研究机体免疫系统结构与功能的科学。免疫学是从人类与传染病斗争的过程中发展起来的。运动免疫学是在免疫学的基础上发展起来的一门新兴学科。运动免疫学是免疫学在体育实践中的应用，侧重于研究人体在运动过程中免疫功能发生的变化，以及免疫功能与生理机能的关系。

第一节 免疫学基本概念

免疫是机体对疾病，尤其是传染病的抵抗力。免疫功能是指机体免疫系统识别并清除抗原性异物，以维持内环境相对稳定的功能。机体的免疫功能由免疫系统执行。免疫系统由免疫器官（骨髓、胸腺和淋巴结等）、免疫细胞［造血干细胞、淋巴细胞、巨噬细胞（macrophages，Mϕ）、肥大细胞（mast cell，MC）、粒细胞和红细胞等］及免疫分子［免疫球蛋白（immunoglobulin，Ig）、补体和各种细胞因子等］组成。免疫系统包括天然免疫系统和获得性免疫系统。

一、天然免疫系统和获得性免疫系统

天然免疫系统是在种群长期进化过程中逐渐形成的，是机体抵御病原体侵袭的第一道防线。哺乳动物的天然免疫系统由 MC、Mϕ、自然杀伤细胞（natural killer cell，NK 细胞）、中性粒细胞（polymorphonuclear neutrophils，PMNs）及可溶性分子（如补体、溶菌酶等）组成，执行天然免疫功能。

在天然免疫系统的基础上进化形成了获得性免疫系统。获得性免疫系统主要由淋巴样组织构成。因其能特异性识别外来抗原，故又称为特异性免疫系统，执

行获得性免疫功能。T 细胞和 B 细胞是获得性免疫系统的主力军。

二、免疫系统的功能

免疫系统担负着免疫防御、免疫监视与免疫自稳的功能。免疫防御主要指机体对外来微生物及其毒素的免疫清除作用，即抗感染免疫。免疫防御功能过低或缺失会导致感染；而应答过强或持续过长虽然可以清除病原体，但也会对机体造成损伤，如发生超敏反应。免疫监视指免疫系统识别畸变和突变细胞并将其清除的功能。免疫监视功能低下，会导致肿瘤发生或持续病毒感染。免疫自稳指机体可及时清除体内衰老或损伤的体细胞，对自身成分处于耐受状态，可以维持机体内环境的相对稳定。免疫自稳机制发生异常，会导致自身免疫耐受性被打破，最终引发自身免疫病。

三、机体的免疫应答

机体的免疫应答是指抗原刺激机体免疫系统后，体内免疫细胞发生一系列反应以排出抗原性异物的生理过程。

（一）免疫效应的类型

根据来源机体的免疫可分为固有免疫和适应性免疫。固有免疫又称为天然免疫或非特异性免疫，是生物在长期种系发育和进化过程中逐渐形成的一系列防御机制，包括皮肤、黏膜的机械屏障作用；局部细胞分泌的抗菌、杀菌物质的化学屏障作用；吞噬细胞的吞噬作用；正常体液和血液中的抗菌分子（补体、干扰素等）。适应性免疫又称为获得性免疫或特异性免疫，是机体的 T 细胞和 B 细胞接受抗原性异物刺激后，自身活化、增殖并分化为仅针对该特定抗原的效应细胞和抗体，产生一系列生物学效应的全过程。参与特异性免疫反应的成分除了起主要作用的 T 细胞、B 细胞外，单核-巨噬细胞、树突状细胞（dendritic cell, DC）等辅助细胞也必不可少。适应性免疫可分为由 T 细胞介导的细胞免疫和 B 细胞介导的体液免疫；根据效应结果又可分为生理性免疫应答和病理性免疫应答。如果不特殊说明，免疫应答一般指特异性免疫。

（二）主动免疫和被动免疫

特异性免疫可以通过主动免疫和被动免疫获得。主动免疫指利用抗原刺激使机体免疫系统产生免疫应答，产生抗病能力。被动免疫指机体通过获得外源性免疫效应分子（如抗体等）或免疫效应细胞而获得相应免疫力。按照机体免疫获得方式的不同，可分为自然主动免疫、人工主动免疫、自然被动免疫和人工被动免疫。自然主动免疫是指在自然条件下，人体被病原体感染后所获得的免疫力，如儿童患麻疹后可获得抗麻疹的免疫力。人工主动免疫是指将疫苗或类毒素接种于人体，使机体产生获得性免疫力的一种防治微生物感染的措施，主要用于预防疾病。自然被动免疫是指通过初乳和胎盘获得抗体（分泌型 IgA 和 IgG）的方式获得免疫力。人工被动免疫是指给机体直接注射含特异性抗体的免疫血清或细胞因子等制剂，使机体获得特异性免疫，主要用于预防和治疗疾病。

（三）特异性免疫应答的基本特征

特异性免疫应答的基本特征包括特异性、记忆性和耐受性。特异性是指针对某种抗原产生抗体或效应细胞，发生免疫应答。记忆性是指初次接触抗原形成特异性记忆细胞，以后再接触相同抗原后，可迅速被激活并大量扩增，产生强的再次应答。耐受性是指免疫细胞接受抗原刺激后产生特异性不应答，机体对自身组织成分具有耐受性。

第二节　免疫学的发展简史

人类应用免疫学方法预防传染病的历史，可以追溯到 16 世纪中国医学家用人痘苗预防天花的伟大实践。免疫学经历了经验免疫学时期、经典免疫学时期、近代免疫学时期，从 20 世纪 60 年代起进入了现代免疫学时期。在免疫学发展各个阶段有其代表性的事件，这些成就极大地推动了免疫学的发展。

一、牛痘预防天花和疫苗的发明及推广

在明朝，我国便已发明了人痘苗预防天花。18 世纪时，该方法传到国外。英国乡村医生詹纳（Jenner，1749—1823 年）于 1796 年发明牛痘苗预防天花，这是经验免疫学时期的重大发明。19 世纪末，法国微生物学家路易斯·巴斯德（Louis Pasteur）受牛痘苗的启发，用物理或生物方式，使微生物毒力降低，制得菌苗或疫苗，有效预防了人和牲畜的严重传染病。减毒疫苗的发明是经典免疫学发展史中的重要事件之一。目前公认免疫学诞生在巴斯德的实验室。

二、抗体和细胞免疫的发现

1890年埃米尔·冯·贝林（Emil von Behring）和其同事北里柴三郎（Kitasato Shibasaburo）用白喉外毒素免疫动物，并在免疫动物中发现白喉抗毒素，即抗体。白喉抗毒素的问世，开创了免疫血清疗法的先河，为传染病诊断建立了血清学诊断方法。俄国著名生物学家、细胞免疫学派创始人伊力亚·梅契尼科夫（Elie Metchnikoff，1845—1916年）发现了吞噬细胞具有清除微生物或其他异物的功能，阐述了白细胞在机体炎症过程中具有防御作用的理论，即炎症反应是一种保护性机制。抗体和细胞免疫的发现也是经典免疫学发展史中的重要事件。

三、免疫耐受的发现

1945年英国学者欧文（Owen）观察到两头呈自然联体共生的异卵双胎小牛体内有两种不同血型抗原的红细胞共存，构成红细胞嵌合体，互不排斥，这种现象称为天然免疫耐受现象。澳大利亚免疫学家弗兰克·伯内特（Frank Burnet）于1949年推理动物在胚胎期接触过抗原后可以引起免疫耐受。彼得·梅达瓦（Peter Medawar）于1953年成功复制胚胎期诱导免疫耐受的动物模型。1962年德雷瑟（Dresser）用去凝聚的可溶性蛋白也成功诱导成年动物免疫耐受。

四、克隆选择理论的提出

关于抗原和抗体的关系，目前公认的观点是克隆选择学说，该学说是澳大利亚免疫学家弗兰克·伯内特（Frank Burnet）于1957年提出的抗体形成理论，这一学说是近代免疫学的重大成就。这一理论认为：免疫细胞由多种识别不同抗原的细胞克隆组成，同一种克隆细胞表达相同的特异性受体，淋巴细胞识别抗原的多样性由特异性受体的多样性决定，该多样性系生物在长期进化中获得的。外来抗原从免疫细胞库中选择性地以高亲和力与特异性受体结合，使识别这种抗原的淋巴细胞克隆活化、扩增。该淋巴细胞分化成熟为效应细胞或分泌大量特异性抗体，其特异性与亲代淋巴细胞相同。带有能识别自身抗原受体的淋巴细胞在发育早期被清除或发生特异性免疫耐受，赋予机体免疫系统区分"自己"和"非己"的能力。

五、免疫系统的研究

(一) 胸腺免疫功能的发现和淋巴细胞免疫功能的确认

格里克（Glick）于 1957 年发现早期摘除鸡的腔上囊组织可影响抗体的产生，该发现首次证明了腔上囊组织的免疫功能。20 世纪 60 年代初米勒（Miller）和古德（Good）分别在哺乳类动物体内进行早期胸腺摘除研究，证明了胸腺的免疫功能。戈万（Gowan）于 1965 年首先证明了淋巴细胞的免疫功能。克拉曼（Claman）、米歇尔（Mitchell）等于 1969 年提出了 T 细胞亚群和 B 细胞亚群的概念。库珀（Cooper）等证明了免疫淋巴细胞在周围淋巴组织的分布。自此建立了在高等动物体内免疫系统的组织学和细胞学基础。

(二) 免疫应答细胞的揭示

进入 19 世纪 70 年代，费尔德曼（Feldman）等证明了 T 细胞和 B 细胞在抗体产生过程中的协同作用。乌纳努埃（Unanue）等证明了 Mφ 在免疫应答中的作用，它是参与机体免疫应答的第三类细胞，从而证明了机体免疫应答是由多细胞相互作用的结果，并初步揭示了 B 细胞的识别、活化、分化和效应机制，使免疫学的研究进入细胞生物学和分子生物学的领域。米奇森（Mitchison）等证明了辅助性 T 细胞的存在；格申（Gershon）等证明了抑制性 T 细胞（suppressor T cell，TS）的存在；康托（Cantor）等用膜抗原分析法，鉴定不同 T 细胞亚类。这些细胞对免疫应答的调节起着重要作用。

六、分子免疫学的研究

(一) 抗体分子结构的阐明

自 20 世纪 40 年代确定了抗体的血清球蛋白性质后，20 世纪 50 年代波特（Porter）用木瓜蛋白酶水解抗体球蛋白分子，获得了具有抗体活性的片段和易结晶片段。其后埃德尔曼（Edelman）用化学还原法证明抗体球蛋白由多肽链组成，用抗原分析法证明了抗体分子的不均一性。20 世纪 60 年代统一了抗体球蛋白的名称，并建立了抗体的分类，即 IgG、IgM、IgA、IgD 和 IgE。20 世纪 80 年代，日本学者利根川进和莱德尔（Leder）等应用分子杂交技术证明并克隆出编码 Ig 分子的可变区（variable area，V 区）和稳定区（constant region，C 区）基因，同时阐明了 Ig 抗原结合部位多样性的起源，以及遗传和体细胞突变在抗体多样性形成中的作用。

（二）细胞因子的研究

对细胞因子的鉴定及其分子生物学的研究进展是 20 世纪 80 年代免疫学最为瞩目的成果之一。细胞因子是一组异质性肽类细胞调节因子，它们由体内各种免疫细胞和非免疫细胞产生，具有多种生理功能。数年前，人们只能从细胞培养液中提取有限数量的细胞因子，而现在可通过基因工程技术获得纯化的重组型细胞因子，并可进行批量生产，供实验研究和临床应用。

（三）T 细胞抗原识别受体的证实

1983 年穆尔（Meur）等和莱因赫兹（Reinherz）等几乎同时证实了小鼠和人 T 细胞表面抗原受体的存在，并分离出这种受体分子。通过研究其化学性质，证明 T 细胞受体分子由 α 和 β 异二聚体肽链组成，可识别异种抗原分子和自身主要组织相容性复合体（major histocompatibility complex，MHC）分子。戴维斯（Davis）于 1984 年首先分离出小鼠 T 细胞受体的 β 链基因。池恩（Chien）和塞托（Saito）于 1984 年分别从小鼠 T 细胞中分离出 α 基因，α 基因和 β 基因均具有多样性和重排现象。

（四）分化群分子研究的迅猛进展

白细胞分化抗原是指不同谱系的白细胞在正常分化成熟的不同阶段及活化过程中，出现或消失的细胞表面标记。在 1982—1993 年有关白细胞分化抗原的国际学术讨论会中，将识别同一分化抗原的单克隆抗体归为一个分化群（cluster of differentiation，CD）。CD 可作为鉴定和分离细胞的表面标志。

（五）抗原的免疫化学研究

20 世纪 20 年代，奥地利免疫化学家兰德斯坦纳（Landsteiner）创建了人工结合抗原，建立了半抗原与载体、抗原决定簇或表位的概念。其后米奇森（Mitchison）等在 20 世纪 70 年代发现了载体反应细胞和半抗原反应细胞，并证明 T 细胞是载体反应细胞,对抗体产生起辅助作用;B 细胞是半抗原反应细胞,是产生抗体的细胞,自此阐明了载体效应的细胞学基础。

七、免疫学技术的发展

(一) 单克隆抗体

单克隆抗体是由单一 B 细胞克隆产生的高度均一、仅针对某一特定抗原表位的抗体。1975 年英国科学家柯勒(Koehler)和米尔斯坦(Milstein)将产生抗体的淋巴细胞和肿瘤细胞融合,成功建立了单克隆抗体技术,他们于 1984 年获得诺贝尔生理学或医学奖。单克隆抗体被广泛用于疾病治疗和研究中,该疗法被誉为"导弹疗法"。但单克隆抗体目前在一些疾病治疗中效果不尽如人意,仍需探索。

(二) 免疫网络学说

1972 年丹麦的尼尔斯·杰尼(Niels Jerne)根据现代免疫学对抗体分子独特型的认识,提出了免疫网络学说。该学说认为在抗原刺激之前,机体处于一种相对的免疫稳态,抗原进入机体后平衡被打破,产生抗体分子,以及抗独特型的抗体,这使受抗原刺激增殖的克隆受到抑制,以维持免疫应答的稳定平衡。

(三) 神经-内分泌-免疫调节网络

神经-内分泌-免疫调节网络由贝塞多夫斯基(Besedovsky)于 1977 年首次提出,该学说认为神经系统、内分泌系统及免疫系统存在相互调节和制约的双向作用。大量的实验证明,神经系统、内分泌系统及免疫系统共同使用一些细胞因子、肽类激素和神经递质等信息分子,以及它们的受体。通过神经、内分泌、免疫调节网络的整合,协调有序地调控机体的功能,使机体对内外环境的刺激产生统一的适应性反应,以维持稳态。

此外,免疫学技术的发展还表现在许多生物制品(如疫苗、细胞因子和丙球)的生产和新型药物(如免疫增强剂和免疫抑制剂)的研发中等。1999 年佩德森(Pederson)教授在奥斯陆举行的自身免疫国际会议上提出了免疫组学的定义,但当时只局限于研究抗体和 T 细胞抗原识别受体(T cell receptor, TCR)V 区分子结构与功能。目前,免疫组学的新定义是研究免疫相关的全套分子库,它们的作用靶分子及其功能。免疫组学包括免疫基因组学、免疫蛋白质组学和免疫信息学三方面。随着分子生物学的发展，许多生物新技术被广泛应用于免疫学，为免疫技术的发展带来了新机遇。

第三节　运动免疫学概述

　　运动与免疫关系的研究始于 19 世纪。1893 年，德国学者首次报道了运动引起白细胞增多的现象。但直到 20 世纪 80 年代，运动对免疫功能的影响才被多数学者重视。随着现代免疫学和分子生物学技术的快速发展，尤其是通过运动医学工作者与免疫学家的合作，诞生了一门新兴的学科——运动免疫学。运动免疫学主要是研究运动，包括运动量与运动强度，以及运动的手段和方法是如何与免疫系统共同影响人体健康状态的，同时它也提供了有效的实验方法，为运动和健康之间的关系找到了科学的立足点，目前已成为现代免疫学的一个重要分支。

　　1993 年国际运动免疫学学会成立，这是运动免疫学发展过程中的重要里程碑。该学会主要从事运动与大众健康、预防疾病和提高运动员运动能力等方面的研究工作。国际运动免疫学学会的成立有力地推动了该学科的发展。目前关于运动免疫学的研究主要集中于以下方面：①运动对免疫系统的影响，即运动对免疫细胞（T 细胞、B 细胞和 NK 细胞等）和免疫分子（补体、抗体和细胞因子）免疫功能的影响；②运动、营养素、人格特质和免疫的关系；③衰老、运动和免疫的关系；④运动引起免疫抑制的相关理论，如运动免疫抑制的"开窗理论"及流行病感染风险的"J"型曲线模式等。

　　第 13 届国际运动免疫学学会（2017 年）围绕运动对免疫力的遗传影响、运动对炎症和肌肉疾病的影响、饮食和代谢对免疫的影响、运动对儿童和老龄人口的作用、运动对疾病结果的影响、运动员的免疫健康和极端条件下的表现，以及运动和肠道微生物群等内容展开讨论。第 14 届国际运动免疫学学会（2019 年）以"运动与免疫系统"为主题，围绕运动与免疫、运动与代谢、运动与慢性病等 13 个方面的内容展开讨论。在科研人员的不懈努力下，运动免疫学研究对象的范围、涉及的运动项目也变得越来越广。在体医融合的新背景下，运动、免疫和慢性病也融入运动免疫学的研究范畴。未来运动免疫学仍将迅速发展，并对人们的生活产生巨大的影响。

思考题：

1. 试述发明牛痘苗预防天花的意义。
2. 结合实际谈谈为什么说免疫系统是最好的"医生"。

本部分内容较系统地介绍了免疫器官、免疫细胞、抗体、补体、细胞因子、抗原、免疫应答、免疫耐受、超敏反应、免疫调节及免疫技术等免疫学的基本知识和基本原理，临床免疫学部分介绍了超敏反应的基本知识和基本原理。

基础篇

CHAPTER 1 第一章 免疫系统

> **内容提要：**

通过学习本章内容，重点掌握以下知识：
1. 骨髓、胸腺、淋巴结、脾和黏膜免疫系统的功能。
2. 淋巴细胞再循环的概念和意义。
3. T细胞、B细胞、NK细胞、抗原呈递细胞的功能和分类。
4. 抗体的概念、分子结构、功能，以及各类抗体的生物学特性。
5. 补体系统的激活和生物学功能。
6. 细胞因子的概念、特性、分类及生物学活性。

免疫系统是机体发挥免疫功能的重要系统，由免疫器官、免疫细胞和免疫分子组成。

第一节 免疫器官

免疫器官根据功能可分为中枢免疫器官和外周免疫器官两大类。中枢免疫器官是淋巴细胞发育成熟的场所，包括骨髓和胸腺。外周免疫器官是成熟淋巴细胞（T细胞和B细胞）定居和产生免疫应答的场所，也是过滤淋巴液的部位，包括淋巴结、脾和黏膜免疫系统等。

一、中枢免疫器官

（一）骨髓

骨髓既是造血器官，又是免疫器官。哺乳动物的B细胞在骨髓发育成熟。此外，骨髓不仅是再次体液免疫应答发生的场所，还是血清抗体产生的主要场所。

（二）胸腺

胸腺位于胸腔内，分左右两叶，被结缔组织被膜覆盖并分割为胸腺小叶。胸腺小叶的浅皮质区由抚育细胞即胸腺上皮细胞和早期胸腺细胞组成；深皮质区由DC和小胸腺细胞组成。髓质内有大量内皮细胞和散布的较成熟的胸腺细胞、Mφ、DC等。胸腺为T细胞分化和成熟提供了微环境。胸腺可参与免疫调节，血-胸腺屏障具有免疫屏障作用，可阻止血液中大分子物质的进入，保证胸腺中的淋巴细胞在相对稳定的微环境中发育成熟。胸腺是发生最早的免疫器官（胚胎第9周），也是体内最先衰老的器官。

二、外周免疫器官

（一）淋巴结

1. 淋巴结的结构

淋巴结（图1-1）外包结缔组织被膜，被膜深入实质，构成小梁，被膜下为边缘窦，内有大量Mφ。其实质由皮质和髓质构成。近被膜下的浅皮质区是B细胞的定居场所，大量B细胞聚集成淋巴滤泡（又称淋巴小结），为非胸腺依赖区。未受抗原刺激的淋巴小结无生发中心，称初级淋巴小结，内含初始B细胞，受抗原刺激后，淋巴小结内出现生发中心，称次级淋巴小结，内含B淋巴母细胞。

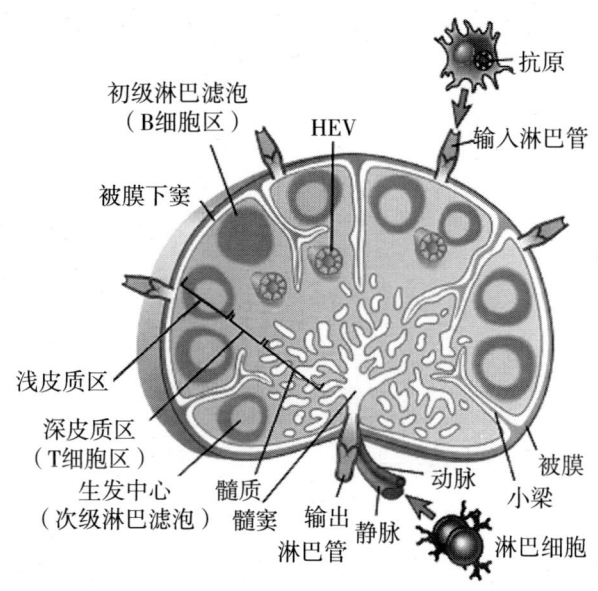

图1-1 淋巴结的结构模式图

深皮质区又称副皮质区，是T细胞定居的场所，为胸腺依赖区。髓质由髓窦和髓索构成，髓窦内多含Mφ。皮质和髓质交界处有内皮细胞呈非连续状排列的毛细血管后微静脉，也称高内皮微静脉（high endothelial venule，HEV）。HEV是血液淋巴细胞进入淋巴结的部位，常见于除脾以外几乎所有的周围淋巴器官和淋巴组织中。

2. 淋巴结的功能

淋巴结是成熟T细胞和B细胞定居的场所。其中，T细胞约占淋巴细胞总数的75%。此外，淋巴结具有滤过作用，侵入机体的病原微生物等随淋巴液进入局部引流淋巴结,被淋巴结内的 Mφ 吞噬和清除。淋巴结是免疫应答的场所,在淋巴结中 T 细胞活化、增殖、分化为效应 T 细胞;B 细胞识别抗原,增殖、分化为浆细胞,分泌抗体。淋巴结参与淋巴细胞的再循环。效应 T 细胞与抗体可随淋巴液经胸导管进入血流,从而在全身发挥免疫应答效应。

(二) 脾

脾位于腹腔上部,既是人体最大的外周免疫器官,又是胚胎时期的造血器官。

1. 脾的结构

脾外被结缔组织被膜,被膜深入脾内成若干小梁。脾实质分为白髓、红髓和边缘区(图 1-2)。白髓由围绕中央动脉分布的动脉周围淋巴鞘和脾小结组成。中央动脉周围有厚层弥散淋巴组织,称为动脉周围淋巴鞘,主要由 T 细胞组成,为 T

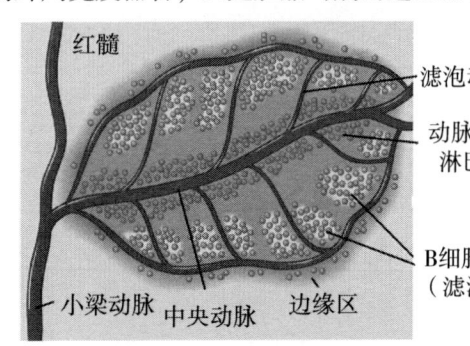

图 1-2 脾的结构示意图

细胞区。脾小结主要由 B 细胞组成,为 B 细胞区。红髓占脾的 2/3,可分为脾索及脾窦。脾索是富含血细胞的淋巴组织索,内含 Mφ 可吞噬异物、衰老的红细胞及血小板,有滤过血液和产生抗体的作用。脾窦的窦壁附近有较多的 Mφ。白髓与红髓的交界处为边缘区,该区含有 B 细胞和 T 细胞,以 B 细胞为主。边缘区是淋巴细胞从血液进入淋巴组织的重要通道,也是淋巴细胞首先接触抗原并引起免疫应答的重要部位。

2. 脾的功能

脾是成熟淋巴细胞定居的场所。脾的淋巴细胞约 60% 为 B 细胞,40% 为 T 细胞,其余为杀伤细胞(killer cell, K 细胞)和 NK 细胞。脾是机体对血源性抗原产生免疫应答的主要场所。脾是体内产生抗体的主要器官。体内约 90% 的循环血液要流经脾,从而发挥脾的过滤作用。脾可合成并分泌一些重要生物活性物质,如补体成分等,从而发挥免疫调节功能。此外,脾可贮血,胚胎时期的脾有造血功能。

(三) 黏膜免疫系统

黏膜免疫系统亦称为黏膜相关淋巴组织,主要指呼吸道、胃肠道及泌尿生殖道黏膜固有层和上皮细胞下散在的无被膜淋巴组织，以及带有生发中心的器官化淋巴组织。黏膜免疫系统包括肠相关淋巴组织、鼻相关淋巴组织和支气管相关淋巴组织等。

肠相关淋巴组织包括派尔集合淋巴结、淋巴小结、固有层中弥散分布的淋巴细胞等，主要作用是抵御侵入肠道的病原微生物感染。微皱褶细胞（microfold cell，M 细胞）散在于派尔集合淋巴结上皮内，可摄取肠腔内抗原并转运给抗原呈递细胞（antigen presenting cell，APC）。B 细胞分化为幼浆细胞后经淋巴细胞再循环，大部分返回肠黏膜固有层分化为浆细胞，主要产生分泌型 IgA（secretory IgA，SIgA），执行黏膜免疫应答；小部分进入唾液腺、乳腺和呼吸道黏膜等部位，使肠道免疫成为全身免疫的一部分。小肠黏膜的 T 细胞约 40% 为胸腺依赖性，其数量与抗原刺激有关；约 60% 由骨髓迁移而来，为胸腺非依赖性，属固有免疫细胞，参与免疫监视和黏膜免疫，也参与口服抗原介导的免疫耐受，降低针对肠腔共生微生物的炎症反应。DC 把抗原呈递给 TS，以此调节黏膜固有层的 T 细胞和 B 细胞应答强度；下调 DC 和肠上皮细胞的 Toll 样受体 4（toll-like receptor 4，TLR4）的表达。

鼻相关淋巴组织包括扁桃体及鼻后部其他淋巴组织，由淋巴滤泡及弥散的淋巴组织组成，它们共同抵御经空气传播的病原微生物的感染。支气管相关淋巴组织主要分布于支气管上皮下，与派尔集合淋巴结相似，主要为 B 细胞。

成年人体黏膜的表面积约 $400m^2$，机体近 50% 的淋巴组织存在于黏膜系统，故黏膜免疫系统构成了一道免疫屏障，参与黏膜局部免疫应答。

三、淋巴细胞再循环

成熟淋巴细胞离开中枢免疫器官后，经血液循环定向迁移并定居于外周免疫器官或组织的特定区域，称为淋巴细胞归巢。定居在外周免疫器官的淋巴细胞也可由淋巴循环重新分布。淋巴细胞在血液、淋巴液、淋巴器官或组织间反复循环的过程称为淋巴细胞再循环。参与再循环的淋巴细胞主要是 T 细胞，约占 80% 以上。淋巴细胞再循环执行免疫巡视功能。通过淋巴细胞再循环，淋巴细胞在外周免疫器官和组织的分布更为合理。淋巴组织可不断地从循环池中得到新的淋巴细胞补充，有助于增强整个机体的免疫功能，增加了淋巴细胞与抗原及 APC 接触的机会。许多免疫记忆细胞也参与淋巴细胞再循环，一旦接触到相应抗原，便可迅速激活，产生免疫应答。

淋巴结中 T 细胞和 B 细胞可随血液循环进入深皮质区，穿过 HEV 进入相应区域定居，随后移向髓窦，经淋巴循环返回血液循环；经脾动脉进入脾的淋巴细胞穿过血管壁进入白髓，然后移向脾索、脾血窦，最后经脾静脉返回血液循环；组织中的淋巴细胞进入引流淋巴结，通过胸导管返回血液循环。

第二节 免疫细胞

免疫细胞泛指所有参与免疫应答的细胞及其前体，包括造血干细胞、淋巴细胞、APC、粒细胞、MC 和红细胞等。免疫细胞都是由骨髓里的造血干细胞发育分化而来。T 细胞和 B 细胞是发挥特异性免疫应答的主要细胞。NK、PMNs 和 Mφ 等是发挥非特异性免疫应答的主力军。

一、T 细胞

T 细胞由骨髓造血干细胞经淋巴样干细胞、祖 T 细胞、前 T 细胞（即 CD4⁻CD8⁻双阴性 T 细胞）和未成熟 T 细胞（包括 CD4⁺CD8⁺双阳性 T 细胞和 CD4⁺单阳性 T 细胞或 CD8⁺单阳性 T 细胞）分化而来。成熟 T 细胞有多样性 TCR，并都获得了两种特性，即对抗原识别具有 MHC 限制性和对自身抗原具有耐受性。MHC 限制性是指每一个个体的 T 细胞只能识别与其自身 MHC 分子结合的异种抗原分子。自身耐受性是指 T 细胞对自身抗原具有耐受性。

（一）T 细胞的主要表面分子

不同功能的成熟 T 细胞均属小淋巴细胞，不能在形态学上区分，但可借其细胞膜表面分子不同加以鉴别。

1. TCR 和 CD3

TCR 是 T 细胞识别抗原的特异性受体，根据所含肽链的不同，可分为两类：αβTCR 和 γδTCR。大多数成熟 T 细胞（约占 95%）的 TCR 分子由 α 和 β 肽链组成。TCR 的特异性是由 α 肽链和 β 肽链的膜外 V 区决定的（图 1-3）。具有 αβTCR 的 T 细胞行使特异性免疫应答功能。γδTCR 由 γ 和 δ 肽链组成，多见于胸腺内早期 T 细胞，在人外周血的成熟 T 细胞中甚少。具有 γδTCR 的 T 细胞执行非特异性免疫功能。

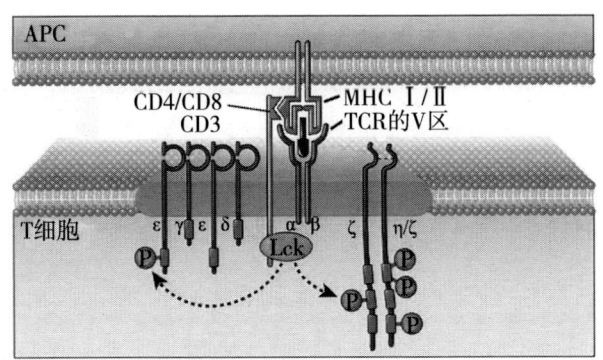

APC：抗原呈递细胞；MHC：主要组织相容性复合体；TCR：T细胞抗原识别受体；V区：可变区；Lck：酪氨酸激酶。

图1-3　TCR、CD3、CD4和CD8功能示意图

CD3分子可表达于所有成熟T细胞表面，由γ、δ、ε、ζ和η五条肽链非共价结合组成（图1-3），与TCR分子形成TCR-CD3复合受体分子。CD3分子不参与抗原识别，它具有稳定TCR结构和传递活化信号的作用。

2. CD4和CD8

早期胸腺细胞CD4和CD8分子可同时表达，但在成熟T细胞内只表达其一，故成熟T细胞分为$CD4^+$T细胞和$CD8^+$T细胞。在外周淋巴组织中$CD4^+$T细胞约占65%，$CD8^+$T细胞约占35%。CD4和CD8分子与抗原识别无关，可分别与自身MHC Ⅱ类分子和MHC Ⅰ类分子的非多态区结合（图1-3），增强TCR与APC的亲和性，有助于激活信号的传递。

3. CD28

CD28分子表达于全部$CD4^+$T细胞及50% $CD8^+$T细胞，其配体B7分子存在于B细胞或其他APC上（图1-4）。T细胞膜上的CD2、淋巴细胞功能相关抗原-1（lymphocyte function associated antigen-1，LFA-1）及CD28等分子也参与T细胞活化的协同刺激信号产生。CD2分子、细胞因子的受体和丝裂原受体等在T细胞的活化、增殖及免疫应答效应中也起着重要的调节作用。

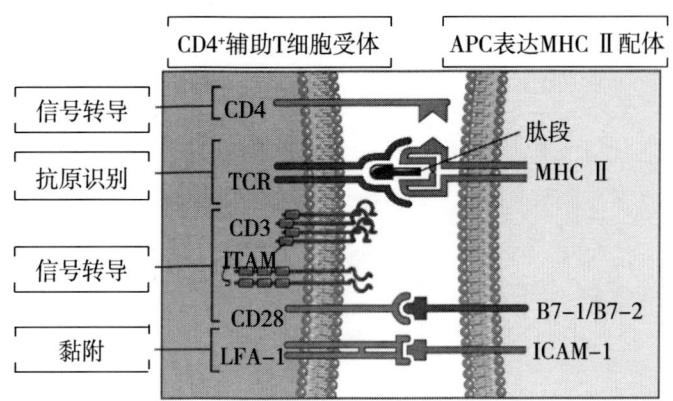

APC：抗原呈递细胞；MHC：主要组织相容性复合体；TCR：T 细胞抗原识别受体；ITAM：免疫受体酪氨酸激活基序；LFA-1：淋巴细胞功能相关抗原-1；ICAM-1：细胞间黏附因子-1。

图 1-4 CD4⁺辅助 T 细胞活化相关分子

（二）T 细胞亚群的分类及功能

根据细胞分化状态可分为未接触抗原刺激的成熟 T 细胞（即初始 T 细胞）、执行免疫效应功能的效应 T 细胞和维持机体免疫记忆功能的记忆 T 细胞。根据 TCR 类型，T 细胞可分为 αβ T 细胞和 γδ T 细胞。

1. αβ T 细胞

一般所说的 T 细胞是指 αβ T 细胞。根据细胞表面 CD 分子的不同，T 细胞可分为 CD4⁺T 细胞和 CD8⁺T 细胞两个亚类。根据细胞功能的不同，T 细胞分为辅助性 T 细胞（helper T cell, Th）、细胞毒性 T 细胞（cytotoxic T lymphocyte, CTL）和调节性 T 细胞（regulatory T cell, Treg）（图 1-5）。

Th 为 CD4⁺T 细胞。未分化的 Th 又称为 Th0，其活化后可分为 Th1 和 Th2 亚群。其中 Th1 的功能以促进细胞免疫应答为主；Th2 可以辅助 B 细胞分化，参与体液免疫。Th1 和 Th2 是互相制约的。Th0 在白介素-6（interleukin-6, IL-6）和白介素-23（interleukin-23, IL-23）的刺激下分化为 Th17，主要分泌白介素-17（interleukin-17, IL-17）和白介素-22（interleukin-22, IL-22）等促炎症因子。Th9 由转化生长因子-β（transforming growth factor-β, TGF-β）和白介素-4（interleukin-4, IL-4）诱导 Th0 分化而成，在过敏性疾病、抗寄生虫感染和自身免疫病中发挥作用，在炎症免疫等疾病中具有促炎和抗炎的双重作用。白介素-

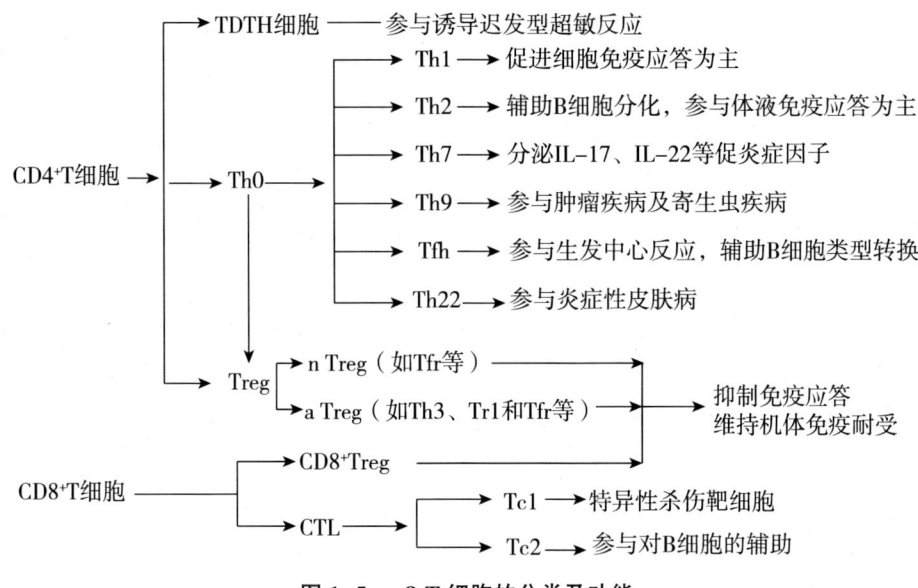

图 1-5 αβ T 细胞的分类及功能

21（interleukin-21，IL-21）和 IL-6 诱导 Th0 分化为滤泡辅助性 T 细胞（follicular helper T cell，Tfh），Tfh 参与生发中心反应，辅助 B 细胞类型转换。滤泡调节性 T 细胞（follicular regulatory T cell，Tfr）调控 Tfh 和 B 细胞的分化，辅助筛选高亲和力抗体，抑制生发中心和自身免疫。TGF-β 和白介素-2（interleukin-2，IL-2）可诱导 Th0 为 Treg。此外，还在炎症性皮肤病中发现了 Th22。迟发型超敏反应 T 细胞（delayed type hypersensitivity T cell，TDTH）也是 CD4$^+$T 细胞。在体内以未活化的前体细胞存在，被激活后可参与诱导迟发型超敏反应。

CD8$^+$T 细胞活化后的效应细胞称为 CTL，识别抗原后能够杀伤靶细胞。其 αβTCR 只能识别自身靶细胞表面上的 MHC I 类分子与抗原肽片段结合的复合分子，参与抗病毒、抗肿瘤，以及对移植物的移植排斥反应。根据 CTL 所分泌的细胞因子谱可将其分为 Tc1 和 Tc2 细胞亚群。Tc1 能产生 IL-2、肿瘤坏死因子-β（tumor necrosis factor-β，TNF-β）、干扰素-γ（IFN-γ）等细胞因子，主要介导 CTL 的细胞毒活性；而 Tc2 主要产生白介素-5（interleukin-5，IL-5）和白介素-10（interleukin-10，IL-10）等，参与对 B 细胞的辅助。

Treg 参与维持机体免疫耐受，抑制正常机体内潜在的自身反应性 T 细胞的活化与增殖，防止自身免疫病的发生。如 Th3、Tr1 和 Tfr，与自身免疫病的发生关系密切。其中 Tr1 分泌 IL-10；Th3 分泌 TGF-β，二者参与抑制炎症性自身反应免疫和移植排斥等；Tr1 还在防治超敏反应中起作用。Treg 可分为天然 Treg（natural Treg，nTreg）和获得性 Treg（acquired Treg，aTreg）两类。nTreg 直接从胸腺分化而来，约占外周血 $CD4^+T$ 细胞数的 5%～10%，Foxp3 是 nTreg 的标志。aTreg 由外周成熟 $CD4^+T$ 细胞产生。Th3、Tr1 属于 aTreg，Tfr 是否优先从胸腺分化或外周成熟 $CD4^+T$ 细胞分化尚不清晰。据报道，nTreg 可向 Tfr 分化，不仅可以维持正常体液免疫应答，还能防止抗体介导的自身免疫性疾病发生。

2. γδ T 细胞

γδ T 细胞是哺乳动物发生最早的 T 细胞。γδ T 细胞的发育经历功能性 TCR 的表达和阴性选择以获得自身免疫耐受。γδ T 细胞多为 $CD4^- CD8^-$ T 细胞，极少数为 $CD4^+$ γδ T 细胞（参与免疫调节）和 $CD8^+$ γδ T 细胞（参与免疫应答效应阶段）。γδ T 细胞根据其 δ 链不同可分为 Vδ1 和 Vδ2 两个亚群，Vδ1 亚群主要分布于外周器官的黏膜和皮下，可能参与黏膜免疫；Vδ2 亚群主要存在于外周血中，在抗微生物感染、调节免疫应答和抗肿瘤免疫方面发挥着重要的作用。γδ T 细胞识别抗原无 MHC 限制性。在感染早期发挥抗感染作用，并通过膜表面分子和分泌多种细胞因子调节特异性免疫应答。

总之，在正常情况下，T 细胞在周围组织中的数目是相对稳定的。$CD4^+T$ 细胞和 $CD8^+T$ 细胞的比值在正常人中约为 2.0，若其比值小于 1.0 或大于 2.0 可视为调节细胞比例异常。

二、B 细胞

哺乳类动物中 B 细胞分化的最早部位在卵黄囊，出生后则在骨髓内分化成熟。B 细胞分化过程可分为抗原非依赖期和抗原依赖期。抗原非依赖期在骨髓中发育，首先，造血干细胞分化为淋巴样干细胞，然后经祖 B 细胞、前 B 细胞和不成熟 B 细胞 3 个阶段成为成熟 B 细胞，并释放至周围淋巴组织，构成 B 细胞库。抗原依赖期是成熟 B 细胞受抗原刺激后，继续分化为合成和分泌抗体的浆细胞阶段，此阶段主要在周围免疫器官内进行。

B 细胞是体内唯一能产生抗体的细胞，抗体的多样性由 B 细胞克隆多样性决定。外周血中，B 细胞占淋巴细胞总数的 10%～15%。

(一) B 细胞的主要表面分子

1. B 细胞抗原识别受体复合体

膜表面免疫球蛋白（surface membrane immunoglobulin, SmIg）是表达于细胞膜上的免疫球蛋白，是 B 细胞抗原识别受体（B cell receptor, BCR），可特异性识别抗原。在正常人外周血中多数 B 细胞可同时表达膜表面免疫球蛋白 M（surface membrane immunoglobulin M, SmIgM）和膜表面免疫球蛋白 D（surface membrane immunoglobulin D, SmIgD）。SmIgD 的表达开始于不成熟 B 细胞；SmIgM 是 B 细胞成熟的标志。BCR 的功能是识别并结合抗原（可溶性蛋白），Igα 和 Igβ 异二聚体分子与抗原信号传导有关。Igα 和 Igβ 链与 BCR 一起构成 BCR 复合体。

2. CD40

在 B 细胞活化中，CD19、CD21 和 CD40 等参与了活化信号的传导，CD21 能增强 BCR 与抗原的结合，同时把信号传递给 CD19；CD40 表达在 B 细胞及其他 APC 表面，活化 T 细胞表达其配体为 CD40L。其中，CD40 与 CD40L 的结合，为 B 细胞提供主要的协同刺激信号，使 B 细胞充分活化。

3. MHC

MHC 是一组编码动物主要组织相容性抗原的基因群的统称。机体内与排斥反应有关的抗原系统多达 20 种以上，其中能引起强而迅速的排斥反应者称为主要组织相容性抗原。MHC 不仅与移植排斥反应有关，还广泛参与免疫应答的诱导与调节。不同种属的哺乳类动物其 MHC 及编码的抗原系统有不同的命名，如小鼠的称为 H-2 系统，人的则称为人白细胞抗原（human leucocyte antigen, HLA）系统，但它们的组成结构、分布和功能等相似。根据基因位置和功能，MHC 基因分为两种类型：一是经典 MHC Ⅰ类基因（如 HLA Ⅰ类基因区的 HLA Ⅰa，即 A、B、C 基因座）和经典 MHC Ⅱ类基因（如 HLA Ⅱ类基因区经典的 DP、DQ、DR 和参与抗原加工呈递的 DM、TAP 等基因座），它们的产物具有抗原呈递功能。二是免疫功能相关基因，包括传统的 HLA Ⅲ类基因，即几种补体成分和炎症反应的基因。其中 MHC Ⅰ类和 MHC Ⅱ类分子均由 α 和 β 两条链组成，MHC Ⅰ类分子几乎表达于所有的有核细胞表面及某些特殊血型者的成熟红细胞，但神经细胞和成熟的滋养层细胞不表达 MHC Ⅰ类抗原。MHC Ⅱ类抗原主要表达在某些免疫细胞表面，如 B 细胞、单核细胞、Mφ、DC 和激活的 T 细胞等，内皮细胞和上皮细胞或在病理情况下某些组织细胞也可检出。MHC Ⅰ 类、MHC Ⅱ 类抗原也可见于血清、尿液、唾液、精液及乳汁中。

MHC 分子参与对抗原处理。MHC Ⅱ 类分子参与对外源性抗原处理和呈递；MHC Ⅰ 类分子参与对内源性抗原肽加工处理和呈递。具有同一 MHC 表型的免疫细胞才能有效地相互作用，称为 MHC 限制性。MHC 分子参与对免疫应答的遗传控制。MHC 分子诱导自身或同种淋巴细胞反应。自身反应性 T 细胞增殖后可表达 MHC 分子，从而激活某些 T 细胞，有助于维持免疫自稳。MHC 分子对早期 T 细胞在胸腺中发育为成熟 T 细胞起着重要作用。MHC Ⅱ 类分子与 B 细胞呈递抗原、增强与 T 细胞间的黏附和 B 细胞活化有关。

4. 其他受体

在 B 细胞膜上还有抗体受体、补体受体（complement receptor，CR）和表达于活化的 B 细胞的多种细胞因子受体。这些受体可促进 B 细胞的增殖和分化、活化，以及抗体成熟。B 细胞表面的丝裂原受体可用于检测 B 细胞的功能。

（二）B 细胞亚类及其功能

1. B1 细胞和 B2 细胞

根据 B 细胞表型是否表达 CD5，可分为 CD5$^+$ 的 B1 细胞和 CD5$^-$ 的 B2 细胞。B1 细胞出现早，由胎儿期大网膜内前驱细胞产生，在腹腔和胸腔内发育，通过自身再生以维持其细胞库，其数量随年龄增长而减少。B2 细胞其前驱细胞在骨髓。B2 细胞活化需要 T 细胞辅助，可产生高亲和性特异性抗体。而 B1 细胞主要对一些自身抗原应答，不需要 T 细胞辅助，产生的抗体为低亲和性和多反应性的 IgM 型抗体及天然抗体，抗体无亲和性成熟。B1 细胞在肠道内发挥抗感染作用，还参与自身免疫性疾病。

2. 浆细胞和记忆 B 细胞

成熟 B 细胞接受抗原刺激，可增殖分化为产生抗体的浆细胞。此阶段 B 细胞可发生抗体类别转换，从产生 IgM 转换为产生 IgG、IgA 或 IgE 的 B 细胞。一种浆细胞只能产生一种类别的抗体。浆细胞寿命较短，仅生存数日。而有一部分 B 细胞可恢复为小淋巴细胞，寿命较长，可生存数月至数年。当再次与同一抗原相接触时易于活化和分化，故称此种细胞为记忆 B 细胞。

三、NK 细胞和自然杀伤 T 细胞

NK 细胞和自然杀伤 T 细胞（natural killer T cell，NKT 细胞）分别为第三种和第四种淋巴细胞。

（一）NK 细胞

NK 细胞的胞浆中含有颗粒，故称为大颗粒淋巴细胞。NK 细胞来源尚不清晰，主要存在于血液和淋巴组织（特别是脾）中，属于先天免疫系统的成员。NK 细胞检测标记有 CD16、CD56、CD57、CD59、CD94、LAK-1 等。根据细胞表面标记 CD56 的表达密度可将 NK 细胞分为 CD56dim 和 CD56bright 两个亚群。在人类中，CD56bright NK 细胞是 CD56dim NK 细胞的前体，主要分布于淋巴结，起免疫调节作用。血液中主要为 $CD16^+CD56dim$ 亚型，起细胞毒作用。CD57 标记的成熟 NK 细胞具有最强的溶细胞能力。

活化的 NK 细胞可释放穿孔素，合成和分泌多种细胞因子，也可通过 NK 细胞活化受体（killer cell activating receptor，KAR）和 NK 细胞抑制受体（killer cell inhibitory receptor，KIR）杀伤肿瘤细胞、病毒感染细胞，以及抗寄生虫。活化的 NK 细胞还可参与 II 型超敏反应和移植物抗宿主反应。NK 细胞可结晶片段（fragment crystallizable，Fc）的受体，可杀伤结合了 IgG 抗体的靶细胞，这被称为抗体依赖的细胞介导的细胞毒性作用（antibody-dependent cell-mediated cytotoxicity，ADCC）。此外，单核细胞、Mφ、嗜酸性粒细胞（eosinophils，EOS）和 PMNs 也有此作用。

（二）NKT 细胞

NKT 细胞源于骨髓，在胸腺中发育，分布广泛，共表达 T 细胞受体和 NK 细胞受体，是一类天然存在的重要淋巴细胞。NKT 细胞能特异性识别糖脂类抗原。根据 CD4 和 CD8 分子的表达情况，可将 NKT 细胞划分为 $CD4^+$ 和 $CD4^-$（包括 $CD4^-CD8^-$ 双阴性和 $CD8^+$ 单阳性）NKT 细胞。NKT 细胞在发育过程中可上调 CD44、CD69、CD122 和 NK 受体等细胞成熟标志分子的表达，成为效应性 NKT 细胞。NKT 细胞可参与机体的抗感染、抗肿瘤、移植免疫和自身免疫调节作用。NKT 细胞能大量产生细胞因子，不仅可以在固有免疫中发挥作用，还可以介导获

得性免疫。

四、APC

APC 指能摄取处理抗原，将蛋白质降解成肽片段，并同 MHC 分子结合，一同表达在细胞膜表面，提供给 T 细胞识别活化的一类细胞。APC 可分为两类：专职性 APC 和非专职性 APC。

专职性 APC 能组成表达 MHC Ⅱ类分子和 T 细胞活化的共刺激分子，抗原呈递能力强，包括 B 细胞、Mφ 和 DC 等。B 细胞是再次免疫应答中重要的 APC，尤其对低浓度的抗原很有效。Mφ 仅能刺激已活化的 T 细胞或记忆性 T 细胞。DC 是目前发现的唯一能激活未致敏的初始型 T 细胞的 APC，也是功能最强的 APC。非专职性 APC 诱导性表达 MHC Ⅱ类分子，抗原呈递能力弱，包括内皮细胞、成纤维细胞和上皮细胞等。

（一）单核吞噬细胞系统

单核吞噬细胞由髓样干细胞经粒-单核细胞、干细胞、原单核细胞、前单核细胞分化发育而成。外周血单核细胞占白细胞总数的 1%~3%，存留几小时至数十小时后，移行至全身各组织并发育成熟为 Mφ，Mφ 寿命可达数月至数年。根据位置 Mφ 可分为肺泡巨噬细胞、肝巨噬细胞（Kupffer cells，KCs）、脾巨噬细胞、淋巴结巨噬细胞、腹腔巨噬细胞、神经组织的小胶质细胞、脂肪组织巨噬细胞（adipose tissue macrophages，ATMs）、关节滑膜 A 型细胞、肾小球系膜细胞和破骨细胞等。KCs 和 ATMs 是与主要代谢组织相关的 Mφ。

单核-巨噬细胞核呈圆形或椭圆形，不分叶，胞浆中富含溶酶体。单核吞噬细胞具有很强的吞噬能力，能够从血液中清除外来微生物、异物抗原及衰老细胞，故命名为单核吞噬细胞系统（mononuclear phagocyte system，MPS）。单核吞噬细胞又称为大吞噬细胞，参与炎症、止血、组织修复和再生等过程。单核吞噬细胞表面有许多受体分子，如 IgG 的 Fc 段、补体 C3b 的受体（C3b receptor，C3bR），以及各种细胞因子、激素和神经肽等的受体。单核吞噬细胞表面也有多种抗原分子，如 MHC 抗原，尤其是 MHC Ⅱ类抗原；此外，成熟单核细胞可表达高密度的 CD14，这是单核细胞相对特异的表面标志。MPS 细胞可表达丰富的黏附分子，故又被称为黏附细胞。MPS 细胞参与非特异性免疫防御和特异性免疫应答，以及免疫效应与免疫调节。

(二) DC

人 DC 起源于造血干细胞,由髓样干细胞和淋巴系干细胞分化而来。DC 具分枝核,在外周血单个核细胞数量少于 1%;具有迁移能力,DC 表面具有丰富的 MHC Ⅰ 类和 MHC Ⅱ 类分子、共刺激因子和黏附因子。未成熟状态 DC,抗原呈递能力较弱,吞噬能力较强。成熟 DC 抗原呈递能力强,参与 T 细胞的激活。DC 也能刺激 B 细胞增殖和分化,激活 NK 细胞,发挥抗肿瘤作用。按存在的组织部位不同,DC 可有不同的名称和生物学特征。

滤泡树突状细胞(follicular dendritic cells, FDC)位于淋巴滤泡生发中心或淋巴小结内。FDC 能够捕获和滞留抗原,在记忆 B 细胞发育中起重要作用,是参与再次免疫应答的 APC。并指状树突状细胞主要位于淋巴组织胸腺依赖区,因具有星状突起而得名,它是淋巴结中主要的 APC。朗格罕细胞(langerhans cell, LC)位于皮肤、呼吸道上皮和消化道上皮。LC 约占皮肤细胞总数的 5%~10%,在介导接触性皮肤超敏反应中起关键作用。此外,还有分布于心、肝、肺和肾等器官结缔组织内的间质树突状细胞。

五、其他免疫细胞

(一) 粒细胞和 MC

粒细胞源于髓系干细胞(由骨髓造血干细胞分化而来),根据胞质中颗粒的染色性质不同可分为 PMNs、EOS 和嗜碱性粒细胞(basophilic granulocyte, BASO),主要发挥非特异性免疫作用。

1. PMNs

PMNs 为血液中最多的白细胞,占粒细胞总数的 60%~70%,具分形核,胞浆内颗粒为溶酶体和分泌颗粒。分泌颗粒含吞噬素(也称防卫素,具有杀灭细菌、真菌和病毒的作用)等。PMNs 具有高度的迁移与吞噬功能。在炎症早期便可大量聚集。PMNs 表达 IgG 的 Fc 受体,可发挥 ADCC 作用;也能通过由颗粒蛋白和凝固 DNA 构成的 PMNs 胞外诱捕网(neutrophil extracellular traps, NETs)的复杂网状结构诱捕并摧毁病原体。

2. BASO 与 MC

BASO 在血液中数量极少，仅占粒细胞总数的 0.2%。核分叶不清，胞内有嗜碱性颗粒，颗粒中含肝素、组胺、5-羟色胺（5-hydroxytryptamine，5-HT）等炎性介质。BASO 具有 IgE 的 Fc 受体，可参与炎症反应，引发 I 型超敏反应。

MC 通过表达 CD40、CD40L，促进 T 细胞、B 细胞和 APC 的活化；表达 MHC II 类分子起 APC 的作用；还可以通过分泌多种细胞因子及趋化因子等，发挥免疫调节等作用。

3. EOS

EOS 占粒细胞总数的 2%~5%，核分两叶，胞浆内富含碱性蛋白颗粒，有一定变形运动和吞噬能力，血液中半衰期为 6~12h。EOS 表达 IgE 的 Fc 受体，在抗蠕虫感染免疫中发挥作用。

（二）红细胞

成熟红细胞由造血干细胞分化的红系干细胞经原红母细胞、晚幼红细胞和网织红细胞发育而成。红细胞参与非特异性免疫功能。红细胞膜上有 C3b 受体，可结合免疫复合物（immune complex，IC），具有免疫黏附功能。红细胞调节补体活性，能加速经典途径和旁路途径的 C3、C5 转化酶衰变。红细胞对特异性免疫功能也起作用。红细胞通过膜表面的 LFA-3 与胸腺细胞表面的 CD2 分子黏附，促进胸腺细胞的分化成熟；加强 CTL 杀伤靶细胞的能力。

（三）血小板

血小板是髓样干细胞分化的巨核细胞胞质脱落的小块，有细胞膜，无细胞核，参与止血和凝血过程。在血液凝固时，血小板释放乙型溶素，其具有一定的杀菌作用。血小板有吞噬病毒、细菌和其他颗粒物，以及保护血管内皮、防止动脉粥样硬化的功能。

第三节 抗体

Ig 通常是指一组具有抗体活性和（或）结构与抗体相似的球蛋白。抗体是由浆细胞合成和分泌的能与相应抗原进行特异性结合的糖蛋白。位于血液、外分泌液等体液中的抗体，称为分泌型 Ig（secreted Ig，SIg）；位于 B 细胞膜上的抗体，称为 SmIg。

一、抗体的基本结构

抗体的基本结构是由四条肽链借二硫键连接成的单体。其中分子量较小的两条相同的肽链称为轻链，分子量较大的两条相同的肽链称为重链（图 1-6）。轻链与重链的肽链两端游离的氨基或羧基的方向一致，分别命名为氨基端（N 端）和羧基端（C 端）。

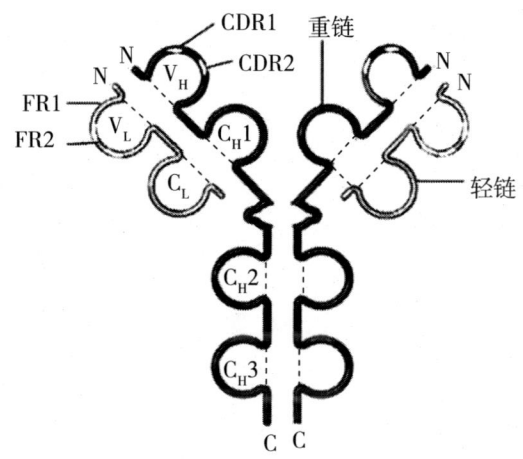

图 1-6　抗体分子的 V 区和 C 区示意图

（一）轻链和重链

轻链大约由 214 个氨基酸残基组成，分子量约为 24kD，折叠为两个结构域。轻链共有两种亚型：κ 与 λ，同一个天然抗体分子上轻链的型相同。重链含 450~550 个氨基酸残基，分子量约为 55kD 或 75kD，形成 4 个或 5 个结构域。不同的重链因其氨基酸种类、数量和排列顺序，以及二硫键的数目和位置不同，故其抗原性也不相同。根据重链抗原性的差异可分为 μ 链、γ 链、α 链、δ 链和 ε 链，与轻链组成的抗体分子分别称为 IgM、IgG、IgA、IgD 和 IgE。

(二) 可变区和恒定区

抗体分子的重链或轻链近 N 端氨基酸序列变化很大,称为 V 区,而羧基末端相对稳定,称为 C 区(图 1-6)。

1. V 区及其功能

位于轻链和重链近 N 端的 1/2 和 1/5(或 1/4),分别称为 VL 和 VH。V 区氨基酸的组成和排列与抗原结合特异性有关。V 区内小部分氨基酸组成和排列顺序变异更大的区域称为超变区,在空间结构上与抗原表位精密互补,又称为互补性决定区(complementarity determining region,CDR)。而 CDR 间的氨基酸组成和排列顺序相对恒定称为骨架区(framework region,FR),如图 1-6 所示。

2. C 区及其功能

在同一种属动物抗体的同型轻链和同型重链中,轻链靠近 C 端 1/2(CL)和重链靠近 C 端 3/4 或 4/5(CH)的氨基酸组成和排列都比较恒定,称为 C 区。如人不同抗原特异性的 IgG,其 V 区不同,但 C 区结构相同。C 区有同种异型的遗传标记,决定抗体的抗原性;IgG 和 IgM 的 CH 区有补体 C1q 结合点,能活化补体的经典途径;IgG 的 CH 区可结合细胞的 Fc 受体,母体 IgG 借 CH 部分可通过胎盘;IgE 的 CH 区可结合 MC 和 BASO 的 Fc 受体。

3. 铰链区及其功能

铰链区位于 CH1 和 CH2 之间。铰链区富含脯氨酸,易发生变形。当 V 区与抗原结合时,此处发生扭曲,以使抗体分子更好地与两个抗原表位结合。

(三) 连接链和分泌成分

连接链(joining chain,J 链)是由浆细胞合成的酸性糖蛋白,存在于二聚体 IgA 和五聚体 IgM。分泌成分又称为分泌片,由上皮细胞合成的糖蛋白,以共价形式结合到分泌型 IgA 上,对抗体有抗酶解作用。

二、酶解片段

抗体分子可被木瓜蛋白酶和胃蛋白酶降解成功能不同的片段(图 1-7)。木瓜蛋白酶将 IgG 裂解为三个片段:两个抗原结合片段(fragment of antigen binding，Fab）和一个可结晶片段，即 Fc 段。胃蛋白酶将 IgG 裂解为产生具有双价抗体活性的 F（ab'）$_2$ 和可被水解为碎片段的 Fc'。抗体所具有的抗原性主要存在于 Fc 段，而 Fc' 可继续被水解成更小的片段，失去其生物学活性。

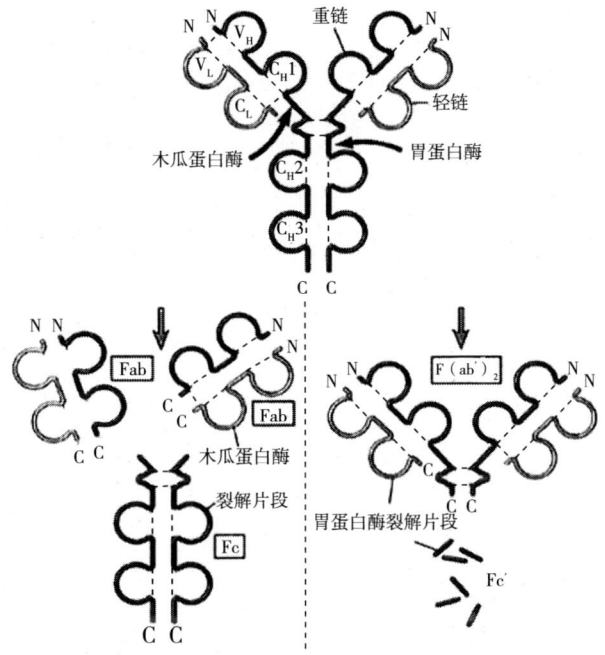

图 1-7 抗体分子的水解片段示意图

三、抗体分子的功能

抗体是体液免疫应答中发挥免疫功能的最主要的免疫分子。抗体能特异性地与相应的抗原结合，起到中和抗原和抗感染作用。抗体可活化补体，IgM、IgG1、IgG2 和 IgG3 可活化补体激活的经典途径；凝聚的 IgA、IgG4 和 IgE 等可通过替代途径活化补体。抗体可参与免疫调节，多数抗体在结合抗原后，可结合细胞上的 Fc 受体发挥不同的生物学作用，具体如下。

（一）介导 I 型超敏反应

变应原刺激机体产生的 IgE 可与 BASO、MC 表面的 Fc-epsilon 受体 I （Fc-epsilon receptor I，FcεR I）结合。当相同的变应原再次进入机体时，引起 I 型超敏反应。

（二）调理作用

调理作用是指抗体、补体 C3b、C4b 等调理素促进吞噬细胞吞噬颗粒性抗原。补体与抗体同时发挥调理作用，称联合调理作用。吞噬细胞具有 IgG 的受体（FcγRⅠ和 FcγRⅡ）。人 IgG1 和 IgG3 亚类在调理中起主要作用。IgG 和 IgM 可激活补体和形成抗原-抗体-C3b 复合物，通过 C3bR 促进吞噬细胞吞噬。

（三）ADCC

抗体如 IgG 与靶细胞上相应抗原结合后，可与表达其 Fc 受体的 PMNs、Mφ、NK 细胞等效应细胞结合，发挥杀伤靶细胞的作用，即 ADCC 作用。IgE 和 IgA 分别与各自的 Fc 受体结合发挥 ADCC 作用，杀伤寄生虫。

（四）通过胎盘和黏膜

人类 IgG 是唯一可通过胎盘从母体转移到胎儿的 Ig，这种自然被动免疫与滋养层细胞上 IgG 的 Fc 受体有关，对新生儿抗感染有益。借助 Fc 受体，分泌型 IgA 被转运到呼吸道和消化道黏膜表面，参与黏膜局部免疫功能。

四、各类抗体的生物学特性

（一）IgG

IgG 以单体形式存在。IgG 在出生后第 3 个月开始合成，3~5 岁接近成年人水平。IgG 是血清中主要抗体成分，约占血清总 Ig 的 75%。根据 IgG 分子中 γ 链抗原性差异，人 IgG 有 4 个亚类：IgG1、IgG2、IgG3 和 IgG4。IgG 具有自然被动免疫、免疫调理和 ADCC 等作用，大多数抗菌、抗病毒和抗毒素抗体都属于 IgG。IgG 是丙种或胎盘球蛋白主要成分。不少自身抗体如抗甲状腺球蛋白抗体，以及引起Ⅲ型变态反应 IC 中的抗体大都属于 IgG。

（二）IgA

IgA 主要由黏膜相关淋巴样组织产生。IgA 分血清型 IgA 和分泌型 IgA。血清型 IgA 有单体、二聚体和三聚体等形式。血清型单体 IgA 可介导调理吞噬和

ADCC 作用。分泌型 IgA 由 J 链连接的双体和分泌成分组成，主要分布于外分泌液，参与黏膜局部免疫。消化道分泌型 IgA 可结合饮食中可溶性抗原和肠道微生物所释放的热原物质。据研究，滑雪运动员易患呼吸道传染病与分泌型 IgA 量减少有关。婴儿经初乳获得分泌型 IgA 可自然被动免疫。血清型 IgA 占总 Ig 的 10% 左右。IgA 有 IgA1 和 IgA2 两个亚类。IgA1 主要存在于血清中，约占血清中 IgA 的 85%；IgA2 主要存在于外分泌液中，血清型 IgA2 约占血清中 IgA 的 15%。

（三）IgM

IgM 占血清总 Ig 的 5%~10%。血清 IgM 主要为五聚体，分子量最大，又称为巨球蛋白，单体少，是个体发育中最早出现的抗体，也是体液免疫应答中最先产生的抗体，可激活补体，发挥早期免疫防护作用。婴儿脐血 IgM 升高表示有宫内感染。天然血型抗体为 IgM。SmIgM 存在于 B 细胞表面。

（四）IgD

血清中 IgD 含量低，半衰期短，功能尚不清晰。SmIgD 表达于成熟 B 细胞膜表面。

（五）IgE

IgE 在血清中含量极低，在个体发育中合成较晚，无铰链区。IgE 主要由黏膜固有层的浆细胞产生，为亲细胞抗体，参与 I 型超敏反应和抗寄生虫感染。

机体初次免疫应答产生的抗体以 IgM 为主。再次应答时经抗体类别转换，产生的抗体以 IgG 为主。抗体类别转换是指在抗体应答过程中，抗原激活 B 细胞后，分泌抗体的类别可从 IgM 转换为 IgG、IgA、IgE 等其他类别或亚类抗体的现象。

影响机体抗体水平的因素很多，如营养状况和病原菌致病力等。运动也会影响抗体产生。据研究，耐力训练使血清抗体水平无变化或微弱提高。耐力运动员静息时血清 IgA、IgG、IgM 水平正常，运动时血清 IgA、IgG、IgM 水平上升，运动后不久即可恢复正常。剧烈运动，特别是有应激情况下的剧烈运动可引起 IgG 和 IgM 产生减少。

五、抗体的制备

在临床疾病的诊断、治疗及预防中,以及实验研究中需要人工制备抗体。

(一) 多克隆抗体及其制备

一种天然抗原性物质通常有多种不同的抗原表位。每种抗原表位可刺激一种抗体形成细胞增殖分化为一种细胞克隆。故天然抗原免疫动物产生有多种抗体混合物的血清,即多克隆抗体,此为第一代抗体。多克隆抗体在实际应用中受限颇多。

(二) 单克隆抗体及其制备

由识别一种抗原表位的细胞克隆产生的均一性抗体,称为单克隆抗体(以下简称单抗)。用杂交瘤技术制备的单抗可为第二代抗体。单抗纯度高、特异性强,可以提高各种血清学方法检测抗原的敏感性及特异性。单抗可用于各种传染病和恶性肿瘤的诊断,以及各种免疫细胞及其他组织细胞表面分子的检测。

(三) 基因工程抗体及其制备

临床应用理想的单抗应是人源的。研制基因工程抗体是目前获得人源抗体的较好的办法。利用 DNA 重组技术,在基因水平对抗体分子进行切割、拼接和修饰,或人工全合成后导入受体细胞表达,产生新型抗体,此为第三代抗体。

第四节 补体系统

补体是存在于人和脊椎动物血清及组织液中的一组具有酶活性的蛋白质。补体及其调节因子,以及相关膜蛋白共同组成一个反应系统,称为补体系统。补体系统可参与机体的抗感染及免疫调节,也可介导病理性反应。

一、补体分子的组分和命名

补体系统包括 30 余种活性成分,按其性质和功能可以分为三大类:一是固有成分,存在于体液中,包括经典途径中的 C1(C1q、C1r、C1s)、C4、C2;甘露糖结合凝集素（mannose-binding lectin，MBL）途径中的 MBL、MBL 相关的丝氨酸蛋白酶（MBL-associated serine protease，MASP）；旁路途径中的 B 因子、D 因子；参与共同末端通路的 C5、C6、C7、C8、C9。二是可溶性或膜结合形式的补体调节蛋白，包括 P 因子、I 因子、H 因子、C4 结合蛋白、C1 抑制物、膜辅蛋白等。三是结合补体片段或调节补体生物效应的补体受体 1-5（complement receptor，CR1-5），以及补体裂解小片段受体。

1968 年世界卫生组织的补体命名委员会对补体进行了统一命名。参与补体激活经典途径的固有成分按其被发现的先后顺序分别称为 C1、C2、C3、C4、C5、C6、C7、C8、C9；补体系统的其他成分以英文大写字母表示，如 B 因子、D 因子、P 因子、H 因子等；补体调节成分多以其功能进行命名，如 C1 抑制物、C4 结合蛋白、衰变加速因子等；补体活化后的裂解片段以该成分的符号后面加小写英文字母表示，如 C3a、C3b 等；具有酶活性成分或复合物在其符号上画一横线表示，如 $\overline{C4b2b}$ 等；灭活的补体片段在其符号前面加英文字母 i 表示，如 iC3b 等。

二、补体的理化性质

补体是由肝细胞、Mφ 及肠黏膜上皮细胞等多种细胞产生的糖蛋白，其理化性质及其在血清中的含量差异甚大。C4 结合蛋白的分子量最大，为 550kD。血清中补体蛋白约占总球蛋白的 10%，其中 C3 含量最高，D 因子最低。人类某些疾病会影响补体含量。适量运动可增加血清中 C3、C4 含量，并促进补体合成，中等强度的功率车运动可使机体内 C4 含量增加。补体性质不稳定，易受各种理化因素（如紫外线照射、机械振荡等）影响，在 56℃ 条件下加热 30min 即被灭活。

三、补体系统的激活

补体系统的各组分在体液中通常以非活性状态存在，激活后才表现出生物活性。补体的激活途径有经典激活途径、旁路激活途径和 MBL 激活途径。三条途径的激活都受到严格调控，最终经 C5b 启动终末途径导致靶细胞膜损伤。

（一）经典激活途径

经典激活途径是指免疫复合物经 C1q、C1r、C1s、C4、C2、C3 成分，形成

C3 转化酶与 C5 转化酶的活化过程。

1. C1 与抗原抗体复合物识别

此为 C1 与抗原抗体复合物中抗体的补体结合位点结合至 C1 酯酶形成阶段。C1 是由 C1q、C1r 和 C1s 依赖 Ca^{2+} 结合成的非活性大分子。一个 C1q 分子有六个与抗体分子上的补体结合位点相结合的部位。一个 C1 分子必须同时与两个或两个以上抗体分子的补体结合位点结合才能被激活。结合抗原后，IgM 激活补体活化的能力大于 IgG。

2. 活化阶段

此为 C1 作用于后续的补体成分，至形成 C3 转化酶（C4b2b）和 C5 转化酶（C4b2b3b）的阶段。在 Mg^{2+} 存在下，C4 和 C2 分别被活化的 C1 裂解为大片段 C4b 和 C2b，以及小片段 C4a 和 C2a，其中大片段结合成 C4b2b 即经典途径的 C3 转化酶。C3 被 C3 转化酶裂解成 C3a 和 C3b 两个片段。C3b 可介导调理作用和免疫黏附。C3b 可被 I 因子灭活。C3a 留在液相中，具有过敏毒素活性，可被羟肽酶 B 灭活。C3b 与 C4b2b 相结合产生的 C4b2b3b 为经典途径的 C5 转化酶。

（二）旁路激活途径

旁路激活途径是直接激活 C3 继而完成 C5~C9 各成分的连锁反应。激活物是细菌细胞壁的脂多糖，以及肽聚糖和凝聚的 IgA、IgG4 等物质。旁路激活途径在细菌性感染早期，作为非特异性免疫发挥效应。

1. 生理情况下的准备阶段

在正常生理情况下，血浆中的 C3 可自然地、缓慢地裂解产生少量的 C3b。在 Mg^{2+} 存在下，C3b 可与 B 因子结合成 C3bB。D 因子可裂解 B 因子，形成 C3bBb 和 Ba。C3bBb 可裂解 C3 为 C3a 和 C3b。H 因子可使 C3b 与 Bb 解离，游离的 C3b 被 I 因子灭活。在生理情况下，C3bBb 保持在极低的水平，但形成一种"箭在弦上，一触即发"的状态。在细胞或细菌表面旁路途径就可激活。

2. 旁路途径的激活

旁路途径的激活在于激活物质的出现。激活物质为 C3b 或 C3bBb 提供保护性微环境。P 因子存在于正常血浆中。当 C3bBb 与 P 因子结合成 C3bBbP 时，半衰期可延长。C3bBb 与其裂解 C3 所产生的 C3b 可形成 C3bBb3b。C3bBb3b 具有

C5 转化酶活性，可使 C5 裂解成 C5a 和 C5b。C5b 启动补体活化的终末途径。

（三）MBL 途径

细菌和病毒表面的甘露糖蛋白与血清中的 MBL 结合，进而激活 C4、C2、C3 的活化途径。首先，MBL 与病原体甘露糖残基结合，然后与丝氨酸蛋白酶结合形成一种 MASP。MASP 具有活化的 C1 的功能，裂解 C4 和 C2 形成与经典途径相同的 C3 裂解酶。后续激活与经典途径相同。与旁路途径相比，MBL 途径使补体对外来微生物的攻击更为集中且准确。

（四）膜攻击阶段

此为从 C5 转化酶裂解 C5 成为 C5a 和 C5b 开始，经 C6、C7、C8、C9 的依次激活，形成 C5b6789n 大分子膜攻击复合物（membrane attack complex，MAC），最终导致细胞受损、细胞裂解的阶段。上述三条途径形成的 C5 转化酶均通过此过程，最终溶解细胞。C5 裂解形成的 C5a 游离于液相。C5b 可吸附于细胞表面，易于衰变成 iC5b。但当 C5b 与 C6 结合成 C5b6 复合物时较为稳定。

补体系统的激活过程受到严格调节。补体系统若过度激活，会消耗大量补体成分，使机体抗感染能力下降；此外，在激活过程中产生的大量生物活性物质，会使机体发生剧烈的炎症反应或造成组织损伤，引起病理过程。

四、补体受体

补体成分激活后产生的裂解片段，能与免疫细胞表面的特异性受体结合。这对于补体发挥其生物学活性具有重要意义。

（一）CR1 和 CR2

CR1 为 C3b 受体或 C3b/C4b 受体，表达于除 BASO 和 MC 外所有的免疫细胞。CR1 促使 C3b 和 C4b 灭活，调节补体的活化；参与调理作用和 IC 的清除。据研究，阿尔茨海默病患者每个红细胞的 CR1 密度都显著降低，可溶性 CR1 显著升高。B 细胞膜上的 CR1 与 CR2 协同可促使 B 细胞活化。CR2（CD21）旧称 C3d 受体，EB 病毒可结合该受体感染 B 细胞。CR2 配体按其亲和性高低程度依次为 C3dg、C3d、iC3b 和 C3b。

（二）CR3、CR4 和 C5a 受体

CR3 和 CR4 参与吞噬功能。CR3 主要表达于 PMNs 和 NK 细胞，其配体是 iC3b。CR4 主要表达于 Mφ、PMNs 和血小板，配体是 iC3b、C3dg 等。

C5a 受体（C5a receptor，C5aR）表达于多种免疫细胞表面（红细胞除外），促进吞噬细胞吞噬；诱导 EOS、MC 和 BASO 脱颗粒反应。

五、补体的生物学功能

补体系统在非特异性免疫和特异性免疫中发挥效应。补体系统激活时产生的活性物质可发挥许多生物学功能。补体除了具有溶菌、溶细胞作用外，还具有调理、免疫黏附和介导炎症的激肽样作用。补体裂解产物 C3b 与其受体细胞结合，促进吞噬。IC 激活补体之后，可通过 C3b 黏附到表面有 C3b 受体的红细胞、血小板或某些淋巴细胞上，有助于 IC 被吞噬清除。C2a 能增加血管通透性，介导炎症性充血。C3a、C4a、C5a 具有过敏毒素作用，C3a、C5a 具有趋化作用。补体也可启动体液免疫。

第五节 细胞因子

细胞因子是机体的免疫细胞和非免疫细胞经刺激合成和分泌的小分子蛋白质，调节多种细胞生理功能。按照功能分类，可分为白介素（interleukin，IL）、干扰素（interferon，IFN）、肿瘤坏死因子（tumor necrosis factor，TNF）、趋化因子、生长因子（growth factor，GF）和集落刺激因子（colony-stimulating factor，CSF）等。细胞因子在免疫系统中起着非常重要的调控作用，在异常情况下也会导致病理反应。

一、细胞因子的共性

细胞因子为可溶性低分子量糖蛋白，分子量大小不等。细胞因子来源具有多源性。此外，细胞因子来源具有可诱导性，即细胞因子可被诱导产生。细胞因子作用具有速效性。通常免疫细胞和相关细胞被激活 6~8h 后即可检测出细胞因子，24~72h 细胞因子水平最高。细胞因子作用具有短效性，即其半衰期短，作

用时间短。细胞因子作用具有高效性，一般在浓度为 10mol/L 时便表现出很强的生物学活性，多数细胞因子可通过自分泌和旁分泌发挥作用，少数细胞因子如 TNF、白介素-1（interleukin-1，IL-1）等在高浓度时可通过内分泌发挥作用。细胞因子具有多效性，不同类型的细胞可有同样的受体，故一种细胞因子可对多种细胞发挥不同作用。细胞因子具有重叠性，指两种以上的细胞因子发挥相同或相似的功能。细胞因子还具有拮抗性、协同性及网络性。

二、细胞因子的受体

细胞因子受体绝大多数是跨膜蛋白。根据其结构和信号转导途径可分为Ⅰ型细胞因子受体 [IL-2、IL-3、IL-4、IL-5、IL-7、IL-9、IL-13、IL-15、粒细胞-巨噬细胞集落刺激因子（granulocyte macrophage colony stimulating factor，GM-CSF）和红细胞生成素（erythropoietin，EPO）等的受体]、Ⅱ型细胞因子受体（IFN-α、IFN-β、IFN-γ 和 IL-10 的受体）、肿瘤坏死因子受体（TNF 和神经生长因子的受体等）和趋化性细胞因子受体超家族等。

三、细胞因子分类

（一）集落刺激因子

集落刺激因子指能刺激造血干细胞和不同分化阶段的造血干细胞增殖分化的细胞因子。据其作用范围，可分为 GM-CSF、单核-巨噬细胞集落刺激因子（macrophage colony stimulating factor，M-CSF）、粒细胞集落刺激因子（granulocyte colony stimulating factor，G-CSF）、EPO、干细胞生长因子（stem cell factor，SCF）和血小板生成素（thrombopoietin，TPO）。集落刺激因子也是重要的造血刺激因子。

（二）IL

IL 由白细胞（和其他细胞）产生，在细胞间发挥炎症、刺激活化作用。目前 IL 共有 30 余种，其主要生物学作用如表 1-1 所示。

表 1-1　IL 种类及其主要生物学作用

种类	主要产生细胞	主要生物学作用
IL-1	单核-巨噬细胞 血管内皮细胞	促进 T 细胞和 B 细胞活化、增生；增强 NK 细胞和单核-巨噬细胞活性； 刺激下丘脑体温调节中枢，引起发热；介导炎症反应
IL-2	Th1 NK 细胞	促进 T 细胞和 B 细胞增殖分化； 增强 CTL、NK 细胞和巨噬细胞杀伤活性； 诱导 LAK 形成，产生抗瘤作用
IL-4	Th2 MC	促进 T 细胞和 B 细胞增殖分化； 诱导抗体类别转换，促进 IgE 或 IgG 类抗体生成； 抑制 Th1 分泌 IFN-γ、TNF-β、IL-2 等细胞因子，下调细胞免疫应答； 诱导活化 $CD4^+$T 细胞分化为 Th2
IL-5	Th2 MC	促进 B 细胞增殖分化，诱导抗体类别转换，产生 IgA 类抗体； 促进 EOS 增殖分化
IL-6	单核-巨噬细胞 活化 T 细胞	促进 T 细胞和 B 细胞增殖分化，促进抗体合成和分泌； 参与炎症反应，引起发热
IL-8	单核-巨噬细胞 内皮细胞 Th2	趋化 PMNs、BASO 和 T 细胞； 激活 PMNs、BASO，使之脱颗粒释放生物活性介质，增强炎症和过敏反应
IL-10	单核-巨噬细胞	抑制 Mφ 功能，降低抗原呈递作用，减少单核因子生成； 抑制 Th1 分泌 IL-2、IFN-γ、TNF-β 等细胞因子，下调细胞免疫应答； 促进 B 细胞增殖和抗体生成，上调体液免疫应答
IL-12	单核-巨噬细胞	促进 CTL、NK 细胞增殖分化，增强其杀伤活性； 诱导活化 $CD4^+$T 细胞分化为 Th1； 作用有种属特异性

（三）IFN

IFN 具有干扰病毒感染和复制的能力。根据来源和理化性质，分为 α、β 和 γ 三种类型。IFN-α 和 IFN-β 为 Ⅰ 型 IFN，主要由白细胞、成纤维细胞和病毒感染的组织细胞产生。Ⅱ 型干扰素 IFN-γ 则由活化 T 细胞和 NK 细胞产生。IFN 作用具有广谱性、种属特异性和迅速发挥的特点。

(四) TNF

TNF 是一类能直接造成肿瘤细胞死亡的细胞因子，根据其来源和结构分为两种，即 TNF-α 和 TNF-β。TNF-α 主要由活化的单核-巨噬细胞产生。TNF-β 主要由活化的 T 细胞产生，又称淋巴毒素。

(五) GF

GF 可刺激细胞生长和分化，包括成纤维细胞生长因子、血小板源生长因子（platelet derived growth factor，PDGF）、神经生长因子（nerve growth factor，NGF）、胰岛素样生长因子（insulin-like growth factor，IGF）等。

(六) 趋化因子

趋化因子是一类对反应细胞具有定向趋化能力的细胞因子，对白细胞具有趋化作用，可激活细胞来启动免疫反应或促进伤口愈合。有些趋化因子维持机体自我调节，在正常组织维持或发育过程中控制细胞的迁徙。趋化因子根据其 N 端半胱氨酸的排列方式，可分为半胱氨酸-X（任意氨基酸）-半胱氨酸（cysteine-X-cysteine，CXC）、半胱氨酸-半胱氨酸（cysteine-cysteine，CC）、X-半胱氨酸（X-cysteine，XC）和半胱氨酸-X-X-X-半胱氨酸（cysteine-X-X-X-cysteine，CX3C）四个亚族。如 IL-8，可趋化 PMNs，为 CXC 亚家族成员；单核-巨噬细胞趋化因子可吸引单核-巨噬细胞到炎症部位，CC 趋化因子配体 2（C-C motif chemokine ligand 2，CCL2）为 CC 亚家族成员；淋巴细胞趋化因子（lymphotactin，XCL1）为 XC 趋化因子亚族成员，对 T 细胞和 NK 细胞等有趋化作用；C-X3-C 基序趋化因子配体 1（C-X3-C motif chemokine ligand 1，CX3CL1）对单核和 T 细胞有趋化作用，为 CX3C 趋化因子亚族成员。

四、细胞因子的生物学功能

细胞因子具有非常广泛的生物学活性。

(一) 介导天然免疫和特异性免疫应答

由单核-巨噬细胞分泌的细胞因子表现为抗病毒和抗细菌感染的作用。IFN、IL-12 和 IL-15 是抗病毒的细胞因子。TNF-α、IL-1 和 IL-6 为抑制和清除细菌的细胞因子。IL-10为天然免疫的负调节因子。在受到抗原的刺激后，淋巴细胞的活化受到细胞因子的正负调节。如IFN-γ促进CD4⁺细胞的活化；TGF-β可抑制Mφ的激活。在免疫应答过程中，细胞因子可刺激免疫活性细胞的增殖和分化，如IL-2和IL-4是T细胞和B细胞的生长因子。IL-12促进Th1分化，IL-4促进Th2分化。细胞因子参与B细胞分化的类别转换。在效应阶段，多种细胞因子刺激免疫细胞清除抗原性物质。IFN-γ激活Mφ杀灭微生物。IFN-γ和IL-2都可增强NK细胞的细胞毒活性，也促进CTL增殖、分化和成熟，并杀灭微生物，尤其是胞内寄生物。IL-4和IL-5刺激EOS分化，使其能杀伤蠕虫。

（二）诱导凋亡和刺激造血

IL-2诱导活化的T细胞凋亡，限制免疫应答强度；TNF诱导肿瘤细胞凋亡。在免疫应答和炎症反应过程中，白细胞、红细胞和血小板不断被消耗。骨髓基质细胞和T细胞等可产生刺激造血的细胞因子调节血细胞的生成。

（三）参与和调节炎症反应

细胞因子还参与炎症反应。IL-1、IL-6、TNF为内源性致热原。IL-8促进PMNs浸润。胞内菌等可使IFN-γ、TNF升高活化Mφ引起迟发型超敏反应。

（四）参与神经-内分泌-免疫网络

IL-1、IL-6、TNF等参与神经系统的发育和损伤修复；IL-1、TNF、IFN-γ、血小板活化因子等诱导促肾上腺皮质激素（adreno cortico tropic hormone，ACTH）生成和释放；儿茶酚胺和糖皮质激素分泌增多，抑制IL-1、TNF的合成。

思考题：

1. 简述胸腺、淋巴结的结构及功能。
2. 试述淋巴细胞循环的概念和意义。
3. 试述免疫器官、免疫细胞的功能及运动对其功能的影响。
4. 试述各类抗体的生物学特性。
5. 简述补体系统的功能。
6. 简述细胞因子的特性和功能。
7. 试述运动对补体系统和细胞因子的影响。

CHAPTER 2 第二章
抗原和免疫应答

内容提要：

通过学习本章内容，重点掌握以下知识：

1. 抗原和抗原表位的概念及分类。
2. 免疫应答概念，以及 T 细胞和 B 细胞免疫应答过程。
3. 天然免疫应答的特点、功能及调节。
4. 抗体产生的一般规律。
5. 免疫记忆及应用。
6. 免疫耐受的机制及影响免疫耐受形成的因素。
7. 参与 I 型、II 型、III 型和 IV 型超敏反应的成分。
8. 免疫调节机制。

凡能诱导免疫系统发生免疫应答，并能与其产生的抗体或效应细胞在体内或体外发生特异性反应的物质，可称为抗原。如：皮肤上的细菌、动物的血清、植物的花粉、血型物质等都可成为抗原。狭义的免疫应答是指特异性免疫应答，包括细胞免疫（T 细胞介导）和体液免疫（B 细胞介导）。广义的免疫应答还可包括非特异性免疫，其可在感染初期发挥作用，在感染的中晚期，特异性免疫应答发生后，可增强非特异性免疫。一般所说的免疫应答是指特异性免疫应答。根据免疫活性细胞对抗原刺激的反应状态，特异性免疫应答可分为正免疫应答和负免疫应答。正免疫应答指正常情况下对非己抗原的排异效应，如抗感染免疫或抗肿瘤免疫等；负免疫应答指正常情况下，机体对自身成分的耐受状态。正常情况下两者均受到严格的调节，是机体维持内环境稳定的重要保护机制。在异常情况下，机体可产生过高的免疫应答而造成损伤，如超敏反应。若对非己抗原发生负应答，则失去抗感染和抗肿瘤能力；若对自身成分的耐受性被破坏，则可引起自身免疫，甚至造成自身免疫病。

第一节 抗原

并非所有的物质都是抗原，抗原特异性地引起适应性免疫应答，与其性质和分子结构有关。抗原种类繁多，抗原诱导机体产生的免疫应答类型及应答强度也不尽相同，而是受多种因素的影响。除了抗原外，还存在非特异性激活 T 细胞和（或）B 细胞应答的物质。

一、抗原的特性

根据现代抗原概念，抗原具备两种特性，即免疫原性和反应原性。

（一）免疫原性

抗原的免疫原性是指抗原分子能够刺激机体产生免疫应答（即产生抗体及免疫效应细胞）的性质。主要受到抗原理化性质、异物性、机体因素、免疫方式、抗原进入机体的次数、剂量及有无佐剂的使用的影响。

（二）反应原性

抗原的反应原性是指抗原分子能与免疫应答产物，即抗体或效应 T 细胞发生特异反应的特性，亦称抗原性。半抗原只有反应原性，无免疫原性。

二、抗原表位

抗原性物质表面可与淋巴细胞表面的抗原识别受体或抗体分子结合成特定化学基团，称为抗原决定簇或表位，决定抗原的特异性。按照位置可将表位分为隐蔽性表位和功能性表位。隐蔽性表位是指位于分子内部的不能与 BCR 或抗体结合的表位。隐蔽性抗原表位一旦暴露在分子表面或被修饰会产生新的表位，而成为自身抗原。按照被 B 细胞还是被 T 细胞识别，表位可分为 B 细胞表位和 T 细胞表位。

（一）B 细胞表位和 T 细胞表位

抗原分子中被 B 细胞抗原受体和抗体分子识别的部位称为 B 细胞表位。一般由非连续的 5~15 个氨基酸残基或糖基组成，以构象表位为主。B 细胞还识别糖苷、脂类及核苷酸组成的表位。能和抗体分子结合的功能性表位的数目称抗原的结合价。半抗原为一价，天然抗原一般是多价抗原。蛋白质分子中由 APC 的 MHC 分子呈递被 T 细胞抗原受体识别的肽段，称为 T 细胞表位，一般含有 9~17 个氨基酸残基。T 细胞表位具有顺序依赖性，称为线性表位。少数 B 细胞表位也为线性表位。

（二）共同抗原与交叉反应

不同抗原之间可存在相同或相似的抗原表位，称为共同抗原。如牛痘病毒和天花病毒为共同抗原。抗体或致敏淋巴细胞与共同抗原发生交叉反应。

三、抗原分类

根据不同的标准，抗原可以分为不同的类型。

（一）根据抗体生成是否需要 Th 辅助分类

胸腺依赖性抗原（thymus dependent antigen，TD）是指必须有 Th 参与才能激发体液免疫应答的抗原，主要是蛋白质。非胸腺依赖性抗原（thymus independent antigen，TI）为同一抗原表位重复多次，且降解缓慢，不须 Th 辅助即可刺激 B 细胞产生抗体的抗原，多为多糖类物质。

（二）根据抗原是否具备免疫原性分类

具有免疫原性和反应原性的物质为完全抗原，如多数蛋白质、细菌等。只具有反应原性而无免疫原性的物质为半抗原，如多糖、类脂和药物等。

（三）根据抗原与宿主的亲缘关系分类

刺激机体产生免疫应答的自身成分称为自身抗原。包括隐蔽的自身抗原和修饰的自身抗原。异种抗原是指来源于不同物种的抗原。同种异型抗原是指来源于同一物种的不同个体的抗原。异嗜性抗原是指存在于不同物种间的共同抗原，如溶血性链球菌与人心内膜或肾小球基底膜具有的共同抗原。独特性抗原是指不同特异性抗体分子的 V 区和 T、B 细胞表面的抗原识别受体 V 区所具有的抗原特异性标记。可诱导机体产生相应的特异性抗体，即抗独特型抗体。抗独特型抗体也会产生自身的抗体，形成免疫网络，调节免疫应答。

（四）根据抗原来源分类

由 APC 合成的抗原称为内源性抗原，包括病毒感染细胞合成的病毒蛋白和肿瘤细胞合成的肿瘤抗原。来源于细胞外的抗原称为外源性抗原。如 APC 通过吞噬、胞饮及受体介导的内吞等作用摄取外源性抗原。

（五）其他抗原

超抗原是指能同时与 MHC 和 TCR 多肽链结合，从而激活多克隆 T 细胞的蛋白质分子，无 MHC 限制性。如逆转录病毒和细菌分泌的外毒素等。佐剂是指同抗原一起或预先注入机体内能增强机体对抗原的免疫应答能力或改变免疫应答类型的非特异性物质。丝裂原亦称有丝分裂原，如刀豆素 A（concanamycin A，ConA）等，可非特异性激活多克隆 T 细胞、B 细胞发生有丝分裂。引发 I 型超敏反应的外来抗原为变应原；引起免疫耐受的抗原为耐受原。自然界中存在的抗原称为天然抗原；人工合成的抗原称为人工抗原。

第二节　T 细胞介导的特异性免疫应答

特异性免疫应答又称适应性免疫应答，是指机体受抗原刺激后，免疫活性细胞识别抗原，进而活化、增殖、分化或失去活性潜能，并表现出一定生物学效应的全过程。根据参与免疫应答的细胞类型和效应不同，可分为由 B 细胞介导的体液免疫应答和 T 细胞介导的细胞免疫应答。特异性免疫应答具有特异性、记忆性和耐受性。特异性免疫应答是在固有免疫应答之后发挥效应的，在最终清除病原体，促进疾病治愈及防止再感染中起主导作用。一般分为抗原识别和呈递阶段，活化、增殖和分化阶段，效应阶段及恢复免疫稳态三个阶段。

T 细胞介导的免疫应答是指 T 细胞在受到抗原或有丝分裂原刺激后，分化、增殖并转化为致敏淋巴细胞所表现的特异性免疫应答。无抗原激活时，T 细胞以静息形式存在。αβ T 细胞是 TD 抗原应答的主要细胞群。

一、抗原识别和呈递阶段（感应阶段）

抗原呈递是指 APC 对抗原的摄取、加工、呈递及淋巴细胞对特异性抗原的识别过程。以 Mφ 为例说明 APC 处理和呈递抗原的过程。

（一）内源性抗原呈递

内源性抗原呈递指细胞内合成的抗原，如病毒编码的蛋白分子、肿瘤抗原等。在细胞质内蛋白酶体的作用下降解为 8~10 个氨基酸残基的肽段，再由抗原加工相关转运体（transporter associated with antigen processing, TAP）转运到粗面内质网中，与该处新合成的 MHC I 类分子结合成 MHC I -抗原肽分子复合物并移入高尔基体，最后转移到细胞表面呈递给 $CD8^+$ T 细胞。体内有核细胞均可表达 MHC I 类分子并向 $CD8^+$ T 细胞呈递抗原，这些细胞称为靶细胞。

（二）外源性抗原呈递

外源性抗原指细胞外感染的微生物或其他蛋白抗原，经 APC 吞噬或胞饮摄入细胞内，形成吞噬体，与溶酶体融合，并被降解为多肽片段。在粗面内质网中有新合成的 MHC II 类分子，其肽结合槽被内质网膜上 Ia 相关恒定链（Ia-associated invariant chain, Li）结合。其转运囊泡移出高尔基体后与吞噬溶酶体融合，Li 链降解。MHC II 类分子与抗原多肽结合成复合体，被转运到细胞膜表面，供 $CD4^+$ T 细胞 TCR 识别。

其实抗原呈递远比此复杂。T 细胞识别抗原的 MHC 限制性，是 T 细胞在识别抗原肽时，必须识别自身 MHC 分子的同种异型表位；对非己 MHC 分子相对不识别。

DC 是能激活初始 T 细胞的 APC，是机体免疫应答的始动者。B 细胞仅能刺激已活化或记忆性 T 细胞，是再次免疫应答过程中重要的 APC，抗原呈递能力显著高于 Mφ。在进行抗原呈递同时，Mφ 和 B 细胞也被效应 T 细胞活化。

二、T 细胞的活化、增殖与分化

当抗原进入机体后，在 APC 作用下静息型 T 细胞活化增殖并分化为效应 T 细胞的过程。

（一）$CD4^+$ T 细胞的活化

T 细胞的活化需要双信号。$CD4^+$ T 细胞的 TCR-CD3 复合物和 CD4 与抗原肽-MHC Ⅱ 类分子复合物的双识别并结合为 CD4$^+$T 细胞活化的第一信号。激活时如 CD28 与 B7（CD80）配对，LFA2（CD2）与 LFA3（CD58）配对，LFA1 与细胞间黏附分子-1（intercellular cell adhesion molecule-1，ICAM1）配对等众多的协同刺激分子和相应受体配对的作用构成活化的第二信号。其中的 B7 分子与 CD28 分子的配对被认为是产生协同刺激信号的重要分子。如果只有第一信号的刺激，T 细胞虽然也能产生白介素-2 受体（interleukin-2 receptor，IL-2R）的表达等变化，但不会增殖分化，而进入特异性无应答状态，即耐受状态或无能状态。细胞毒性 T 细胞相关抗原 4（cytotoxic T lymphocyte-associated antigen-4，CTLA-4）与 CD28 高度同源，是重要的共抑制分子。静止的 Th（G0 期）被激活后即成为淋巴母细胞，并进一步增殖、分化成效应性 Th（Th1 和 Th2）。其中一部分细胞中途停止增殖，成为记忆性 T 细胞。

（二）CD8$^+$T 细胞的活化

绝大多数 CTL 表达 CD8 分子，少数表达 CD4 分子；CD8$^+$T 细胞的 TCR-CD3 复合物和 CD8 与抗原肽-MHC Ⅰ 类分子复合物的双识别并结合为 CTL 活化的第一信号。第二信号与 CD4$^+$T 细胞的活化第二信号相同。此外，还需要细胞因子，如 IL-2、IL-12 和 IFN-γ 等与相应受体的协同作用。

三、T 细胞介导免疫应答效应阶段

免疫应答的效应阶段即抗原异物清除阶段（在病理免疫中是组织损伤阶段）。T 细胞介导的免疫效应有两种基本形式：一是致敏 CTL 介导的特异性细胞毒作用；二是迟发型超敏反应 T 细胞（Th1）通过释放细胞因子，引起的以单个核细胞浸润为主的炎症反应。

（一）Th1 的功能

Th1 促进细胞免疫应答，活化 Mφ。细胞因子是细胞免疫的主要介质。激活的 Th1 通过释放多种细胞因子，尤其对 Mφ 起作用的因子（主要为 IFN-γ），使 Mφ 大量聚集、激活、吞噬和杀伤能力增强，并不断吸引其他细胞（多形核白细胞）移动至局部，构成炎症反应或迟发型超敏反应的典型组织学改变。其他因子则起着扩大免疫效应范围和强度的作用。Th1 介导的炎症反应在机体抗胞内寄生菌感染免疫中起重要作用。Th1 还分泌 TNF-β，可直接杀伤靶细胞，通过释放 IL-2 和

IFN-γ 促进 Th 增殖，活化 CTL 细胞。

（二）Th2 的功能

Th2 的功能是辅助 B 细胞活化与产生抗体，促进体液免疫应答。Th2 分泌的 IL-4 促进 B 细胞扩增并向 IgE、IgG1 和 IgG4 转换。此外，Th2 型 CD4$^+$T 细胞可促进 BASO、EOS 与 MC 分化发育。

（三）CD8$^+$T 细胞的功能

活化的 CTL 具有细胞毒作用，即对带有特异性抗原的靶细胞具有直接杀伤作用。这种效应在抗病毒感染、同种异体移植排斥反应和抗肿瘤免疫中起重要作用。CTL 识别靶细胞后，也可通过释放穿孔素、丝氨酸酯酶等使靶细胞凋亡、细胞溶解。还可释放细胞因子（TNF-α 和 IFN-γ），诱导细胞凋亡，或可释出凋亡相关因子配体（factor related apoptosis ligand，FasL）启动靶细胞凋亡信号通路，导致靶细胞的凋亡。

四、T 细胞介导的细胞免疫效应的生物学意义

（一）抗感染作用

T 细胞介导的抗感染免疫主要是针对胞内感染的病原体，这是机体对抗入侵细菌、病毒等微生物，以及某些寄生虫的重要抗感染免疫机制。

（二）抗肿瘤作用

CTL 可特异性杀伤肿瘤细胞。肿瘤细胞表达变化了的抗原，通过 MHC Ⅰ 类分子被呈递到细胞表面。CTL 对表达 MHC Ⅰ 类分子的肿瘤细胞进行特异性杀伤。

（三）免疫损伤作用

T 细胞介导的免疫效应可参加如同种异体移植的急性排斥反应；Ⅳ型超敏反应，如接触性皮炎；某些自身免疫病，如甲状腺炎，使机体产生免疫损伤。

第三节 B 细胞介导的特异性免疫应答

B 细胞介导的免疫应答也称体液免疫。B 细胞有 B1 及 B2 两个亚群。B 细胞介导的免疫应答过程也包括三个阶段：即抗原识别阶段；免疫细胞的活化和分化阶段；免疫应答的效应阶段，其机制与 T 细胞介导的免疫应答过程基本相同。

一、TI 抗原诱导的体液免疫应答

能够独立诱导 B 细胞产生抗体的抗原为 TI 抗原，分为 TI-1 和 TI-2 两种。

（一）对 TI-1 抗原的应答

TI-1 抗原多为细菌胞壁，能同时与许多 BCR 结合，触发 B 细胞活化的第一信号；同时激活 B 细胞的有丝分裂原受体为 B 细胞活化的第二信号。在双信号作用下，成熟 B 细胞和未成熟 B 细胞增殖并分化为浆细胞，产生 IgM 类抗体，无 Th 参与，不产生记忆细胞。B 细胞对 TI-1 抗原应答早于其对 TD 抗原的应答。

（二）对 TI-2 抗原的应答

TI-2 抗原多为细菌胞壁或荚膜多糖，B1 细胞为其主要应答细胞。TI-2 抗原有高度重复的 B 细胞表位，造成 BCR 交联，激活成熟的 B1 细胞。一般认为 B1 细胞是体内天然抗体的主要来源，可参与清除死亡细胞和介导自身免疫应答。T 细胞可增强 B1 细胞的免疫应答及促使发生抗体类别转换，诱导 IgM 和 IgG 型抗体产生。

二、TD 抗原诱导的免疫应答

自然界的抗原多为 TD 抗原。B 细胞对 TD 抗原的应答，需要 Mφ 及 Th 的辅助，应答过程形成记忆细胞。

（一）B 细胞对 TD 抗原识别

B 细胞通过 BCR 可识别天然抗原。B 细胞的活化也需要双信号（图 2-1）：

BCR-CD79 识别抗原为第一信号；第二信号由活化 Th 的 CD40L 与 B 细胞 CD40 结合提供，从而诱导静止 B 细胞活化。

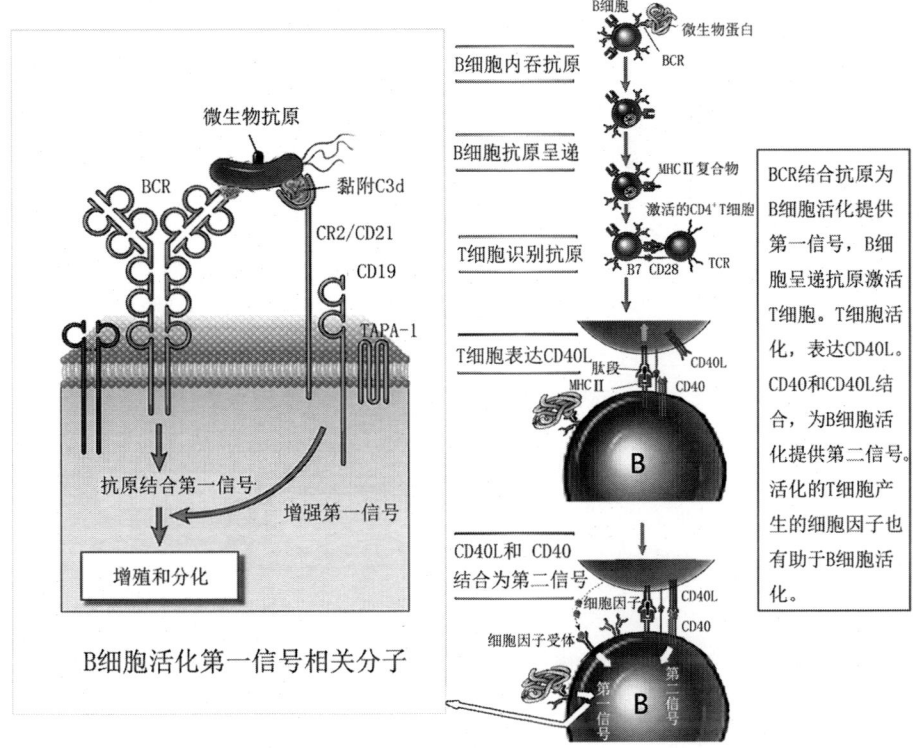

图 2-1 B 细胞活化的双信号和再次应答中 B 细胞的抗原呈递示意图

（二）B 细胞的活化、增殖和分化

B 细胞特异性结合 TD 抗原后，经双信号向胞内传递信息而活化，使静止期 B 细胞进入有丝分裂。在细胞因子的作用下，B 细胞分化为浆细胞和记忆 B 细胞。CD40 分子与 CD40L 的结合，对 B 细胞完成抗体转换和记忆 B 细胞的形成有重要作用。阻断 CD40 和 CD40L 间的相互作用可导致外周血 B 细胞产生免疫耐受性。

（三）效应阶段

浆细胞产生抗体的类别受细胞因子的调节。体液免疫主要是通过抗体发挥效

应，包括结合特异性抗原、调理作用、激活补体、ADCC 和免疫病理性损伤作用。在某些情况下，抗体还可参与超敏反应，引起病理性损伤。如 IgE 介导 I 型变态反应；IgG 和 IgM 可介导 II 型和 III 型超敏反应。

三、抗体产生的一般规律

（一）个体发育中抗体产生的规律

在个体发育中的 IgM 最先出现。IgG 是唯一能通过胎盘的免疫球蛋白，新生儿 IgG 含量最高，但出生后 3 个月才开始自身合成，IgA 在出生 4~6 月后才能合成。

（二）初次应答

初次应答是指抗原第一次进入机体时引起的应答。特点是潜伏期长、抗体浓度低、维持时间较短和亲和力低。最初出现 IgM，随后出现 IgG，在一定时间内 IgG 能保持稍高的水平。

（三）再次应答

再次应答是机体再次接触相同抗原时的应答。其特点是潜伏期较短、抗体浓度高、维持时间长和以高亲和力的 IgG 为主。

第四节　非特异性免疫应答

非特异性免疫应答是生物体在长期种系发育和进化过程中，逐渐形成的一系列防卫机制，是先天的，遗传的，只能识别"自己"和"非己"。具有无特异性、无记忆性、发挥作用快和作用范围广的特点，是特异性免疫应答的基础。

一、防御屏障作用

（一）皮肤和黏膜屏障

皮肤和黏膜是防御的第一道防线。健康完整的皮肤和黏膜等具有机械屏蔽和物理屏障作用、化学屏障作用和微生物屏障作用。

(二) 血脑屏障

血脑屏障由软脑膜、脑毛细血管壁和星状胶质细胞形成的胶质膜构成。该屏障能阻止病原体及其他大分子物质由血液进入脑组织和脑脊液，防止中枢系统发生感染。婴幼儿血脑屏障尚未发育完善，易发生脑部感染。

(三) 胎盘屏障

胎盘屏障是由母体子宫内膜的基蜕膜和胎儿的绒毛膜共同构成的。该屏障能阻止母体内可能存在的某些病菌通过，保护胎儿免受感染。但在妊娠的前三个月内，胎盘结构尚未发育完全。

此外，机体还存在气血屏障、血睾屏障和血胸屏障。

二、体液的抗微生物作用

血液、淋巴液等体液中含有多种抑菌、杀菌及加强吞噬作用的物质，如补体（见第六章）、溶菌酶（唾液、泪液、乳汁等）、IFN 等细胞因子（见第七章）、血清中的天然抗体（能促进吞噬作用）、抗菌肽（如防卫素和乙型溶菌素）、活性氧（reactive oxygen species，ROS）和一氧化氮（NO）等自由基、脂质介质及可溶性 CD14 分子等。

机体在感染、烧伤、手术、创伤时，发生的代谢、内分泌、神经及免疫功能的改变，大多出现于感染或炎症开始后的数小时到数天内，此反应称为急性期反应。此时肝脏合成的急性期蛋白（Acute Phase Protein，APP）增加，诱发机体产生以防御为主的非特异性反应。在急性期反应中，大多数 APP 如 C 反应蛋白（C-reactive protein，CRP）、血清淀粉样蛋白 A、脂多糖结合蛋白（lipopolysaccharide-binding protein，LBP）、甘露糖结合蛋白（mannose-binding protein，MBP）、铜蓝蛋白、补体 C3 等增加；少数 APP 在急性期反应时减少。

三、天然免疫细胞的应答

参与天然免疫应答的免疫细胞有 MC、吞噬细胞、NK 细胞、DC、γδT 细胞、B1 细胞、NKT 细胞、EOS 和 BASO。

(一) 模式识别理论

1. 直接识别与固有免疫细胞模式识别的受体

天然免疫细胞通过模式识别区分"自己"和"非己"。病原相关分子模式（pathogen associated molecular pattern, PAMP）为病原体表面共有的保守分子结构，是固有免疫细胞模式识别受体（pattern recognition receptor, PRR）识别"非己"的分子基础。PAMP 是病原体生存和致病所必需的，如细菌脂多糖（LPS）、肽聚糖和甘露糖等。宿主细胞在受损或坏死时释放的内源性分子，如氧自由基、胞外基质降解物和神经介质等，被称为损伤相关分子模式（damage associated molecular pattern, DAMP）。外源性 PAMP 和内源性 DAMP 等为非特异性免疫细胞识别的模式分子。

模式识别受体是同一类固有免疫细胞所共有的非特异性受体。可识别病原体或宿主凋亡细胞表面共有的特定分子结构（PAMP/DAMP）。膜性 PRR 包括甘露糖受体、清道夫受体、CR 和 Toll 样受体（toll-like receptor, TLR）等，它们可以发挥促吞噬和信号转导作用；分泌型 PRR 包括 MBL、CRP 和 LBP 等，它们可以发挥调理作用。

2. 间接识别与结合调理素的受体

抗体、补体等可溶性分子被称为调理素，对吞噬细胞有调理作用。单核细胞表面的清道夫受体 CD36 可作为调理素受体参与低密度脂蛋白（low-density lipoprotein, LDL）介导的吞噬过程。这些调理素受体有利于吞噬细胞间接识别病原体等"异物"。

(二) 吞噬细胞的作用

小吞噬细胞主要是血中的 PMNs；大吞噬细胞包括血液中的单核细胞和各种组织的 Mφ。首先，病原菌（或异物）进入机体后，吞噬细胞被趋化因子募集而迁移向病灶。然后，PAMPs 和 DAMP 等模式分子与模式受体 PRRs 接触识别，引发吞噬细胞发挥吞噬作用。最后，吞噬或吞饮形成吞噬体，与溶酶体融合成吞噬溶酶体发挥溶菌杀菌的作用。

根据吞噬的结果不同，吞噬作用可分为：完全吞噬和不完全吞噬。机体抵抗力和吞噬细胞功能较强时，病原微生物在吞噬溶酶体中被杀灭，此为完全吞噬。

而某些细胞内寄生的细菌，如结核杆菌及某些病毒，可被吞噬却不能被杀死，此为不完全吞噬。不完全吞噬可使病原微生物逃避体内外杀菌物质及药物的杀灭作用，甚至随吞噬细胞的游走而扩散，引起更大的感染。吞噬细胞在吞噬过程中可向细胞外释放溶酶体酶，但过渡的吞噬可引起周围健康组织损伤。

静息状态的 Mφ 低水平表达 MHC Ⅱ类分子和 B7，具有吞噬并清除异物的功能。受抗原刺激和 IFN-γ 等活化后，其吞噬作用更活跃，上调 MHC Ⅱ类分子，活化 CD4$^+$T 细胞。后者分泌 IFN-γ 作用于 Mφ，使其吞噬和消化异物的速度和能力增强。

(三) 其他固有免疫细胞的作用

NK 细胞在抗病毒和抗肿瘤中发挥重要作用。NK 细胞释放穿孔素和颗粒酶、TNF 家族分子（FasL 等）发挥杀伤功能。此外，NK 细胞也可发挥 ADCC 杀伤效应。γδT 细胞直接识别靶抗原，无 MHC 限制性。行使皮肤黏膜局部抗感染，抗肿瘤和免疫调节作用。B1 细胞主要分泌天然抗体 IgM，起抗早期感染和维持自稳的作用。EOS 主要参与抗寄生虫感染。此外，可释放炎性介质，调节速发型超敏反应。BASO 参与炎症反应、介导超敏反应，参与固有免疫。此外，BASO 还可通过调节 Th2 免疫参与特异性免疫应答。

非特异性免疫受遗传因素、年龄因素、环境因素、运动及应激因素的影响。

四、天然免疫应答与炎症反应

炎症是机体对理化和生物因素刺激所引起的有组织损伤的保护性反应。临床表现为红、肿、痛、热和功能障碍。根据持续时间不同，分为急性炎症和慢性炎症。急性炎症急骤发生，持续时间短暂（数日至 1 个月），以血浆渗出和 PMNs 浸润为主要特征。慢性炎症发生较慢，持续较久（数月至数年），以淋巴细胞和单核-巨噬细胞浸润为主要特征。

MC、吞噬细胞和淋巴细胞被激活后分泌细胞因子和炎症介质参与炎症反应。白细胞沿着某些化学或生物刺激物的浓度梯度迁移的现象称为趋化运动。吸引白细胞迁移的物质，如细菌、炎症组织细胞及补体的某些片段等，具有分子量较小，半衰期短，易在组织中扩散的特点，称为趋化介质。趋化运动具有细胞特异性，如 IL-8 主要趋化 PMNs。能触发或参与炎症反应的物质称为炎症介质，如 MC 脱颗粒释放的组织胺、前列腺、白三烯（leukotriene，LT）和血小板激活因子；吞噬细胞溶酶体中的阳离子蛋白、酸性水解酶和中性蛋白酶；体液中 C3a、C5a、缓激肽和纤维蛋白溶酶等。

炎症是以防御为主的天然局部反应，一般对机体有利，如抗感染和损伤愈合。而炎症反应也是一些疾病的发病基础，如超敏反应中炎症过度可威胁生命。特殊部位或器官的炎症可造成严重后果，如脑的炎症可压迫生命中枢，声带炎症阻塞喉部导致窒息，严重的心肌炎可以影响心脏功能。

五、天然免疫应答的特点及作用时相

(一) 天然免疫应答的特点

天然免疫应答不经克隆扩增分化，应答时间为 0~96h。经诱导炎症反应对抗病原体，具有非特异性，也无免疫记忆性。天然免疫应答有相对的稳定性，不受抗原性质、抗原刺激强弱或刺激次数的影响，是一切免疫应答的基础。

(二) 天然免疫应答的作用时相

首先是瞬时天然免疫应答阶段。此阶段时间为 0~4h。主要为屏障、现存的效应分子。其次为早期天然免疫应答阶段。此阶段时间为 4~96h。主要为吞噬细胞活化，吞噬功能加强，分泌细胞因子激活 NK、B1、T 和 NKT 等细胞。最后为适应性免疫应答诱导阶段。此阶段时间为 96h 以后，此时 Mφ、DC 激活（提呈抗原、表达协同刺激分子），迁入外周免疫器官，诱导适应性免疫。

六、天然免疫应答的调节

天然免疫系统的各种可溶性分子和各种免疫细胞之间存在复杂的相互调节关系。例如：

(一) NK 细胞和 Mφ 的正反馈环路

LPS 和 IFN-γ 共同作用于组织中的 Mφ，使其活化并处于兴奋状态，此时 Mφ 不仅吞噬和处理异物能力增强，还分泌大量 TNF 和 IL-12 活化 NK 细胞，活化的 NK 细胞产生大量 IFN-γ 再作用于 Mφ，如此形成正反馈环路。

(二) Mφ 与补体

Mφ 被活化后，会产生 C1、C2、C3、C4、C5、B 因子和 C1-INH 等补体固有成分和调节分子，以补充血清补体。Mφ 表面至少有 5 种补体受体能间接识别被补体片段（如 C3b）致敏的微生物和其他抗原。另外，C3b 活化 Mφ，对机体抵御无 LPS 的革兰氏阴性菌和病毒感染具有重要意义。

(三) PMNs 和 Mφ

血中的 PMNs 需要 MC 和 Mφ 的辅助才能穿过血管浸润被感染的组织。

天然免疫应答具有重要意义。天然免疫应答启动获得性免疫应答。如 Mφ 和 DC 为 T 细胞活化提供双信号。Mφ 和 DC 活化与否对启动获得性免疫应答起着"控制阀"的作用。外来抗原进入引流淋巴结需要 APC 的"陪伴"或补体片段致敏。此外，天然免疫应答与获得性免疫应答之间存在协作。抗体提高了天然免疫系统处理抗原的效率，抗体介导 NK 细胞和 Mφ 的 ADCC 作用。抗体分子与抗原结合后活化补体，使补体更为准确、集中、有效地杀伤靶细胞。T 细胞与天然免疫细胞之间也存在协同作用。细胞免疫应答所产生的效应 T 细胞通过分泌 IFN-γ 和 IL-18 等细胞因子促进 Mφ 的活化。Mφ 分泌 IL-1 和 IL-12 等细胞因子，诱导 T 细胞的分化，最终影响适应性免疫应答的类型。天然免疫与获得性免疫的时间互补。获得性免疫系统在受到外来抗原刺激之后一般需要 5~7 天才发挥效应，而天然免疫系统在微生物进入机体几分钟之内就开始应答，起到限制微生物在体内迅速扩散的作用。

第五节 免疫记忆及其应用

天然免疫应答无免疫记忆，而特异性免疫应答会产生免疫记忆。所谓免疫记忆是指再次受同样的抗原刺激时可产生比初次抗体免疫反应更强的反应。免疫记忆的基础是免疫记忆细胞的产生。对体液应答来说，免疫记忆由留存的抗体、浆细胞或记忆 B 细胞介导。对细胞应答来说，免疫记忆由效应性记忆 T 细胞（包括 Th1、Th2 和 CTL）和中枢性记忆 T 细胞介导。

一、记忆 B 细胞介导的抗体应答

(一) 留存抗体和浆细胞

抗原被清除后，体内留存的抗体构成记忆性抗感染的第一道防线。短寿性浆细胞由初始 B 细胞经抗原诱导产生，寿命通常只有几天。长寿性浆细胞则由生发中心的记忆 B 细胞产生，可长期存活。

(二) 记忆 B 细胞

初始 B 细胞识别 TD 抗原后被激活，在 T 细胞区和边缘区，分化成短寿性浆细胞，或迁移至滤泡产生记忆 B 细胞。长寿性浆细胞或其前体细胞可迁至骨髓。抗体的产生及其在血循环及黏膜表面的长期存在标志预防接种成功。

二、记忆性 T 细胞的特性、分化和维持

中枢性记忆 T 细胞为 CD45RO 阳性，在抗原再次刺激时可分化为效应细胞。效应性记忆 T 细胞可表达利于归巢的分子。效应性记忆 T 细胞受抗原刺激后于数小时内产生 IFN-γ、IL-4 和 IL-5。记忆性 T 细胞的分化可能与抗原刺激的强度有关；中等强度产生效应性记忆 T 细胞，低强度产生中枢性记忆 T 细胞。此外，记忆性 T 细胞的分化还需细胞因子的参与。中枢性记忆 T 细胞主要存在于淋巴结和扁桃体；效应性记忆 T 细胞主要在炎症部位。外周血中中枢性记忆 T 细胞以 $CD4^+$ 为主；效应性记忆 T 细胞以 $CD8^+$ 为主。

三、自然免疫

自然免疫又分为自然主动免疫和自然被动免疫两种。人体经感染后所获得的免疫叫作自然主动免疫。人体感染了病原体后不发病，叫作隐性感染。在隐性感染中也会使人获得免疫。胎儿经胎盘或婴儿经初乳从母体获得抗体，叫作自然被动免疫。自然被动免疫维持的时间不长，一般在出生 4~6 个月后就消失了。

四、人工免疫

人工免疫分为人工主动免疫和人工被动免疫两种。人体经预防接种后所获得

的免疫叫人工主动免疫。其有效期，短的为 6 个月，长的可达 10 年。人体经注射抗体后所获得的免疫叫人工被动免疫。其有效期较短，一般约为 2~3 周，多用于治疗或暂时预防某些传染病，如用白喉抗毒素治疗白喉等。

第六节　免疫耐受

免疫耐受是指免疫细胞接触抗原后所产生的特异性的免疫无应答或低应答性状态。诱导免疫耐受的抗原称耐受原。免疫耐受与免疫抑制不同。免疫抑制是由于免疫细胞发育缺损或增殖分化障碍造成免疫功能低下。由于免疫系统发育不全或遭受损害所致的免疫功能缺陷引起的疾病称为免疫缺陷病。其包括与遗传相关的原发性免疫缺陷病和由多因素（如被微生物感染、恶性肿瘤等）引起的继发性免疫缺陷病。尽管正常机体对自身抗原具有免疫耐受性，但仍有一定量的自身反应性 T 细胞和自身抗体会清除衰老变性的自身成分，这对维持自身免疫稳定具有重要生理意义，被称为自身免疫。自身免疫病是在内外因素的诱导下，自身免疫耐受被打破，对自身抗原产生异常应答，从而导致一系列临床症状，如类风湿性关节炎等。

一、影响免疫耐受形成的因素

按照免疫耐受形成的特点，免疫耐受可分为天然耐受与获得耐受两种。由天然获得的称天然耐受。由人工诱导的称获得性耐受。按照免疫耐受的程度，又可分为完全耐受和不完全耐受。不完全耐受又可分为 T 细胞耐受和 B 细胞耐受。按照发生部位分为中枢耐受和外周耐受。中枢耐受是指在胚胎阶段，以及 T 细胞和 B 细胞分化发育过程中所形成的耐受。未被中枢耐受所清除的自身反应性 T 细胞和 B 细胞克隆，因多种机制处于无反应状态，称外周耐受。

免疫耐受的维持可防治排斥反应和自身免疫病，终止免疫耐受可达到治疗肿瘤和慢性病毒感染的目的。免疫耐受的维持时间不同。免疫耐受主要与抗原及机体两方面的因素有关。

（一）抗原因素

抗原的性质、抗原的剂量、抗原注射途径，以及抗原在体内的持续时间都会影响免疫耐受的形成和维持时间。一般来说，亲缘关系越远，分子结构越复杂，分子量越大，抗原免疫原性越强；反之，则越容易诱发免疫耐受。此外，可溶性抗原多为致耐原，而颗粒性抗原则常诱发免疫应答。相同抗原表位密度高，其致耐原强。实验证明，抗原剂量太低引起的免疫耐受称低带耐受；抗原剂量太高引起的免疫耐受称高带耐受。而中等剂量则引起良好的免疫应答。一般来说，抗原剂量越大所诱导的耐受则越完全和持久。诱导耐受的抗原剂量与抗原种类、参与效应细胞类型、个体的年龄，以及动物的种类和品系等因素有关。一般来说，抗原经静脉注射最易诱导耐受性，腹腔注射次之，皮下及肌肉注射最难诱导耐受性。但不同部位静脉注射引起的后果各不相同。IgG 或白蛋白注入门静脉能致耐受，注入周围静脉则引起免疫应答。口服抗原则易于发生耐受。免疫耐受的维持需要体内有抗原的持续刺激，一旦抗原在体内消失，已建立起来的免疫耐受则逐渐消退。对自身抗原的耐受性因自身抗原的持续存在可终身保持。

（二）机体因素

年龄因素会影响免疫耐受的形成和维持时间。研究表明，年龄越小越容易诱导免疫耐受。1945 年欧文（Owen）首次发现天然耐受。1953 年梅达瓦（Medawar）等通过皮肤移植实验成功诱导了免疫耐受，证实了胚胎期接触抗原物质，出生后对该抗原就有特异的免疫耐受现象。成年动物也可引起免疫耐受性，但较胚胎期困难得多，常需要联合应用免疫抑制措施。此外，遗传因素也会影响免疫耐受的形成及其维持的难易程度。

二、免疫耐受的机制

关于免疫耐受的机制有以下几种重要观点。

（一）克隆清除

1975 年伯内特提出克隆选择学说，并用克隆清除学说解释免疫耐受现象。该学说提出体内存在着具有免疫活性的细胞克隆，每一克隆细胞都具有其特异的、能与其相应抗原表位起反应的受体。未成熟自身反应性 T 细胞和 B 细胞因接触相应的自身抗原后被清除，这是维持自身免疫耐受最有效的机制。克隆清除学说强调了免疫耐受诱导过程的中枢耐受。但获得性免疫耐受的机体内，自身反应细胞克隆并未被彻底清除，而是处于功能受抑制或无能状态。这一学说尚不能解释该现象。

（二）克隆不应答

克隆不应答包括以下三种情况：一是免疫活性细胞缺乏激活信号，如细胞表面无 MHC Ⅱ 类抗原。二是免疫活性细胞激活受阻，如细胞表面抗原受体被封闭或抗原不能抵达免疫活性细胞表面。三是胸腺依赖性抗原缺乏 Th 和 Mφ，免疫细胞单独不能产生有效应答。如小剂量抗原便足以使 T 细胞产生耐受，且维持时间远超过 B 细胞的耐受，T 细胞耐受导致 B 细胞因失去 T 细胞的辅助而不能活化。Mφ 通过呈递抗原参与特异性免疫应答，Mφ 功能缺陷也是耐受诱导的重要原因。

（三）免疫忽视

免疫系统对低水平抗原或低亲和力抗原不发生免疫应答的现象称为免疫忽视。但如果抗原水平增加或共刺激信号变强，这类潜伏的自身反应性细胞有可能从免疫忽视转变为免疫应答状态。

（四）免疫豁免部位生理状态下免疫耐受

机体某些特定部位在解剖上与免疫细胞隔绝或局部微环境中有免疫应答抑制机制，从而对外来抗原不应答，此部位即为免疫豁免区。如脑、眼和胎盘等。

（五）抑制细胞的作用

1. TS 的作用

将耐受动物的脾或胸腺细胞转输给同品系正常动物后，后者获得耐受性，称为传染性耐受。可能与 TS 有关。TS 发生作用通常是具有抗原特异性的，可能是通过阻止抗原呈递，阻断 Th 的功能。TS 在抑制 B 细胞分化及阻断 B 细胞分化为浆细胞等环节发挥作用。

2. 自然抑制细胞的作用

自然抑制细胞形态上为大颗粒淋巴细胞，见于胚胎及新生期，出生后数天内消失，不能诱导，主要抑制 T 细胞，无抗原特异性。这些细胞可能在新生与成年动物的耐受诱导中起作用。

3. Mφ 的抑制作用

耐受动物的腹腔 Mφ 有抑制同系正常动物混合淋巴细胞反应的作用，此作用有抗原特异性。正常动物的 Mφ 能增强具有抗原特异性的混合淋巴细胞反应。

4. 抗独特型网络的作用

T 细胞和 B 细胞抗原结合部位是 T 细胞和 B 细胞克隆独特型的物质基础。抗体独特型结构本身具抗原性，被相应细胞克隆识别而产生抗独特型抗体，进一步诱导抗-抗独特型抗体产生，呈现特异性独特型-抗独特型网络应答。对免疫应答起"自限"作用。T 细胞和 B 细胞参与的免疫应答均受抗独特型网络的调节。抗独特型抗体所引起的耐受性，仅针对抗体的独特型部分，机体对抗原其他表位的免疫应答依然存在。

第七节 超敏反应

已致敏的机体再次接触同一抗原后，机体发生以生理功能紊乱或组织细胞病理损伤为主的异常特异性免疫应答，称为超敏反应，又称变态反应。引起变态反应的抗原称为变应原。根据反应发生的速度、发病机制和临床特征，超敏反应可分为Ⅰ型、Ⅱ型、Ⅲ型和Ⅳ型。

一、Ⅰ型超敏反应

Ⅰ型超敏反应在四型超敏反应中发生速度最快，一般在第二次接触抗原后数分钟内出现反应，故称速发型超敏反应或变态反应。具有明显的遗传特点。

（一）参与Ⅰ型超敏反应的成分

首先是变应原，有吸入性变应原和食物变应原两类。其次是抗体，主要是 IgE。与正常人比，某些过敏体质人血清 IgE 明显高，MC 数量较多及胞膜上 IgE 受体较多。主要效应细胞包括 MC 和 BASO。

（二）Ⅰ型超敏反应的发生机制

1. 致敏阶段

变应原进入机体，激活 B 细胞产生 IgE 抗体，IgE 的 Fc 段结合于 MC 和 BASO 表面，使机体处于致敏阶段。此过程一般需 1~2 周。

2. 激发阶段

如再接触相应的变应原，则抗原与相应的 IgE 结合，会导致 MC 和 BASO 脱颗粒，释放多种生物活性介质及细胞因子等。

3. 效应阶段

在此阶段，MC 和 BASO 预合成的介质（主要是组胺、激肽原酶、肝素和趋化因子）和新合成的介质（如 LT、前列腺素 D2、血小板活化因子及多种细胞因子等）被释放，通过趋化作用将 PMNs 等细胞吸引到 MC 活化部位，引起炎症反应和支气管平滑肌痉挛（4~6h 出现反应）。

Ⅰ型超敏反应发病有明显个体差异和遗传背景。Ⅰ型超敏反应发生快，几秒至几十分钟内出现症状，消退亦快。凡是影响 IgE 的合成、MC 和 BASO 的数量，以及 IgE 抗体的 Fc 段受体的因素都影响Ⅰ型超敏反应。常见的Ⅰ型超敏反应性疾病涉及皮肤、呼吸道、耳鼻咽喉、眼、消化道、血液系统、神经系统和循环系统等。常见病如青霉素过敏性休克、花粉症、支气管哮喘、特应性皮炎和食物过敏等即为Ⅰ型超敏反应。Ⅰ型超敏反应的防治方法是检出过敏原并避免接触、脱敏治疗和药物治疗。

二、Ⅱ型超敏反应

抗体与宿主体内的靶细胞或者靶组织表面抗原结合，通过募集和激活炎症细胞及补体系统而引起靶细胞损伤，此为Ⅱ型超敏反应。

（一）参与Ⅱ型超敏反应的成分

首先，Ⅱ型超敏反应中的抗原是细胞膜上的抗原。血细胞、肺基底膜和肾小球毛细血管基底膜是该型反应中的常见抗原。这些抗原涉及同种异型抗原、修饰的自身抗原、共同抗原及免疫耐受机制受破坏的自身抗原等。其次，介导Ⅱ型超敏反应的抗体主要属 IgG 和 IgM 类，多为自身抗体。此外，补体、Mφ 和 NK 细胞也参与该型反应。

（二）Ⅱ型超敏反应发生机制

1. 抗体生成

变应原进入机体，激活 B 细胞产生自身抗体。

2. 抗体引起靶细胞或组织损伤

IgM 或 IgG 类自身抗体与靶细胞上的抗原特异性结合后,经过经典途径激活补体系统,导致细胞溶解。PMNs 和单核细胞被过敏毒素 C3a 和 C5a 募集、活化,通过吞噬和释放水解酶及细胞因子等引起细胞或组织损伤。此外,NK 细胞等借助表面的 IgG 的 Fc 段特异性受体,激活 ADCC 活性。

常见的Ⅱ型超敏反应性疾病主要有四种:同种不同个体间的Ⅱ型超敏反应;自身免疫性Ⅱ型超敏反应;抗交叉的反应性抗原的抗体导致的疾病;Ⅱ型药物反应。

三、Ⅲ型超敏反应

抗体与体内自身或者外来的可溶性抗原形成的 IC 沉淀于组织中,然后激活补体造成炎症性损伤的过程称为Ⅲ型超敏反应。

(一) 参与Ⅲ型超敏反应的成分

引起Ⅲ型超敏反应的抗原为可溶性抗原,包括:内在抗原(变性 IgG、核抗原)、外来抗原(微生物、寄生虫)、生物制剂(如抗毒素血清)和药物等。主要参与抗体为 IgG、IgM;补体、PMNs、BASO 及血小板等细胞也参与Ⅲ型超敏反应。

(二) Ⅲ型超敏反应的发生机制

1. 免疫复合物的形成

抗体与入侵的抗原或可溶性自身抗原结合成 IC。IC 特别是中等大小循环 IC 在血液循环中沉淀下来,引发Ⅲ型超敏反应。炎症介质的释放,使内皮细胞之间的间距增大而增加了 IC 在血管壁的沉积,结果加重了组织损伤,使病情加重。

2. 免疫复合物介导的血管炎症反应

沉积于血管壁的 IC 可通过激活补体导致组织损伤,这是Ⅲ型超敏反应中引起炎症反应和组织损伤的最主要原因。此外,IC 引起血小板聚合,使其释放出 5-HT 等血管活性胺,形成血栓,导致局部组织缺血。IC 的持续刺激会导致 Mφ 被激活释放出 IL-1 等细胞因子,加重炎症反应。

常见的Ⅲ型超敏反应性疾病主要有局部形成的 IC 所致的炎症损伤和循环 IC

所致的疾病。前者有注射动物血清引起的阿瑟氏反应、与职业有关的超敏反应性肺炎；后者有血清病、系统性红斑狼疮，还有青霉素等药物与人体蛋白质结合后具有了抗原性，其与相应抗体结合的复合物亦可引起Ⅲ型超敏反应。

四、Ⅳ型超敏反应

Ⅳ型超敏反应是由特异性致敏T细胞介导的细胞免疫应答。该型反应均在接触抗原24h后出现，故称为迟发型超敏反应（delayed type hypersensitivity，DTH）。

（一）参与成分

DTH由T细胞介导，最终效应细胞是活化的单核-巨噬细胞。

（二）组织损伤机制

急性DTH是细胞介导免疫的一种形式。在反应中，$CD4^+$T细胞识别可溶性蛋白质抗原，$CD8^+$T细胞识别细胞内微生物抗原，它们通过分泌细胞因子对抗原进行应答。Ⅳ型超敏反应包括三个连续的过程。

1. 识别相

T细胞识别APC表面上的抗原。上皮中的郎格罕细胞、皮肤和组织中的Mφ及小静脉内皮细胞均可作为APC启动T细胞活化。

2. 激活相

此相为T细胞分泌细胞因子和增殖相。T细胞一旦被激活，就能通过分泌细胞因子，如IL-2、IFN-γ、TNF和淋巴毒素等而介导DTH。IL-2能引起抗原活化T细胞的自泌性增殖，增强细胞因子合成。IFN-γ能作用于APCs，增加APCs的MHCⅡ类分子表达和抗原呈递效率，这也是诱导DTH的一个重要放大机制。IFN-γ能增强炎症处浸润单核细胞消灭抗原的能力。IFN-γ不仅是最强的激活Mφ的细胞因子，也是DTH中最重要的细胞因子。TNF和淋巴毒素能放大小静脉内皮细胞结合和活化白细胞的能力，从而导致炎症反应。

3. 效应相

在此反应中，效应相可分成炎症和消退两步。炎症指的是血管内皮细胞被细胞因子激活，血管中的白细胞聚集于抗原进入的局部组织中。消退是由于外来抗原

被细胞因子活化的 Mφ、Th1 和 CTL 所消除。活化的 Mφ 可清除胞内微生物抗原，使 DTH 消退。

常见的Ⅳ型超敏反应性疾病有接触性皮炎、移植排斥反应等，并与自身免疫病和传染病有关。

总之，四型超敏反应各具特征，Ⅰ型、Ⅱ型和Ⅲ型超敏反应由抗体介导，可经血清被动转移。而Ⅳ型超敏反应由 T 细胞介导，可经细胞被动转移，反应发生较慢，故称 DTH。Ⅰ型超敏反应主要由 IgE 抗体介导，由 MC 等释放的介质引起组织损伤，症状发生和消退在四型中最快，与遗传的关系也最明显。Ⅱ型超敏反应由抗组织和细胞表面抗原的 IgG 或 IgM 类抗体介导，血细胞是主要靶细胞，补体活化、白细胞聚集并活化，以及受体功能异常为该型反应机制。Ⅲ型超敏反应由循环可溶性抗原与 IgM 或 IgG 类抗体形成的复合物介导，补体参与反应，白细胞聚集和被激活。Ⅳ型超敏反应由 T 细胞介导，引起组织损伤的机制是 Mφ 和淋巴细胞的局部浸润、活化及细胞因子的产生。临床情况很复杂，常可见两型或三型反应同存。此外，同一种抗原在不同条件下可引起不同类型的超敏反应。

第八节　免疫调节

免疫应答都是在机体免疫调节机制的控制下进行的。免疫调节机制是维持机体内环境稳定的关键。

一、免疫系统的调节

（一）抗原的调节作用

免疫应答是由抗原刺激免疫系统开始的。抗原的存在是应答发生的前提。随着抗原在体内浓度逐渐降低，抗体产生也不断下降。

（二）抗体的调节作用

抗体产生后可抑制其后的抗体产生，此为抗体的反馈调节。抗原抗体复合物也调节免疫应答。当抗原量多抗体量少时，形成的复合物可与 APC 表面的 Fc 受体结合，增强抗体产生。当抗体过量时，B 细胞的 BCR 与 IC 中的抗原结合，其 Fc 受体与复合物中的抗体结合而交联，抑制 B 细胞分化为浆细胞。反应初期 IgM

产生多时，复合物对其有增强作用，而后期 IgG 多时，则对其起抑制作用。

（三）免疫细胞的调节作用

T 细胞是免疫应答的效应细胞，也参与免疫应答的调节。Th1 促进细胞免疫应答；Th2 促进体液免疫应答。Th1 和 Th2 还通过各自分泌的细胞因子相互制约。在免疫应答后期，效应 TS 可分泌抗原特异及非特异抑制因子，抑制 CTL、Th 及 B 细胞的功能，以维持机体免疫稳定平衡。CTL 杀伤 T 或 B 细胞可引起免疫抑制作用的发生。Treg 是一类控制体内自身免疫反应性的 T 细胞亚群，维持自身免疫耐受。Treg 在治疗自身免疫病、肿瘤和器官移植排斥方面具有应用前景。

（四）独特型网络调节

杰尼（Jerne，1972 年）根据现代免疫学对抗体分子独特型的认识提出了独特型网络学说。即在同一机体内一组抗体分子（或淋巴细胞表面抗原受体分子）亦可被另一组淋巴细胞表面抗独特型抗体分子所识别，使受抗原刺激增殖的克隆受到抑制。由独特型和抗独特型组成的免疫网络，可维持免疫应答的稳定平衡。

（五）MHC 对免疫应答的调节

研究表明 MHC 的基因中内存调控适应性免疫应答的免疫应答基因（immune response gene，Ir 基因）和免疫抑制基因（immune suppressor gene，Is 基因），决定不同品系的小鼠对 TD 抗原的应答能力。高反应品系小鼠具有相同的 I-Ak 和 H-2Db，而低反应的小鼠只有 H-2Db。I-A 亚区基因的点突变，导致小鼠从高应答状态变成低应答状态，T 细胞增殖能力降低。

（六）其他形式免疫调节

补体参与免疫调节。补体对吞噬细胞功能有调理作用。补体-抗原-抗体复合物可与 B 细胞表面的 CR1（CD21）结合，刺激 B 细胞活化，也可与 APC 细胞表面的 CR1 结合，提高抗原呈递效率。在正常情况下，补体系统参与自身活化的调控。细胞因子也参与免疫调节。炎症因子基因的激活受到严格调控，防止炎症介质过度释放。许多细胞因子参与免疫细胞分化的调节，如 IL-21 和 IL-23 促进 Th17 的扩增和细胞特征维持。Th1 和 Th2 的分化、Mφ 激活、B 细胞的活化等都受到细胞因子的调节。此外，免疫细胞活化后表达凋亡相关因子（factor related apoptosis，Fas）增加，诱导活化 NK 细胞、CTL 凋亡，实现对免疫应答的范围和程度的调节。

二、神经内分泌免疫网络调节

（一）神经内分泌对免疫系统的调节

神经系统对免疫系统具有调节作用。骨髓、胸腺、脾、淋巴结上都有自主神经的分布，切断新生期大鼠支配脾的神经，出现免疫应答增强。交感神经兴奋可抑制 T 细胞的增殖，副交感神经的作用与此相反。免疫细胞上有神经递质和激素的受体。在动物试验中，脑损伤可抑制免疫功能。心理应激使 T 细胞活性下降，抵抗感染的能力和对肿瘤细胞的监视能力下降。

肾上腺皮质激素几乎对所有的免疫细胞都起抑制作用。应激刺激可通过下丘脑-垂体-肾上腺轴（the hypothalamic-pituitary-adrenal axis，HPA 轴）使血中肾上腺皮质激素含量增高。肾上腺皮质激素具有稳定溶酶体，抑制单核-巨噬细胞功能和抗炎作用。一般剂量可抑制初次免疫应答，大剂量则溶解淋巴细胞。皮质醇可抑制淋巴细胞产生，IL-2、IL-4 和 IFN-γ 等，还可阻断 Mφ 表面表达 Ia 分子，抑制 NK 细胞活性。人体淋巴细胞和单核细胞上有雌激素受体和胰岛素受体。试验证明，生理浓度的雌二醇与睾酮能分别抑制和促进正常人单核细胞 HLA-DR 和 HLA-DO 抗原的表达，对维持免疫稳定状态起一定作用。胰岛素可促进 Mφ 活化和 Th 产生细胞因子。生理浓度的胰岛素体外增强正常人单核细胞抗原呈递功能。生长激素和催乳素促进多种免疫细胞分化和功能增强。生长激素能促进 Mφ 活化、Th 增殖并产生细胞因子，还能增加抗体合成。甲状腺素能促进 T 细胞活化，增加腹腔渗出细胞。肾上腺素以抑制免疫功能为主。

乙酰胆碱（acetylcholine，ACh）可增加骨髓中淋巴细胞和 Mφ 的数量。组胺对 Mφ 产生补体成分 C2、B 因子有剂量依赖效应；对 IFN-γ、IL-2 的分泌起抑制作用。5-HT 可使 IgG 和 IgM 的分泌减少。内源性阿片肽可提高外周血中 T 细胞数量，促进抗体生成，促进 IFN-γ、IL-2 的产生；增强 NK 细胞的杀伤力；增强 Mφ 的吞噬能力。但也有关于阿片肽对免疫细胞起抑制作用的报道。

（二）免疫系统对神经内分泌系统的调节作用

免疫系统可通过多种途径影响神经内分泌功能。免疫细胞本身可产生和释放激素，也可通过其所产生的细胞因子作用于神经内分泌及全身各器官系统。

已有研究证明，人 IFN 中有 ACTH 和 γ-内啡肽的活性片段。人 IFN-α 能与吗啡竞争受体，且比吗啡强 300 倍以上。小鼠 Th 可以合成和释放脑啡肽。目前已发现免疫细胞合成的神经递质和激素有 ACTH、内啡肽、生长激素、生乳素、绒毛膜促性腺素和血管活性肠肽等达 10 余种。

免疫细胞产生的细胞因子除对自身活动进行调节外，还可作用于神经内分泌系统。IL-1 可刺激下丘脑使体温升高，故又称为内源性致热原。神经系统内星形胶质细胞和小胶质细胞也可产生 IL-1，在神经细胞发育和修复中发挥作用。IL-1 还可引起慢波睡眠，在外周，它可抑制食欲。IL-1 也作用于垂体，通过 ACTH 促使肾上腺皮质激素水平升高。免疫细胞分泌的 IL-2 可抑制离体海马脑片 Ach 释放，减弱海马神经元的长时程增强现象，故 IL-2 可能参与海马的学习和记忆过程。IL-2 可能促进加压素的释放，参与调控机体的水平衡，具有催眠作用；IL-2 还具有中枢和外周镇痛作用。IFN-α 也具有中枢镇痛作用。TNF-α 有中枢致热效应，并促进星形胶质细胞表达脑啡肽原基因。向脑脊液中输注 TNF-α，血脑屏障的通透性增加，白细胞渗出增多。TNF-α 可影响垂体前叶激素，如影响 ACTH、生长激素、促甲状腺素等的分泌。TNF-α 也可促进人胎儿胰岛 β 细胞的增殖，并抑制黄体功能。IL-4、IL-7 和 IL-8 等对神经内分泌系统也具有影响。

三、群体水平的免疫调节

（一）群体水平的免疫调节的方式

抗原受体库具有多样性。BCR/TCR 的多样性形成容量极大的受体库和克隆储备，以满足外界各种抗原免疫应答的特异性；而且使不同种群或群体对不同抗原的应答及其强度各异，是群体水平免疫调节的遗传学机制。

MHC 决定个体对某种抗原是否产生应答及应答的强弱；其多态性向整个群体提供结合任何抗原的能力，以保护群体和物种抵抗任何病原感染而维持生存。

（二）群体水平的免疫调节的意义

BCR/TCR 受体库多样性所提供的调节，使得个体受益。MHC 多态性在群体水平提供的调节，使得物种受益。MHC 多态性造就了免疫应答能力各不相同的个体。在群体层面赋予物种极强的应变能力，这是长期自然选择的结果。

自然选择在群体水平参与免疫调节也会产生负面影响。如人群抗寄生虫免疫能力的增强和特应性个体数量上升的关系。长期的自然选择选择出了 IL-4 和特定 IgE 编码基因使得人群抗寄生虫感染的能力增强。但随之引发由 Th2 及相关因素造成过敏性疾病发病概率迅速上升。大量特应性儿童的涌现是群体层面上人类为抗寄生虫感染中"矫枉过正"式的免疫调节所付出的代价。

思考题：

1. 简述 T 细胞各亚群及其效应。
2. 简述专职 APC 概念及三类专职 APC 抗原呈递的异同点。
3. 简述免疫系统的调节机制。
4. 简述免疫耐受形成的影响因素。
5. 简述免疫耐受的机制。
6. 简述Ⅰ型、Ⅱ型、Ⅲ型和Ⅳ型超敏反应的参与成分。
7. 试述运动对天然免疫应答和特异性免疫应答的影响。
8. 试述 TD 抗原和 TI 抗原的特点。
9. 试述超抗原和佐剂的作用机制及应用价值。

CHAPTER 3 第三章
免疫技术

> **内容提要：**

通过学习本章内容，重点掌握以下知识：
1. 细胞水平、分子水平和基因水平的检测。
2. 化学方法在免疫技术中的应用。
3. 标记方法在免疫技术中的应用。
4. 单克隆抗体技术在免疫技术中的应用。
5. 基因编辑技术、表观遗传修饰及合成生物学在免疫领域的应用。

免疫技术是利用抗原和抗体的特异性反应进行检测，利用同位素、酶、化学发光物质等对检测信号进行放大和显示，常被用于检测蛋白质、激素等微量物质。从检测方法来说，免疫技术包括放射免疫分析（radioimmunoassay，RIA）、酶联免疫吸附（enzyme linked immunosorbent assay，ELISA）、免疫荧光法、化学发光、电化学发光、纳米磁微粒化学发光等。从检测水平上可分为细胞、分子和基因三个水平上的检测。

第一节 细胞、分子和基因水平的检测

目前，许多生物学技术用于免疫学检测。

一、免疫细胞检测

一般免疫细胞可依照细胞独特的表面标志、理化性质及功能方面的差异进行分离和检测。

二、免疫分子的检测

Ig（如IgG、IgA、IgM等）、补体成分及其他血浆蛋白成分可用免疫化学自动分析仪进行检测。IgE、IgD含量低可用放射变应原吸附实验ELISA方法检定。

细胞因子及其受体因其种类繁多和复杂的网络调节关系，常采用综合分析法。其中生物学活性检测，如细胞增生或增生抑制法、集落形成法、细胞毒活性检测、细胞病变抑制法等，可精确到 pg 水平。免疫学检测适用于几乎所有的细胞因子，常用方法有 ELISA、RIA 和免疫印迹法等。

分子生物学方法检测可提供高特异性、定性检测，多采用提取细胞因子的 DNA 或 mRNA 分别进行 DNA-RNA 杂交或 DNA-DNA 杂交；也可在组织切片或细胞上进行原位杂交，也可结合免疫组化技术，分析表达细胞因子的细胞类型。细胞表面黏附分子可采用间接免疫荧光法、流式细胞术、ELISA 法和非竞争性放射免疫分析法检测，可溶性黏附分子大多采用 ELISA 法测定。

免疫相关基因测定的主要工具是核酸探针，如常用于 Northern blot 及斑点杂交的 cDNA 探针和寡核苷酸探针，用于原位杂交的 RNA 探针等。总之，目前免疫技术已经非常成熟。

第二节　生物学新技术在免疫中的应用

免疫学的发展与技术发展密切相关。显微镜的完善使巴斯德（Pasteur）在细菌学上、梅奇尼科夫（Metchnikoff）在吞噬现象的研究上取得成就。化学方法的应用促使免疫学特异性的发现。超速离心沉淀法、液相中电泳法、吸附柱过滤法、电镜、放射性核素标记法、免疫荧光法、免疫酶标法等物理学和物理化学方法的建立均为免疫学发展提供保障。标记技术（即荧光素标记、酶标和核素标记技术，用于对抗体或抗原的标记）、琼脂扩散试验（使抗原抗体反应可进行定量分析和定性分析），结合免疫学本身特有的技术（如补体结合试验、被动血凝试验、花环形成、溶血空斑试验等），在免疫学的研究上应用很广，可取长补短。单克隆抗体技术在免疫学广泛应用。单克隆抗体可作为免疫诊断试剂替代现用的常规诊断试剂，具有快速、简便、敏感等优点。针对细胞上分化抗原的单克隆抗体可检测免疫细胞上的表面分化抗原，区分不同细胞亚群的分化、来源、分布和功能。利用单克隆抗体可被动免疫治疗和预防性处理。为了检测重金属污染，通过重金属与螯合剂配位形成半抗原后，再与载体蛋白相耦联，制备出完全抗原，制备出大量的高特异性单克隆抗体，为重金属免疫学检测技术的发展提供了基础。

一、基因编辑技术等基因工程在免疫领域的应用

基因编辑技术是对基因组进行定点修饰的技术。基因编辑技术的核心是通过程序化的人工核酸酶，定点对基因组 DNA 进行改造。目前共有 3 款基因编辑技术实现了应用，第一代锌指核酸酶技术、第二代转录激活因子样效应物核酸酶技术和第三代成簇的规律间隔的短回文重复序列-Cas9 蛋白（clustered regularly interspaced short palindromic repeats-Cas9 protein，CRISPR-Cas9）技术。目前，已经在疫苗研发过程中利用重组基因编辑核心技术。此外，基因编辑技术还可用于癌症治疗。2016 年，四川大学华西医院第一次在人体试验应用 CRISPR-Cas9 基因编辑技术。2021 年，由香港科技大学研发出一种新型全脑基因编辑技术，可改善小鼠阿尔茨海默病的病理症状。基因编辑技术在治疗一些疾病过程中具有可观的应用前景，比如，唐氏综合征等遗传性疾病、白血病等血癌、HIV 等病原体感染、帕金森病等神经系统疾病、心源性猝死等心血管疾病、糖尿病、急性肾病和肥胖等。

二、表观遗传修饰与免疫增强疗法

表观遗传修饰主要包括 DNA 甲基化、组蛋白修饰及非编码 RNAs 作用等，它可以在不改变 DNA 序列的情况下影响基因转录活性。表观遗传修饰参与免疫调节和某些疾病的发生。表观遗传与先天免疫密切相关，可增强或负反馈抑制天然免疫应答。表观遗传修饰可调节天然免疫应答的二次强化"驯化免疫"和天然免疫预激活过程。一些病原体能通过作用于人体的特定表观修饰位点来逃避天然免疫的攻击。此外，有些炎症性或自身免疫性疾病的发生也和染色质修饰酶的失调密切相关。表观遗传修饰与肿瘤的发生发展密切相关，如复发性神经胶质母细胞瘤具有 DNA 甲基化丧失的表现，还参与自身免疫性甲状腺疾病的发病机制。表观遗传学重编程是一种新兴的免疫增强疗法。

三、合成免疫学与免疫治疗

合成免疫学是一种可以合理设计并构建复杂免疫反应功能的合成系统，主要通过人工合成的成分来控制免疫反应。合成免疫学以最大限度的实现调控免疫反应为目的，利用生物技术手段合理调节及控制免疫反应，从而使患者获益，如纳

米材料、佐剂和疫苗等。但更多基于合成免疫学原理的治疗药物和治疗手段尚处于临床前测试或研究阶段。

在分子水平上，通过改造和修饰抗体衍生物和抗体模拟物等新的治疗药物可提高其治疗的安全性和有效性。在细胞水平上，免疫细胞工程化已得到应用：对原发免疫缺陷患者中功能缺陷的免疫细胞进行体外重组，通过造血干细胞基因治疗来抑制 HIV 感染，或者通过过继性免疫治疗来对抗肿瘤。工程化自体免疫细胞疗效持久，可达到治愈疾病的目的。过继性免疫治疗肿瘤优于单克隆抗体免疫制剂。

四、微核糖核酸与免疫治疗

微核糖核酸（micro-ribonucleic acid，miRNA）是长度约为 22 个核苷酸的非编码 RNA，在胚胎发育、细胞分化和器官生成等过程中起着关键性的调控功能。miRNA 在天然细胞中大量存在。miRNA 与免疫关系密切，在造血干细胞、先天免疫和适应性免疫方面起到的作用，是决定造血干细胞命运的调控元件。在特定条件下（如感染和衰老），miRNA 对免疫细胞的发育非常重要。

miRNA 参与调节肿瘤、类风湿关节炎、多发性硬化症、糖尿病和阿尔茨海默病等相关免疫性疾病。根据 miRNA 在癌症中的作用，可以将其分为致癌因子和抑癌因子两类。如 miR25 和 miR93，其水平在缺氧性肿瘤中升高，为肿瘤创造一种保护性免疫屏障。针对 miRNA 的修饰能够有效提高肿瘤相关 DC 的成熟与活化水平，并提高肿瘤免疫疗法的效率。而 miR15a 和 miR16-1 是两种抑癌因子。将其前体导入人体 B 细胞内，使 B 细胞能够分泌含有此种 miRNA 的囊泡，可识别肿瘤细胞并抑制肿瘤生长。此法可以弥补癌症免疫疗法的不足和副作用。miR218 可作为多种肿瘤的预后生物标志物。目前也有研究表明，脑中 miR218 通过调节补体蛋白 C3 调控认知功能障碍。

此外，共价闭合的环状 RNA（circular RNA，circRNA）也与免疫密切相关。大多数 circRNA 来自外显子反向剪接，以共价键形成闭环结构。研究发现，这类分子可参与天然免疫调控等。circRNA 表达失调和 PKR 激活与一种称为系统性红斑狼疮（systemic lupus erythematosus，SLE）的自身免疫疾病有关。由于 circRNA 稳定性比较好，持续时间比较长，同时不太受核酸酶的攻击，新型环状 RNA 疫苗有望成为广谱新冠疫苗选择。

总之，随着基因编辑技术、表观遗传修饰、合成生物学和 miRNA 在免疫学领域的研究和应用，推动了免疫技术的发展，这些技术和研究为免疫治疗和辅助免疫治疗奠定了临床实验基础。

思考题：

1. 试述常用免疫技术有哪些。
2. 试述基因编辑技术、表观遗传修饰、miRNA 及合成生物学在免疫学中的应用。

应用篇主要介绍了近年来运动免疫学方面的部分研究进展，包括：运动性免疫机能，运动和心理应激对免疫系统的影响，特殊环境对机体免疫功能的影响，运动对老年人和未成年人免疫功能的影响，运动对常见慢性病的免疫学影响。由于本书还有许多运动免疫学方面的研究进展未曾涉及，故该部分内容只为初涉运动免疫学领域者提供参考。

应用篇

CHAPTER 4 第四章
运动性免疫机能

内容提要:

通过学习本章内容,重点掌握以下知识:
1. 长期运动对免疫功能的影响。
2. 运动免疫学研究的基本共识。
3. 健身活动对人体免疫功能的影响。
4. 运动性免疫抑制现象及运动训练的免疫学评价。
5. 免疫调理的基本思路和措施。

运动性免疫机能是指在不同运动负荷作用下,人体免疫功能所发生的动态变化过程和状态。表现为免疫功能的抑制、亢奋和相对稳定。运动对免疫系统的影响与运动的性质有关,适宜运动增强机体的抗病能力,过量运动则会降低机体抗病能力。中等强度的运动对于机体免疫功能有一定改善作用,可降低上呼吸道感染(upper respiraory traet ifction,URTI)的发病率,而大强度运动后固有免疫和适应性免疫功能均受到抑制。

第一节 运动对免疫功能的影响

运动是指有计划性、结构性、重复性、目的性的身体活动的集合。在运动医学的范畴内,特指人体有特定目标的各种躯体活动。运动的主要目的是提高体能。身体活动是指任何由骨骼肌收缩引起的产生能量消耗的躯体活动。根据《美国运动医学杂志》发布的报告,运动对于人体的益处主要表现在:增进心血管和呼吸系统功能;减少冠状动脉疾病的危险;降低患病率和死亡率;降低焦虑水平;减少精神沮丧;增强自我健康感觉;保持并提高人体工作能力和运动成绩。适当运动能增强体质、预防疾病和增进健康。适宜的运动应有适合其机能需要的不同的运动形式、强度、时间、频度,或间隔、持续周期等。

运动量的大小取决于运动强度、运动时间和运动频度这三个因素。运动强度是指运动者在单位时间内所做的功,即功率。其检测指标为最大耗氧量和心率。

心率便于测定，因此更加实用。不同年龄的人可根据心率的变化掌握自己适当的运动强度。运动时最适宜的心率可用下列公式推算：运动时的最适宜心率（次/分）= 安静时的心率+［按年龄预计的最高心率（maximal heart rate，HRmax）-安静时的心率］×60%（或90%）。HRmax＝220-年龄（男）或226-年龄（女）。近年来，美国科学家田中（Tanaka H）提出一个新公式：HRmax＝208-（0.7×年龄）。对于体质较弱或有慢性病的患者，可按以下公式计算：运动时的最适宜心率（次/分）= 170-年龄。在一定运动强度条件下，运动时间越长，则运动量越大。关于运动量大小的判断可参照表4-1。运动频度是指运动的间隔，间隔时间越短，运动频度越大。在运动强度和运动时间不变时，运动频度越大，则运动量越大。

表 4-1　运动量的分级

运动量	运动时间/min				
	5	10	15	30	60
	最大吸氧量的百分比/%				
小	70	65	60	50	40
中	80	75	70	60	50
大	90	85	80	70	60

运动对免疫功能的影响与运动强度、运动持续时间、运动周期等因素有关，这种影响可能存在年龄和性别差异。

一、一次运动对机体免疫功能的影响

（一）短时间大强度运动对机体免疫功能的影响

1. 短时间大强度运动对免疫细胞的影响

目前，短时间大强度运动对机体免疫功能影响的研究结果不同。有研究表明，短时间最大强度运动及短期亚极量运动后，机体免疫功能显著提高，如白细胞数量显著提高。其中，PMNs 数量急剧增加，趋化性和吞噬杀菌作用也随之提高；NK 细胞数量和活性（如细胞毒性、与靶细胞结合率、杀伤肿瘤能力及增殖力）显著性增高；单核细胞数量显著性增高，随着运动时间延长，其迁移可能增加；树突细胞数量增多，与血液重新分配有关。

但也有研究指出，短时间高强度运动使免疫细胞数量先升高后下降。据报道：短时间高强度的急性运动开始几分钟内，NK细胞数量可增加40%～100%，但持续一定时间后，NK细胞浓度就会下降，甚至退到运动前水平，同时免疫功能被抑制。也有研究结果表明，运动后即刻、恢复1h、恢复3h机体外周血白细胞含量显著增加。白细胞含量的变化与运动强度之间存在剂量效应关系。运动后即刻PMNs、淋巴细胞（主要是T细胞）及亚群（主要是Th1）、单核细胞和IL-6含量明显增多，而CRP、TNF-α含量无明显变化；恢复1h淋巴细胞及亚群含量明显低于静息水平，PMNs明显高于静息水平，单核细胞逐渐恢复到静息水平；恢复3h PMNs含量明显增加，淋巴细胞含量逐渐恢复至静息水平。推测运动后即刻机体外周血白细胞及亚群含量增加，IL-6浓度升高，增强了机体抗感染能力。运动后1h机体淋巴细胞含量低于静息水平，形成"开窗反应"，对感染的敏感性较高；运动后3h白细胞和PMNs凋亡延迟，激活非适应性免疫系统的警觉，可保护机体免受伤害。短时间大强度运动，红细胞数量明显增加，主要与血液重新分布、排汗等因素有关，运动停止后便开始恢复。

无论受试者训练水平如何，剧烈间歇无氧运动后，外周血白细胞对有丝分裂原的增殖反应均受到抑制，但这种抑制作用是暂时的，在运动后2h可恢复。

2. 短时间大强度运动对免疫分子的影响

短时间大强度运动可以提高血清Ig的含量，暂时性增强机体的免疫功能。但短期高强度运动对SIgA影响不大。有研究表明，短时间大强度运动不会激活补体。但也有研究报道，大运动量、大强度训练前后补体C3、C4都有所升高，但补体C3的变化不明显，显示大运动量可以激活补体。运动本身能产生有限的IL-1。IL-1的释放主要依赖于运动的类型和强度，很少受运动持续时间的影响。已经发现运动结束5天后，IL-1在肌肉中仍处于较高水平。IL-6是运动中产生最多的细胞因子，其产生与运动后急性期反应有关。

（二）耐力运动对机体免疫功能的影响

1. 耐力运动对免疫细胞的影响

人体免疫功能对不同性质的耐力运动反应有所差异。一般强度规律性运动可提高腹腔巨噬细胞分泌细胞因子的能力。长时间大强度运动则可降低这种能力。力竭性耐力运动会损害人体免疫功能，特别是非特异性免疫功能。而一般性有氧耐力运动不会对免疫功能造成明显损害。如优秀自行车运动员衰竭性运动后，单核细胞的黏附性、杀伤活性降低，吞噬活性未变，在 2h 后恢复正常。长时间运动至力竭，NK 细胞在运动中提高，运动后 1.5~2h 至最低，然后逐渐增高，运动后 21~24h 接近安静水平。运动强度越大，训练时间越长，抑制程度就越高，恢复速度就越慢。一般认为，急性运动时间越长，对 T 细胞及其亚群功能的抑制时间也越长。马拉松运动后，受抑制的淋巴细胞对有丝分裂原的反应需要在 24h 后才能恢复到正常水平。这种机体在运动后某段时间内免疫功能暂时性下降至最低点的现象称为暂时性免疫缺陷。

2. 耐力运动对免疫分子的影响

有关急性运动对抗体的影响尚存在分歧，多数人认为急性运动后血清 Ig 浓度稍有升高，但变化幅度不大。斯蒂夫森（Stephson）报道自行车运动后 IgG、IgA、IgM 分别升了 6%、3%、11%。尼曼（Nieman）观察马拉松运动员运动前、运动中、运动后 45min IgG、IgA、IgM 的变化，发现仅运动中各指标稍有升高，运动后 45min 基本恢复。也有人认为，急性运动后 B 细胞合成和分泌抗体的能力改变，以 75% 最大吸氧量强度运动 1h，IgG、IgA、IgM 在运动后 2h 明显减少。研究结果的不同可能与受试者的训练水平和运动的负荷有关，也可能与不同的运动条件引起的相应神经内分泌调节有关。

大负荷运动后，短时间内 SIgA 水平显著性下降。连续从事高强度运动或超长运动可降低运动员安静时 SIgA 水平，使其明显低于非运动员。大量研究表明，与安静时相比，超长时间运动、重用力运动后，唾液 SIgA 浓度明显减少。运动员以 75% 强度连续 3 天进行 90min 跑台运动后，唾液 SIgA 分泌率降低 20%~50%，运动后第 2、3 天均显著低于第 1 天。苏联学者佩特洛娃（Petrova）等报道，91 名运动员在应激增加时，SIgA 水平下降。另有研究认为，越野滑雪运动员 50km 力竭性滑雪比赛后 2~3h，唾液 SIgA 显著性降低。训练有素的自行车运动员运动后即刻唾液 SIgA 平均下降 65%，运动后 1~24h 逐渐恢复到正常水平，但血清 Ig 水平无变化。游泳运动员经过轻度、中度、剧烈和逐渐降低负荷这 4 个阶段后，唾液中 SIgA 水平无论是运动后还是安静状态均下降。提示长时间剧烈运动能抑制机体黏膜免疫功能，使运动员的呼吸系统在运动后甚至比赛前的休息阶段对疾病的易感性增加。

长时间大强度运动也影响细胞因子的分泌，如 IL-6 增加。大强度的运动能导致 IFN-γ 减少，IL-4 增多，引起 Th1 向 Th2 转移，是引发运动员 URTI 的重要原因。

急性力竭运动中血乳酸的积累使小鼠外周循环血 NETs 释放的能力受到抑制。

（三）逐级递增负荷运动对机体免疫功能的影响

1. 逐级递增负荷对免疫细胞的影响

逐级递增负荷对机体免疫功能影响的结果与递增负荷的方式及运动程度有关。非衰竭性的逐级递增负荷运动后，NK 细胞数量和活性显著增加；衰竭性的递增负荷运动后，NK 细胞的活性显著下降，24h 后基本恢复。急性递增负荷运动后，人体血液中红细胞 C3b 受体花环率（red blood C3b receptor rate，RBC-C3bRR）明显降低，而红细胞免疫复合物花环率（red blood cell-immunocomplex rate，RBC-ICR）则明显提升，存在导致继发性红细胞免疫功能低下的风险；运动 24h 后，红细胞免疫抑制逐渐消退。急性递增负荷运动后，T 细胞水平及 $CD4^+/CD8^+$ 比值降低，运动后 24h 才逐渐恢复正常状态，T 细胞及其亚群的变化无明显波动。

2. 递增负荷运动对免疫分子的影响

目前关于递增负荷运动对免疫分子影响的研究较少。据研究，急性递增负荷运动后 Ig 的总体变化趋势趋于稳定。

二、长期运动对机体免疫功能的影响

（一）适中运动与抗感染能力

有规律的中小强度运动能增强机体对感染的抵抗力。大量流行病学调研结果显示，经常从事低中等强度运动与静坐工作者相比，患 URTI 的风险明显降低。有研究表明，非职业运动员增加运动可降低 URTI 的风险。还有研究表明，适当运动期间，免疫系统会发生数种有益的变化，如抑制免疫功能的应激激素和亲炎性、抗炎性细胞因子在适当运动中并未升高。据尼曼·大卫（Nieman DC）等的随机研究表明，每日进行活动者会减少患病的天数。据研究，适度运动为每周 3

次有氧运动，强度过高或过于密集的运动，反而会让免疫功能下降。

1. 长期适中运动对免疫细胞的影响

对平均年龄为 72 岁的老年妇女进行测试后发现：安静状态下，长期运动组外周血 NK 细胞数明显高于非运动组。规律有氧运动可通过抑制气道过多释放 NETs，减少肺泡巨噬细胞的经典活化巨噬细胞（又称 M1 型巨噬细胞，简称 M1）极化，从而减轻气道炎症反应。

在一个较长的运动或训练周期中，T 细胞活性的变化趋势是开始时降低，而后慢慢适应，最后逐渐升高。

2. 长期适中运动对免疫分子的影响

一般认为长期有氧训练会增加机体 Ig 水平。适当的耐力训练使 Ig 水平提高或不发生变化。据报道，受试者进行连续 15 周的适度运动后，体内血清 Ig 含量增多，抗病能力增强。运动对唾液 SIgA 的影响不大。对 150 名健康青壮年的研究发现，体育活动与安静时唾液 SIgA 的水平变化无关。呼吸道 SIgA 含量的高低可直接影响呼吸道黏膜对病原体的抵抗力，两者呈正相关。有网球生涯的老年人与不参加运动的老年人比，前者的淋巴细胞转化率，血浆中 IgG、IgM、IgA 均显著高于不运动组。

（二）大强度运动对机体免疫功能的影响

人体和动物实验证实，长期大强度运动对免疫功能有强烈的负性影响。

1. 长期大强度运动对免疫细胞的影响

大量流行病学研究表明，非特异性免疫细胞对剧烈运动的反应是不同的。优秀的游泳运动员在剧烈运动训练后，安静时 PMNs 的数量和吞噬作用显著低于对照组。持续 12 个月训练的马拉松运动员运动前、中、后 1.5h、6h 和 24h 检测结果发现，PMNs 数目在运动后短期内明显增加，但 PMNs 的功能在静息或运动后有所减弱，并且大强度运动低于中等强度运动。鼻腔 PMNs 吞噬作用降低，血液粒细胞氧化活性降低；NK 细胞数量和细胞毒性降低。长期过度训练会使红细胞免疫黏附功能降低，随着时间的增加，下降越明显；血红蛋白含量减少，红细胞数量减少，导致运动性贫血。

中等强度至大强度的运动训练中，淋巴细胞活化和增殖可能会正常或轻度增加。在长时间强度非常大的运动训练中，淋巴细胞的增殖会出现下降。半专业训练的健美操运动员每周 4 天的全天大强度训练（>90%强度，每次训练课不超过 120min）后即刻，淋巴细胞亚群各指标都有不同程度下降。$CD3^+$ 和 $CD4^+$ 下降比较明显，$CD8^+$ 也下降，而且调整期也不能完全恢复。淋巴细胞增殖作用降低，延迟性过敏反应降低。

动物实验表明，长期大负荷运动诱发肠道黏膜免疫功能抑制。表现为肠系膜淋巴结的结构发生进行性破坏：皮质、副皮质淋巴小结及生发中心数目减少，皮质和髓质交叉融合、面积比下降、细胞密度降低，淋巴细胞凋亡增多。

2. 长期大强度运动对免疫分子的影响

运动会导致肌肉细胞受损，继发释放促炎和抗炎细胞因子；细胞因子生成下降；MHC Ⅱ类分子的表达及 Mφ 的抗原呈递作用降低。过度训练后，红细胞 C3b 受体数量减少，与 IC 的亲和力降低、ICR 水平降低有关。长期大强度运动后补体 C3 和 C4 含量降低。

长期大强度运动将引起运动员免疫抑制，血清 Ig 含量明显下降，如 IgA、IgG 降低，鼻腔和唾液的 IgA 浓度下降。对 14 名游泳运动员进行为期 6 个月的跟踪观察发现，过度训练的运动员唾液 SIgA 浓度显著低于训练良好的运动员。

上述结果表明，大强度运动会产生比较强烈的免疫抑制现象，对免疫功能有明显的负面影响。

(三) 长期递增负荷运动对机体免疫功能的影响

大量研究表明，大强度力竭运动可降低机体免疫功能。

1. 逐步递增负荷运动对免疫细胞的影响

逐步递增负荷运动大鼠 PMNs、淋巴细胞数下降显著。低氧刺激可有效防治运动性低血红蛋白，但单核细胞的数量显著降低。

长期递增负荷运动使胸腺体积缩小、上皮结构被破坏。据研究，6 周递增负荷运动过程中，大鼠胸腺组织结构发生渐行性破坏；大鼠胸腺细胞凋亡增加。许多研究表明，长期递增负荷运动引起免疫平衡是向体液免疫一侧漂移。大鼠在 9 周递增负荷过度训练中，$CD4^+CD25^+TS$ 第 1 周的运动负荷后显著升高；第 9 周递增负荷训练结束后的恢复期，呈下降趋势。过度疲劳运动造成 $CD4^+CD25^+T$ 细胞的部分抑制，Th1 数量下降，同时 Th2 增多。男性青年通过 5 周递增负荷训练，淋巴细胞总数无明显改变；$CD4^+/CD8^+$ 比值显著增高；NK 细胞数在总负荷最大一周显著下降，但在总负荷降低的一周随即明显恢复。有研究表明，大强度、力竭运动会使 $CD4^+/CD8^+$ 比值降低，减弱 T 细胞的免疫功能，对身体健康不利。这些矛盾的结果可能与运动强度和持续时间有关。相较于淋巴细胞总数及 $CD4^+/CD8^+$ 比值，NK 细胞数对运动负荷更敏感，可作为运动疲劳的早期监测指标。

动物实验表明，6 周递增负荷训练可导致大鼠鼻黏膜免疫功能发生明显抑制，鼻黏膜结构进行性破坏，鼻黏膜的体液和细胞免疫功能下降或紊乱。

2. 逐步递增负荷运动对免疫分子的影响

小鼠实验表明，6 周递增负荷游泳运动过程中，IFN-γ 下降。大鼠在 9 周递增负荷过度训练中，其 IFN-γ 先升高，后抑制，并在恢复期 1 周后依然明显受到抑制。IL-4 在递增负荷训练结束后的恢复期（恢复 1 周）升高了 1.44 倍。6 周递增负荷运动训练后，大鼠脾淋巴细胞分泌 IL-2 和可溶性 IL-2R 的表达都呈现降低-升高-再降低的应答性变化，但二者变化不同步导致免疫功能低下。研究表明，长期递增负荷跑台运动能增加血清 G-CSF，从而影响造血干细胞的分化。递增负荷运动通过调节大鼠胫骨雌激素受体和转化生长因子-β1 的表达而参与运动对骨量的调节。大强度、力竭运动降低 IgA、IgM 和 IgG 含量。

三、运动对免疫功能作用的影响因素

（一）运动强度、运动时间对免疫功能的影响

1. 运动强度、运动时间对中性粒细胞数量的影响

一次急性运动可动员储存的 PMNs 进入血液，使血液 PMNs 数量增加。10s 到 0.5h 的急性短时运动（如短距离跑、划船、体操等项目），或者是长时间的马拉松运动，或者是间歇性高强度的足球比赛，都可以引起外周血液，其是 PMNs 的急剧升高。PMNs 恢复的时间取决于运动的性质，一般短时间运动后 PMNs 恢复需要 1h；足球比赛后 PMNs 仍然会继续上升，约 3~4h 才逐渐恢复到运动前水平；马拉松运动后要在第 2 天，大约 24h 后才恢复正常。

一次急性运动对 PMNs 化学趋化性的影响结果不尽一致。有研究表明，PMNs 对刺激物的趋化反应受到削弱。但也有报道，运动对外周血 PMNs 的趋化性无影响。

2. 运动强度、运动时间对淋巴细胞的影响

不同强度、不同持续时间的运动都会使 T 细胞数量升高，其升高的持续时间与运动持续时间有关。如受试者无论是以 25% 最大摄氧量（maximal oxygen uptake，VO_2max）、50% VO_2max 和 75% VO_2max 运动时，3min 后 T 细胞数量均升高。短时间运动后 T 细胞升高可持续 40min，长时间剧烈运动后则可持续 2h。长期大运动量训练小鼠 $CD4^+/CD8^+$ 比值明显下降，机体免疫功能紊乱。运动对 T 细胞亚群的影响表现为：中、小强度的适当运动和长期适度运动可以提高机体的免疫功能，但长期大强度力竭性运动会抑制机体的免疫功能。已有研究表明，运动对 T 细胞数目的影响与运动强度有关，表现在运动后其升高程度与运动强度呈负相关；且数目的增多及其亚群变化呈现暂时性，变化的持续时间与运动持续的时间呈正相关。

运动对 B 细胞的影响多由 Ig 水平来体现。运动强度、运动持续时间、运动周期均会对 Ig 水平产生影响。长时间的大强度或大运动量运动会降低血清 Ig 的含量，使机体的免疫功能受到抑制。短时间大强度运动和有规律的中等强度运动，可以提高血清 Ig 含量，增强机体的免疫功能。

运动强度是影响急性运动过程中外周血 NK 细胞募集程度的关键因素。一般认为，短时间高强度的急性运动多引起外周血 NK 细胞大量募集，而持续一定时间的较大强度运动，会使再循环的 NK 细胞浓度和细胞功能下降。

3. 运动强度、运动时间对红细胞免疫功能的影响

大多数研究表明，运动员和非运动员安静时 RBC-C3bRR 和 RBC-ICR 无显著影响，也无性别差异。临床上，RBC-ICR 升高是免疫功能下降的表现，而运动员 RBC-ICR 上升可能是机体的保护机制，以清除血浆中较多的 IC。

运动对红细胞免疫功能的影响与强度有关。低强度或短时间的运动可促进红细胞免疫功能或对其影响不大，而高强度、长时间的运动可抑制红细胞免疫功能。动物实验表明：中等强度、频度适宜的运动（5 次/周，45 分/次）可明显促进红细胞免疫的黏附功能。运动可显著降低安静时红细胞免疫抑制因子水平，而提高红细胞免疫促进因子活性。随着运动负荷的增加，女子赛艇运动员 RBC-C3bRR 呈现先升后降的趋势。急性亚极量运动后即刻，小鼠红细胞免疫功能继发性下降。力竭游泳后即刻小鼠红细胞 RBC-C3bRR 与安静时相比呈显著性升高，而红细胞 RBC-ICR 呈显著性下降。运动后恢复期，两指标均呈逐渐恢复趋

势。在无氧运动时，未经训练者两项指标较训练者下降更为明显，提示长期运动训练对运动应激有良好的耐受性。

运动持续时间也影响机体红细胞免疫功能。功率恒定情况下，一般持续时间越长，其影响越明显。如运动 15min 和 30min 的受试者 RBC-ICR 有增高趋势，但无显著性；而运动 45min 却显著增高，且运动后 3h 仍高于安静值。

超氧化物歧化酶（superoxide dismutase，SOD）的作用是清除 O_2^-，阻断羟自由基的产生。医学认为，红细胞免疫功能低下，SOD 含量降低。SOD 不仅与抗衰老和运动性疲劳有关，同时与红细胞变形能力，以及血液黏度、细胞免疫黏附功能有直接或间接影响。有资料报道，耐力训练、速度耐力训练等均可提高红细胞膜 SOD 的含量和活性，增强红细胞抵御超氧自由基损伤的能力。

（二）运动方式的影响

运动对免疫机能的影响存在运动方式的差异。与非运动员对照组相比，排球运动员白细胞数量显著增高（$P<0.05$），而长跑运动员的白细胞则显著低于排球运动员（$P<0.05$）。太极拳、智能气功可提高红细胞免疫功能。有氧运动和无氧运动均可引起红细胞的黏附能力下降，但在无氧运动时更为明显。不同运动方式在运动过程中对 T 细胞数目的影响也不相同，长跑运动员在运动中表现为数目下降，自行车运动员表现为升高，马拉松运动员表现为不变。

（三）性别和年龄的影响

运动对免疫的影响具有性别差异。斯豪滕（Schouten）测量了进行逐级递增负荷运动的 84 名男性和 91 名女性唾液 SIgA 的变化，研究发现，女性唾液 SIgA 下降 10%，而男性升高 10%。对游泳运动员进行研究后发现，女性运动员比男性运动员上呼吸道发病率要高。此外，有研究报道，男性跑步爱好者与女性跑步爱好者相比，上呼吸道发病率逐年递减。

随着年龄的增长，机体免疫功能下降。如白细胞的吞噬能力、红细胞 CR1 活性逐渐下降。

四、运动免疫学研究的基本共识

激烈的运动可抑制免疫系统的功能，其抑制效果在运动结束后持续 3~72h，免疫抑制期间，机体更易于感染，故称"开窗期"，有人在此基础上提出了免疫

"开窗"理论。

"J"型曲线模型是运动量和运动强度与呼吸道感染的关系,即若以正常不运动者安静水平作为参照,适量运动可降低 URTI 的感染危险,而缺乏运动或运动负荷大则增加感染 URTI 的危险。三者相比,形成一条类似"J"字形的曲线。大量的运动免疫研究发现,不运动者呈一种自然免疫状态,而大强度、大运动量、较长持续时间且频度较高的运动,则会强烈抑制免疫功能。在这两极之间,有一适中的运动强度、运动频度、运动量、持续时间的组合方式,既能有效地提高身体机能,又能有效地提高免疫功能、提高身体抵抗力。

五、健身活动对人体免疫功能的影响

健身活动不同于极量强度的竞赛,如健身性耐力练习、舞蹈、太极拳等能提高人体免疫功能,其影响程度取决于受试者的运动习惯、运动种类,以及年龄、性别、体质状况等。

(一) 健身活动对细胞免疫功能的影响

长期系统地进行健身活动可使人体细胞免疫功能明显增强,运动习惯对细胞免疫有较大影响,而对体液免疫的影响则较小。具有运动习惯者其淋巴细胞反应性、单核细胞吞噬功能明显高于不运动者,而 Ig 和补体无明显差异。长期练习太极拳气功的老年人,运动前后外周血 NK 细胞活性和数量均呈显著性升高,运动后 2h 均有相应程度的恢复。每天慢跑,锻炼两年以上的老年人匀速慢跑后即刻和 2h 后 T 细胞百分率上升。

(二) 健身活动对免疫分子的影响

研究表明,长期坚持长跑锻炼的运动组血浆 IgA、IgM、IgG 显著高于对照组,患 URTI 的人数显著低于对照组。运动引起的淋巴因子变化及其与类鸦片肽的关系日益受到重视。持续跑步 30min 时,可出现被称为"跑步欣快感"的现象。这源于运动使 β-内啡肽(β-endorphin,β-EP)升高。

(三) 健身活动对细胞因子和补体的影响

长期坚持长跑的老年人安静时外周血 IL-1 活性高于对照组。多年练习吴氏太极拳的老人练习后外周血 IL-2 水平显著性增高,2h 后基本恢复。老年男性经长途自行车运动后,与运动前比总补体溶血活性(50% hemolytic unit of complement,CH50)增加,差异无显著性,C3 显著降低。

(四)健身活动增强了机体抗肿瘤能力

实验还证明,适当的健身活动能显著增强机体抗体反应和抗肿瘤的能力。有资料表明,运动可以防止 25%~100% 实验性肿瘤的生长。此外,运动增加胃肠道的活性,直接或间接地增加前列腺的分泌,减少结肠内氮、氨和酸等致癌物质。

(五)健身活动可以降低心脑血管疾病和呼吸道感染

经常参加健身活动可降低心血管疾病危险性。坚持运动的房颤患者与不运动的患者相比,能降低 46% 的心血管病死亡风险,同时还能降低 22% 的心血管病及 30% 脑卒中的发生。与不运动的老人相比,保持中等或剧烈活动的 60 岁及以上老年人,可以降低 11% 的心血管病风险。老人适度运动后免疫应答上升,呼吸道感染减少。

第二节 运动训练的免疫学评价

运动会影响机体免疫功能,为了运动员的健康,在追求提高运动成绩的同时,还要注意免疫功能的变化。

一、运动训练与白细胞指标

白细胞是机体防御和保护机能的重要组成部分。正常人安静时,血液中所含白细胞总数在 4.0×10^9 ~ 10.0×10^9 范围内变动。运动员安静时的白细胞总数与正常人一样。在不同的生理状态下,如运动、寒冷、失血、剧痛、女性月经期及慢性炎症时,白细胞数量均会明显增加。当白细胞数量低于 4.0×10^9 时,表明免疫功能低下,应注意预防疾病;当白细胞数量持续高于 10.0×10^9 时,则表明运动员个体可能出现炎症,有感染的可能,应注意观察和积极治疗。

长时间、大负荷训练,可导致运动员的白细胞数量下降。白细胞数目低下的情况在游泳、田径等体能类项目中检出率较高。在游泳项目中,当水温较低时,运动员的白细胞数目低下率就会升高。在田径项目中,径赛运动员白细胞数目低下率高于田赛运动员，在大运动量训练期间，一般在 15%~25%。

在运动员中，白细胞数量低下存在较大的个体差异。长期白细胞数量低下的运动员采用针对性的手段治疗后，虽然可以在短时间内上升到正常水平，但复发率很高，并伴易感性增加、感冒次数增多、体能明显下降等症状。因此，在运动实践中，要重视对白细胞的检测和对易感运动员的长期监控，并积极采取营养等预防措施，预防白细胞数量的下降。

白细胞在运动后出现一过性增高，淋巴细胞在大强度、短时间运动后增高，中等强度较长时间运动后粒细胞增高，当粒细胞百分比上升到 90%，而淋巴细胞百分比下降到 5%时，出现精疲力竭的情况。

二、运动训练与 Ig 指标

运动员与普通人的 IgM、IgG、IgA 水平没有显著差异。适当的耐力训练可维持或提高血清 Ig 和体内 Ig 水平。剧烈运动，特别是伴随心理和环境应激情况下的剧烈运动可降低血清 Ig 水平。国家女子手球运动员大负荷训练期末期，血清 IgA 和 IgM 水平显著性降低，表明大负荷强度运动对免疫系统有抑制作用。优秀运动员容易患感冒可能与随着强度的提高其体内 Ig 降低有关。在对运动员进行评价时，如果运动员 Ig，特别是 IgM、IgG、IgA 低于参考值下限或在参考范围内较低，说明其免疫功能可能下降，建议进行采取机能调节措施（如保暖、针对性的加强营养、调整训练等）；如果 Ig 高于参考值的上限，提示运动员可能患有疾病。运动员在重大比赛期间免疫功能下降非常明显，高水平运动员的 Ig 和正常抗体的滴度降低到零，这种在健康人身上由于极度的体力与精神心理紧张而出现的，血清中与分泌物中正常抗体消失的现象被称为"免疫球蛋白抗体消失现象"。

唾液中 SIgA 的浓度与 URTI 风险呈负相关。不同负荷的运动对唾液 SIgA 的产生有不同影响，运动后皮艇运动员、网球运动员、马拉松运动员、铁人三项运动员的唾液 SIgA 浓度降低，而篮球运动员、优秀游泳运动员、排球运动员的唾液 SIgA 浓度较高。SIgA 检测已经广泛应用到运动训练中，可通过预防感染性疾病并防止过度训练。而 SIgA 监测在大众健身运动中的应用很少，目前我国传统运动项目对人体免疫功能影响检测更偏向采用血液检测。

三、运动训练与淋巴细胞亚群指标

淋巴细胞是人体免疫应答中起核心作用的免疫细胞。运动可影响 $CD4^+$ 和

$CD8^+$ 细胞数量及比例，其中 $CD4^+$ 细胞比 $CD8^+$ 细胞更敏感，常使 $CD4^+/CD8^+$ 比值下降。以 $75\%VO_2max$ 强度运动 60min 后 $CD4^+$ 减少，但减少程度低，持续时间短。$CD8^+$ 细胞在运动后增高、不变或稍减少。大负荷训练后期，$CD4^+/CD8^+$ 比值与 NK 细胞极显著下降。运动后 Th 下降、TS 不变，或 Th 下降、TS 上升，因此 Th/TS 变小，说明免疫力下降。据报道，在大强度训练后，实验组免疫器官重量无显著变化。而免疫细胞功能明显下降，体液免疫有下降趋势。Gln/Glu 比值可以作为反映过量训练的标准。

四、运动训练与非特异性免疫黏附功能

有研究发现，自行车运动员安静时 PMNs 和单核细胞黏附性低于非运动员。进行衰竭性运动后，PMNs 的黏附性与杀菌活性均降低。红细胞可用于评价锻炼效果。血循环中免疫复合物（IC）增加，反映机体已出现疲劳。大强度运动后 RBC-ICR 上升可能是机体的保护机制，以清除血浆中较多的 IC。运动性红细胞免疫黏附活性增高的原因有：

（1）运动性 β-EP 升高，可促进红细胞 RBC-C3bRR 升高；

（2）运动训练使红细胞抗超氧自由基能力提高，红细胞膜表面受体不受损伤或损伤程度减弱，因此运动员的 RBC-C3bR 活性高于普通人；

（3）运动加速红细胞代谢，循环中新生红细胞比例增加。由于 RBC-C3bR 在执行功能过程中，被吞噬细胞释放的溶解酶溶解，导致 C3bR 丧失，故新生红细胞比老龄红细胞免疫黏附活性强；

（4）从细胞水平看，有训练者红细胞线粒体数量增加，线粒体酶的活性增高，氧化能力增强。

第三节 运动性免疫抑制现象和免疫调理

大量的动物和人体实验结果表明，剧烈运动会降低免疫功能。流行病学研究结果一般都支持这样的一个结论：在大运动量训练及参加过竞技性耐力比赛后 1~2 周期间，运动员患 URTI 的风险明显升高。探索运动性免疫抑制的可能机理和有效的免疫调理方法对提高运动成绩，增进健康有益。

一、运动性免疫抑制的可能机理

（一）神经系统的影响

中枢淋巴器官与外周淋巴器官接受交感神经、副交感神经的双重支配。交感神经兴奋一般引起抑制免疫效应，而副交感神经兴奋一般引起免疫增强效应。运动时，交感神经兴奋而副交感神经受到抑制，故免疫功能降低。

（二）生物信息物的影响

激素、神经递质、神经肽与细胞因子是对免疫功能具有最重要调控作用的调节物质。其中免疫增强类调节物质主要包括生长激素、促甲状腺素、甲状腺素、催乳素、ACh、β-EP、P物质、褪黑激素等；免疫抑制类调节物质主要包括促肾上腺皮质激素释放激素（corticotropin releasing hormone，CRH）、ACTH、糖皮质激素（glucocorticosteroid，GC）、生长抑素、儿茶酚胺等。这两类调节物质在体内相互作用，维持机体正常的免疫应答与免疫适应。

运动时，免疫抑制类调节物质增多，尽管运动过程中生长激素等个别免疫增强性物质分泌量也有所增加，但其免疫增强效应远远低于免疫抑制效应，所以运动中总体表现出明显的免疫抑制。

（三）血糖水平的影响

耐力性运动中，糖消耗增多，常导致血糖浓度降低，从而对免疫功能形成抑制性效应。

1. 通过加强 GC 的分泌活动间接加强免疫抑制

脑和肝脏中的葡萄糖感受器可以调节垂体-肾上腺皮质系统的机能，若血糖降低，会加强 HPA 轴的激活程度，促进 GC 的分泌，抑制免疫。

2. 淋巴细胞能源不足而造成免疫功能降低

血糖不仅是骨骼肌收缩的重要能源，也是免疫细胞的重要能源物质。所以运动引起血糖浓度下降，会导致免疫细胞能源供应不足，继而影响到免疫功能。

（四）氧自由基水平的影响

急性运动中，机体的代谢水平加强，自由基生产增加。高水平氧自由基不仅致疲劳，而且会攻击免疫细胞膜等，形成免疫损伤，造成免疫抑制。

（五）谷氨酰胺水平的影响

除了血糖外，谷氨酰胺（Glutamine，Gln）也是免疫细胞的重要能源。肌肉释放 Gln 是免疫细胞利用 Gln 的限速因素。在进行持续时间较长、强度较大的耐力性运动中，血浆 Gln 水平会显著降低。运动员过度训练，其血浆 Gln 下降更明显，出现易感率上升、伤病难于恢复等免疫功能低下症状。提示：运动过程中肌肉释放 Gln 减少、血浆 Gln 浓度下降是导致运动性免疫抑制重要因素之一。

（六）免疫抑制因子的影响

免疫抑素（或称抑制素）由垂体前叶合成，分子量约为 63kD，具有较强的免疫抑制效应。有研究表明，应激过程中，免疫抑素升高。此外，在应激（如损伤性应激和某些精神性应激）情况下或剧烈运动后，血清中会出现多种免疫抑制因子。这些因子可明显抑制正常人淋巴细胞转化。这些免疫抑制因子的作用及机制等尚需进一步的研究。

运动性免疫抑制具有重要的生理意义，可以保护机体安全，防止机体过度消耗；可保证训练后的恢复及作为训练过度的信号。善用运动性免疫抑制现象所提供的反馈信息，可以合理安排运动训练与恢复。

二、运动免疫调理的基本思路和措施

国际上主要应用营养补充进行免疫调理，在我国，除了利用营养措施外，还可利用我国独具的中医、中药优势，进行免疫调理的尝试，目前已取得了初步成果。

（一）营养调理

营养素是指能被人体消化吸收，提供机体热量，构成机体组织、调节生理功能的，身体进行正常物质代谢所必需的物质。人体所需的营养素包括七大类，分别是碳水化合物（占 1%~2%）、脂肪（占 10%~15%）、蛋白质（占 15%~

18%)、水（占 55%~67%）、无机盐（占 4%~5%）、维生素（占 1%）和膳食纤维素。

1. 糖与运动免疫

糖是人体中最重要、最经济的能源物质。除了供能、参与身体成分构成（如血型抗原的构成等），还可调节脂肪和蛋白质的代谢。当病原体要侵入人体细胞时，细胞表面的多糖会分解出一种低聚糖并作为信号分子，诱导机体的免疫防御功能。血糖是免疫细胞的重要能源，在机体血液的正常生理浓度下，Mφ 对血糖的利用率是 Gln 利用率的 10 倍。运动中补糖能抑制大运动量所致炎性因子 IL-6 等升高，抑制 HPA 轴激活；还可缓解由运动应激所致免疫细胞的过度激活，减少运动中应激激素的分泌，使粒细胞、单核细胞吞噬能力增强，减少运动性免疫抑制因子的产生，延缓运动后血清 TLR4 水平及白细胞 TLR4 mRNA 表达水平的降低，有利于稳定免疫力。研究表明，如果在运动前、中、后分别补充 6% 浓度的糖饮料，其增加的白细胞数量显著高于不补充糖者，且运动后白细胞数量增加的持续时间也是不补糖的 1.5 倍。补糖可提高 NK 细胞的活性，并且低糖、高脂饮食的人群其 NK 细胞的活性低于高糖膳食的人群。小剂量长期服用壳聚糖，甚至使机体在静息状态下的 NK 细胞的活性增强。运动后补糖可减轻免疫抑制功能的持续时间，从而减弱运动对免疫功能的负面影响。因此，补充糖是国内外目前应用比较广泛的免疫调理手段。

2. 脂肪与运动免疫

脂肪是人体主要能源物质，能促进脂溶性维生素的吸收，构成机体的成分和物质的合成材料，固醇类还参与血液凝固。褐色脂肪组织参与脂肪细胞、Mφ 和间质细胞组成。脂肪细胞可分泌多种脂肪因子，如炎症介质、瘦素、脂联素、内脂素、抵抗素等，可激活单核细胞、Mφ，介导炎症反应；还可通过自分泌或旁分泌作用，介导淋巴细胞增殖、活化及转化，参与机体适应性免疫应答。脂肪因子也可诱导胰岛素的抵抗。研究表明，食物中的脂肪酸（如 ω-3 和 ω-6 多不饱和脂肪酸）具有调理吞噬、促进细胞因子的产生和白细胞迁移的作用。饮食脂肪酸对动物的自身免疫疾病有较大的影响。亚麻酸和亚油酸参与合成二十烷类，影响免疫细胞。

将青年男子分为高糖膳食组（糖占总能量的 65%）和高脂饮食组（脂肪占总能量的 62%），并进行每周 4 次耐力性运动训练，持续 7 周。结果发现，高糖膳食组自然 NK 细胞活性显著增加，而高脂饮食组 NK 细胞活性显著下降。在耐力运动试验中，随着膳食中脂肪含量的增加，运动后 NK 细胞的百分数、抗炎性细胞因子的水平提高，促炎性细胞因子 IL-6 和 TNF-α 降低，对转录因子结合位点增殖反应下降，说明脂类对抵抗长时间训练引起的炎症反应具有一定作用。摄入高脂肪膳食的高水平运动员在力竭性运动后，血浆皮脂醇、前列腺素 E2（prostaglandin E2，PGE2）和 IFN-γ 水平没出现显著性增加。每周训练量超过 64.37km（40 英里）的耐力运动员，摄入 42% 的脂肪膳食不会损害机体的免疫系统，也不会影响空腹血脂水平。因此，通过合理选择脂肪膳食的数量和质量，对改善和预防剧烈运动引起的免疫抑制效应具有一定的作用。

3. 蛋白质与运动免疫

蛋白质可以调节人体多种生理功能，还可以参与机体构成、组织更新、组织修复及供能。蛋白质是机体免疫功能的物质基础，蛋白质摄入不足会影响组织修复，降低抗感染能力。动物实验表明，缺乏蛋白质的饲料可使动物的体重不断减轻，胸腺组织逐渐萎缩，脾脏重量减轻，胸腺细胞分化、成熟不良，外周血中 T 细胞总数显著减少，功能降低，上皮及黏膜组织分泌液中 SIgA 浓度显著降低。改为高蛋白饲料后，免疫活性可缓慢恢复。人体实验也表明，蛋白质摄入量不足的人群，其免疫细胞、免疫器官的发育滞后。

运动膳食中的蛋白质含量直接影响运动过程中机体免疫系统的功能。限制运动员蛋白质摄入，可导致运动员体重减轻。当体重减少 4% 时，吞噬细胞吞噬功能下降。动物实验证明，大鼠如在低蛋白质饮食条件下运动，往往会出现高皮质酮血症，继发免疫功能下降，免疫器官萎缩。大多数研究者认为，运动时蛋白质营养不良最终导致免疫系统功能下降。研究发现，适量提高运动大鼠膳食中蛋白质含量（20%~40%的蛋白质含量），8 周训练结束后，大鼠脾细胞对 ConA 反应能力、肺泡 Mφ 的吞噬功能及血浆 IL-1 浓度均明显提高。

Gln 也是免疫细胞的能源物质。人体运动过程中免疫细胞利用 Gln 的速率受限，从而导致运动性免疫抑制。运动后补充 Gln 对运动性免疫抑制有一定的改善，并能显著降低运动员发生疾病的概率。研究表明，口服 Gln 可有效降低运动员在长时间、大强度训练后患上感染性疾病的可能。目前 Gln 的补充主要是应用药物制剂，剂量为每千克体重 0.3g 至每千克体重 0.6g，且多在运动后口服补充。同样，补充支链氨基酸可以阻止运动员在长时间、大强度运动后血浆 Gln 水平下降。

精氨酸（Arginine，Arg）为条件性必需氨基酸。Arg 及其代谢产物，如 NO 在免疫防御及免疫调节、维持和保护肠道黏膜功能，以及肿瘤的特异性免疫等方面起着重要的作用。实验表明，Arg 可促进 T 细胞增殖和活性；也可促进抗体的合成和前 B 细胞的成熟。Arg 还可提高 NK 细胞活性和细胞毒性，抑制肿瘤生长和防御肿瘤扩散。Arg 还能够促进 IGF 等多种激素的生成。而 IGF 可刺激淋巴细胞 DNA 的合成及 IL-2 的分泌。在急性炎症的早期，Arg 产物 NO 可抑制 PMNs 的聚集、黏附和渗出，降低内皮细胞的通透性。研究表明，补充 Arg 可使动物胸腺增大，免疫细胞数量增加。据研究，中等强度的长时间运动训练会使 Arg 浓度下降，影响免疫和运动能力；适当补充 Arg 可改善由于运动引起的免疫系统和神经系统等的功能下降、延缓疲劳发生、促进恢复。在力竭性运动中补充 Arg 可降低血氨的浓度，利于运动后氨清除，能减少 EOS 和 BASO 变化，降低淋巴细胞数量，提高机体免疫应答能力。大负荷训练后，补充 Arg 可通过稳定运动员补体系统的 C3、C4 水平，调节 IL-2 和可溶性白介素-2 受体（soluble interleukin-2 receptor，sIL-2R）水平来维护免疫功能的相对稳定。

牛磺酸也在提高机体免疫功能方面起重要作用。动物实验表明：牛磺酸可增强脾内 B 细胞的增殖及其抗体的分泌，延长小鼠的游泳时间，增强其运动耐力。与野生小鼠进行负荷相同的运动时，敲除牛磺酸转运体基因的小鼠运动能力显著弱于野生小鼠。

4. 维生素与运动免疫

维生素是维持人体正常生命活动所必需的一类特殊营养物质。维生素的缺乏将削弱机体的免疫功能。

水溶性维生素，如维生素 C 是人体免疫系统所必需的维生素，对淋巴细胞的分化和增殖有显著影响。维生素 C 可促进抗体的合成，增强机体的体液免疫功能。维生素 C 是胶原合成必需的辅助物质，可提高机体对外来病原体的阻挡作用。维生素 C 还可促进体内谷胱甘肽的生成，发挥抗氧化作用，提高机体解毒能力。维生素 C 阻止皮质类固醇诱导的 PMNs 活性的抑制，抑制新病毒的合成。维生素 B_1、B_2 和 B_5 调节免疫细胞的能量生成，介导肠道 B 细胞分化。维生素 B_2 和 B_9 的微生物代谢产物调节黏膜相关恒定 T 细胞对病原体的免疫监测。维生素 B_2、B_3、B_5、B_6、B_7 和 B_9 均具有抗炎作用。维生素 B_3 抑制结肠炎，并维持免疫稳态。

维生素 B_5 促进先天免疫和适应性免疫，促进宿主防御，也可作为一种天然佐剂。维生素 B_6 通过脂质介导 1-磷酸鞘氨醇的代谢，促进肠道免疫调节，行使肠道免疫监测作用。维生素 B_7 抑制 NF-κB 活化。维生素 B_9 有助于维持免疫稳态，缺乏导致小肠中 Treg 数量减少。维生素 B_{12} 和叶酸是核酸的合成必需的物质，缺乏 B_{12} 和叶酸对免疫功能有重要影响。

脂溶性维生素也广泛参与免疫功能。如维生素 A 对体液免疫和细胞介导的免疫应答起着重要的辅助作用，可提高抗感染能力和抗肿瘤能力。缺乏维生素 A 的动物胸腺皮质萎缩，脾脏生发中心减少，外周血 T 细胞数量减少，增殖力降低；B 细胞活化受阻，抗体降低，补充维生素 A，其原发性和继发性免疫反应均升高。维生素 A 能影响 Mφ 的吞噬杀菌能力和 NK 细胞活性。维生素 A 还可消除由类固醇激素引起的免疫抑制。

维生素 E 既是体内的抗氧化剂，又是一种有效的免疫调节剂。在一定剂量范围内，维生素 E 能促进免疫器官的发育和免疫细胞的分化，提高机体免疫功能。补充维生素 E 可提高血液中的 Ig 水平，增强对疫苗或其他抗原产生抗体的能力，影响血中白细胞、肺和腹腔 Mφ 功能，增强 NK 细胞活性。对老年人群补充维生素 E 的实验也表明，长期补充维生素 E 能够维持老年机体的免疫应激状态，增加抵抗力。而缺乏维生素 E 机体的体液免疫状态则会受到抑制。

维生素 D 是唯一能在体内少量合成的维生素。维生素 D 在固有免疫应答中，主要是促使 Mφ 成熟及上调抗菌肽的表达；在适应性免疫应答中，主要是阻止 T 细胞和 B 细胞增殖，以及抑制细胞因子的生成，诱导免疫抑制细胞 Treg 的分化，上调 Treg 分泌 IL-10 和 Toll 样受体 9（toll-like receptors，TLR9）的表达，促使 T 细胞由 Th1 转向 Th2。大量动物实验已证明，维生素 D 的缺乏与免疫系统的修复反应有着重大的关系。维生素 K 可促进血液凝固。人体缺少维生素 K，凝血时间延长，严重者会流血不止，甚至死亡。此外，维生素 K 还可强化肝脏的解毒功能。

在长时间运动后，血液和尿液中的维生素 C 增多，长时间大强度运动后，运动员对维生素 C 的需求量增多。彼得（Peter）等研究发现每天摄入更多的维生素，运动员 URTI 的发生率有所下降，且水溶性和脂溶性抗氧化剂混合物比单独维生素 C 更能削弱运动后感染的危险性。但还有一些研究不同于上述研究结果。例如，据报道，44 位马拉松运动者和 48 位久坐者都服用 2 个月的维生素 C 或安慰剂，每天 1000mg，他们的 URTI 发生率没有差异。在运动员身上发现，消耗大剂量的维生素能削弱免疫功能,并有其他毒性作用。例如,每天给予 300mg 维生素 E(推荐摄入量为 15mg/天),共 3 周,会明显抑制吞噬细胞功能和淋巴细胞繁殖。在铁人三项比赛前,运动员每天补充 600mg 维生素 E,共 2 个月,与安慰剂对照组相比,补充维生素 E 的实验组的氧化应激和细胞因子的炎症反应增加。在老年人中,每天补充 200mg 维生素 E,会增加感染的严重程度,包括疾病的持续时间、发烧的持续时间和体能的抑制。人体运动在大量消耗能量的同时也消耗大量的 B 族维生素。维生素 B_{12} 的唯一来源是动物。因此,素食运动员和不喝牛奶的运动员体内的维生素 B_{12} 含量较低。

5. 微量元素与运动免疫

14 种微量物质可对免疫功能起到调节的作用。长时间运动后,或者由于急性反应期,粒细胞或肝脏中螯合蛋白的释放,可能使血浆中微量元素的浓度下降。在热环境下进行规律运动,汗液和尿液中丢失的矿物质增多,因此,大强度训练的运动员每天对矿物质的需要量增多。然而,除铁和锌外,其他矿物质很少缺失。研究报道,铁缺乏在微量元素中是最广泛的。铁缺乏与感染性疾病增加有关。此外,运动对铁和锌代谢有显著影响。运动对其他矿物质,如镁、铜、硒的影响也很重要,尤其在免疫功能上。

钙是人体中必需的微量元素。Ca^{2+} 在淋巴细胞的激活、增殖及功能上都发挥着重要的作用。Ca^{2+} 是细胞间重要的信号传导分子,是调控免疫细胞功能的重要信号传递者。T 细胞内 Ca^{2+} 浓度升高的幅度及持续时间决定了免疫反应的强度和形式。当 APC 呈递的抗原肽-MHC 分子复合物与 TCR 结合,经 TCR-CD3 复合物刺激后活化信号传递依赖钙释放。研究发现,运动员从事一定强度的运动,血钙浓度便开始上升并持续到运动结束。运动停止后,机体血钙逐渐下降至低于安静值水平,然后再恢复至正常水平。故运动时机体钙动员很大。另外,运动时排汗使钙流失增多。一般运动量时,机体钙的需要量每日 1000mg。大运动量时,钙的需要量每日可增加到 1000~1500mg。运动员在高温环境中训练时,出汗导致钙丢失较多,使钙的需求量增加。

锌参与免疫功能调节。锌缺乏导致淋巴器官萎缩、皮肤耐热性直接溶血素(thermostable direct hemolysin,TDH)降低,IL-2 生成减少,以及淋巴细胞对丝裂原增殖反应的损害和 NK 活性的降低。补锌能够提高免疫功能,但过量补锌也可导致 T 细胞和吞噬细胞功能异常。大强度的运动训练能导致运动员锌缺乏。高强度训练的妇女与无训练对照组相比，尿中锌排泄量增多。与无训练组相比，男女运动员血浆中的锌浓度更低。但大剂量的锌对免疫功能更不利，会抑制免疫细胞的功能，干扰铜的吸收等。运动员应该增加饮食中富含锌的食物，如家禽、肉、鱼和奶制品。锌必须在发生症状的 24h 内补充才能有效。

T 细胞数量的减少和淋巴细胞增殖应答能力明显下降与缺铁有着密切的关系。微量缺铁可激活 Mφ 增加铁的摄取，使其他细胞内铁含量减少，削弱宿主的免疫反应。但是铁过多也能损伤机体的免疫应答。有证据显示，世界人口中有 25% 缺乏铁。运动增加了通过汗液、尿液和粪便途径的铁丢失。耐力运动员存在铁缺乏的危险性。炎症、感染、应激或长时间紧张运动后，血浆中自由铁浓度下降。免疫系统对铁的利用很敏感。大强度训练的运动员每天丢失的铁量为 1.0mg。而饮食中仅有 10% 的铁被吸收，可增加饮食中的需要量（推荐摄入量：女性为 8.7mg/天，男性为 14.8mg/天）。

硒是谷胱甘肽过氧化物酶、还原酶的辅助因子，可使细胞保持氧化还原的平衡和清除 ROS。在运动时补充适当剂量的硒，不仅能增强抗体对抗原的应答反应，还能促进参与免疫应答的淋巴细胞数目的增多，及淋巴细胞的增殖，从而使机体的抗感染能力增强。但过量硒的摄入也可以削弱细胞免疫与体液免疫。在大强度训练期间，硒的补充应该增加。但是，补硒应该谨慎。补充至 25mg 可能会引起呕吐、腹痛、掉头发和疲劳。

机体缺乏铜可导致免疫器官呈现不同程度的萎缩，降低免疫细胞的活性，抗体合成过程受损，抗体效价降低。已有报道，运动后运动员汗液中会丢失铜。补充锌的运动员也会由胃肠道吸收一些铜。

锰是 SOD 的辅助因子，参与机体抗 ROS。充足的锰摄入量应该是男性每天 2.3mg，女性每天 1.8mg。锰也是通过尿液和汗液丢失，运动员很可能比非运动员要高。在训练期间，锰的需求量会增加。钴作为维生素 B_{12} 的组成成分，能促进骨髓中红细胞和白细胞的产生。钴缺乏与血细胞减少、淋巴细胞增殖破坏和 PMNs 杀菌能力下降有关。

此外，一些研究报道，运动员血清镁含量处于低水平。长时间紧张性的运动与尿液和汗液中镁的丢失量增加有关。和锌、铁一样，一次性的运动不可能引起镁的丢失。在长期大强度训练过程中，可能发生镁的缺乏。镁的缺乏可能潜在地引起运动诱导的骨骼肌损伤和应激反应，但是尚缺乏直接的证据。镁缺乏会使心肌缺血损伤后炎症反应加剧，这可能是由于在缺乏镁时，物质 P 介导炎症前细胞

因子分泌增加。目前已经证实镁能影响人体运动诱导的细胞因子反应。

建议运动员通过水果和蔬菜来获得复杂的抗氧化混合物和微量营养素（如铁、锌、维生素 E）。大强度训练时，运动员对矿物质的每日需求量增加。除铁和锌外，其他微量元素的缺乏很少发生。运动员的膳食应该满足矿物质增加的需求量，否则会中毒或者抑制免疫功能。

6. 水与运动免疫

水占成人体重的 60%，占少年体重的 65%，是人体体液的主要成分。水是参与构成机体的成分，运输营养和废物，调节渗透压和酸碱平衡、体温等。水是各种化学物质在体内正常代谢的保证。体温升高、血液酸化等不良后果会严重影响运动能力。运动时出汗、病理或服用药物等导致丢失大量水的现象叫脱水。脱水达体重的 1%，即会导致有氧耐力降低；脱水达体重的 4%~5%，运动能力下降 20%~30%；脱水达体重的 7%，运动能力严重降低。因此，运动员在气候炎热条件下进行训练时，保持水和盐的平衡是十分重要的，训练前、训练中和训练后补水是获得良好恢复的方法之一。

7. 膳食纤维素与运动免疫

膳食纤维素是一种不易被消化的食物营养素，具有预防便秘、血脂异常、糖尿病的作用，有益于肠道健康。其具有一定的抗癌作用，尤其是消化道癌。膳食纤维素被肠道有益微生物利用，产生短链脂肪酸（short chain fatty acids，SCFAs）以抑制腐生菌的生长；能束缚胆酸等致癌代谢物质，并将其排出体外；能促进肠道蠕动，增加粪便体积，缩短排空时间，从而减少食物中致癌物与结肠接触的机会；能被肠道中有益菌利用，产生丁酸，丁酸能抑制肿瘤细胞的生长增殖，诱导肿瘤细胞向正常细胞转化。不溶性膳食纤维素可缩短粪便在肠道的停留时间，稀释有害物质在肠道中的浓度，减少有害物在肠道的滞留时间和吸收。水溶性膳食纤维素促进双歧杆菌增殖，促进致癌物亚硝胺分解，并能提高 $M\phi$ 的吞噬能力，增加人体免疫功能和对肿瘤的抵抗力。膳食纤维素常用于运动减肥和运动控体重。

(二) 中医调理

中医对免疫功能进行调理的基本思路是扶正祛邪、调整阴阳。单味中药对免疫系统有双向调节作用，其中免疫增强类中药多集中在两大类：一类是清热解毒类中药。如穿心莲、黄芩、野菊花等能增强白细胞及网状内皮系统的吞噬能力；

大蒜、黄芩、黄连等可促进淋巴细胞转化；丹皮、黄芩、黄连等能在一定程度上抑制变态反应。另一类是补虚药。其对机体非特异性免疫功能、特异性免疫功能及体液免疫功能均有促进作用。在非特异性免疫功能方面，如党参、白芍、灵芝、女贞子等能提高外周白细胞数目；党参、黄芪、淫羊藿、当归等能增强网状内皮系统的吞噬功能；在特异性免疫功能方面，人参、当归、白芍等能促进IL的释放；黄芪、女贞子等能增强辅助性细胞的功能；女贞子、枸杞子等具有增强体液免疫的功效。在复方中药中，对单板U型场地滑雪运动员补充玉屏风散（方中只含三味药：防风、黄芪及白术）能提高IgG、IgM等Ig水平及IL-2水平，改善免疫功能。从补气、补血、补肾入手为优秀赛艇运动员进行免疫调理，结果发现在赛艇运动员始终坚持正常冬训的情况下，经过为期30天的中药调理（主要组方：黄芪、党参及刺五加等），与调理前免疫指标相比，白细胞总数、PMNs、淋巴细胞、IgA、IgG和C3分别上升了31%、18%（$P<0.05$）、59%、5.1%、13.95%和15.4%。运动训练中，中医和中药的运动免疫调理一定会大有作为。

（三）针灸疗法

许多临床和实验研究证实，针灸能增强正常机体免疫功能，主要是通过刺激相关经络穴位，达到脏腑调节经络气血及调和阴阳的功效。在针灸的免疫效应中，针灸刺激穴位后，可引起局部神经及感受器将信息传入中枢神经系统，促使神经中枢释放递质、分泌细胞因子等，实现调控机体免疫的功能。针刺运动小鼠的足三里穴，使小鼠运动耐力得以改善，胸腺指数、脾脏指数均提升，补体C3、C4含量增多，可能与纠正运动小鼠神经-内分泌-免疫调节紊乱有关。单纯艾灸百会、关元、足三里穴能提高$CD3^+T$、$CD4^+T$的百分率，下调$CD8^+T$水平，使$CD4^+/CD8^+$比值升高。针灸具有抗氧化功效，针刺足三里穴能够改善运动大鼠健康状况，明显提高糖原含量及抗氧化酶的活性，减弱体内增高的脂质过氧化反应。

（四）训练之外的免疫保护措施

首先，将训练之外的生活和精神压力降低到最低限度。过重的心理压力连同运动导致应激激素水平升高、交感神经兴奋性过高会抑制免疫功能。其次，注意选择运动员寝室的色彩和音乐。颜色不能过于刺激，宜选择那些容易使运动员情绪安定的浅色彩，以抑制交感神经的兴奋度，提高副交感神经的兴奋度（副交感神经兴奋有助于恢复,并增强免疫功能)。选择音乐也是同理。再次,注意运动员营养的合理摄入,在饮食中应该按照"食物金字塔"的原则及能量需求,进食多样化的平衡膳食。同时注意项目的特殊需求。同时生活要有规律,保证睡眠充足,避免过度训练和慢性疲劳,降体重的速度不宜过快;尽量减少感染机会。重大比赛之前,尽可能避免与病人接触(尽量不去医院或家中看望病人),尽可能不到人多之处,减少感染机会。运动员到异地参加比赛,尤其是冬季比赛时,有条件时可接种流感疫苗。最后,患病期间注意减少训练量或停训。运动员如果轻微感冒,可进行轻度到中度活动,待症状消失后再进行大强度训练。若感冒较重,兼有发烧、极端疲乏、肌肉疼痛及淋巴结肿大等症状,必须停训一段时间,待彻底痊愈后再进行大强度训练。

思考题:

1. 简述运动免疫学研究的基本共识。
2. 试述运动免疫抑制现象及免疫调理的基本思路和措施。

CHAPTER 5 第五章
运动和心理应激对免疫系统的影响

> **内容提要：**

通过学习本章内容，重点掌握以下知识：
1. 不同强度运动应激水平与免疫功能。
2. 运动应激影响免疫功能的机理。
3. 运动应激时体液调节。
4. 影响免疫功能的心理应激因素。
5. 心理应激影响免疫功能的机制。
6. 急性心理应激与长期心理应激对免疫功能影响。
7. 运动、应激适应和免疫功能。

谢耶（Selye），认为应激是有机体应对任何外界刺激所产生的一种非特异性反应。20世纪70年代，弗兰肯豪泽（Frankenhauser）等进一步提出了躯体和心理的双重因素诱导，外源性因素与内在性素质双重决定应激强度的理念，并逐渐从应激概念中引申出心理应激的概念。

近年来，应激对免疫系统的影响倍受重视。动物实验及人体观察证实，应激对免疫的影响主要是抑制性。应激降低小鼠对病毒感染的免疫力，减少脾脏中细胞毒性淋巴细胞数目，增加小鼠实验性肿瘤的转移率。人类外科手术作为一种典型的应激刺激，可导致血浆中激素和细胞因子浓度的变化。机体缺氧后，首先引起外周血淋巴细胞增多，$CD16^+$细胞增加，NK细胞活性及受刺激后的活性均上升，随后伴有细胞数目的减少。运动作为外部刺激作用于机体时，也会使机体产生应激反应，影响机体免疫功能。

第一节 运动应激与机体免疫功能

身体训练（包括训练的量与强度、训练的手段和方法）与免疫相互作用会改变人体健康状态。运动员在训练和比赛过程中，大强度生理负荷应激会影响运动员的内环境平衡，冲击机体的防御体系。近年来，运动对机体激素分泌等体液调节和免疫功能的影响成为运动医学界的研究热点。免疫系统对运动的反应取决于运动类型、运动强度和运动的持续时间。此外，运动者的年龄、身体素质和训练水平，以及环境条件也可影响人体免疫功能。一般来说，高强度长时间运动引起免疫系统功能的暂时性抑制；急性短时中等强度运动激活免疫系统，并提高免疫功能；长时间的耐力运动或长期的强化性训练则抑制免疫功能。另外，不同年龄人群对同一强度运动的免疫反应不同。

一、适中强度运动应激水平与免疫功能

科学运动使免疫系统对运动应激有良好的耐受性。老年人以走路方式运动时，体内肾上腺素和可体松的浓度不会影响免疫功能。有训练者比不训练者对运动应激有更好的耐受性。如以 85% VO_2max 强度运动 60min 后普通大学生红细胞 C3b 受体活性比运动员组下降更明显。运动后，过氧化物增多会抑制红细胞 C3b 受体的活性。经过系统训练的运动员，红细胞过氧化物清除酶的含量和活性明显增加，从而减缓红细胞免疫功能下降。据研究，运动可显著降低体育专业学生安静时红细胞免疫抑制因子水平，提高运动应激状态下红细胞免疫促进因子活性，从而增强红细胞免疫力。

适宜的身体锻炼也可改善心理应激反应时对免疫功能的抑制。小强度身体锻炼可有效地克服应激所产生的抑制作用，但对机体免疫促进作用有限，而中等强度的身体锻炼更能有效保护应激大鼠的免疫功能。如中等强度运动明显减弱心理应激对机体 T 细胞和 NK 细胞的抑制，增强抗体功能和抗肿瘤作用，抑制肿瘤细胞生长。大鼠在运动应激后，IL-2 明显回升，抗应激能力增强。

二、大强度运动应激水平与免疫功能

过度训练严重影响着运动员的身心健康和比赛成绩。大强度运动可以产生应激免疫抑制因子。β-EP、儿茶酚胺等内源性肽类物质可能参与调节运动引起的免疫力变化。据研究，β-EP 可激活交感神经系统，增高儿茶酚胺水平抑制免疫功能。β-EP 增加也可加强 TS 活性，导致体液免疫和细胞免疫抑制。有实验报道，运动尤其是大强度运动、不适应运动可引起 β-EP 分泌增加，而低运动负荷，即使是长时间运动不会引起 β-EP 水平变化。以大于 70% VO_2max 强度的运动 15min 以上才使循环 β-EP 水平升高，并且强度越大，β-EP 水平升高越明显。

运动后 β-EP 浓度增加与受试者训练程度有关。受试者完成递增负荷至力竭运动，运动后非训练者比训练者 β-EP 浓度增加更显著。已知红细胞膜上有 β-EP 受体，胞内有 β-EP。当低浓度时，对红细胞免疫起促进作用，而高浓度时则起抑制作用。

研究显示，8 周力竭性训练后，大鼠在应激情况下，$CD4^+T$ 细胞和 $CD8^+T$ 细胞均可以产生应激免疫抑制因子。$CD4^+/CD8^+$ 正常比值为 1.5~2.0。它的降低可能反映了免疫失衡，机体易感性增加。大负荷的运动导致局部免疫机能的改变，这可能与儿茶酚胺浓度改变有关。

三、运动应激时体液调节

运动应激可出现多个内分泌系统，如 HPA 轴、下丘脑-垂体-甲状腺轴、下丘脑-垂体-性腺轴，以及下丘脑和垂体其他激素的改变。其中 HPA 轴的激活是应激反应最主要的特点，而运动还可以使垂体-睾丸轴的机能发生变化，引起睾酮水平的改变。运动应激引起的激素改变如果未使机体的反应达到衰竭程度，那么这一改变仍属于生理应激的范畴，如实验室里的运动。但运动竞赛时，运动员受到的应激较高。

（一）儿茶酚胺

运动作为一种应激，可增加儿茶酚胺的分泌。儿茶酚胺的分泌可反映交感神经系统的兴奋，体现运动应激对运动员心理的刺激强度。静息状态时，人体儿茶酚胺浓度直立位高于坐位或卧位。在同等氧耗时，小肌群血浆肾上腺素和血浆去甲肾上腺素（norepinephrine，NE）浓度的增加显著高于大肌群的浓度。动力性运动会造成血浆儿茶酚胺浓度明显上升，且血浆儿茶酚胺浓度与心率和 VO_2max 具有较强的相关性。运动时间或运动形式相同时，血浆儿茶酚胺浓度与运动强度或运动的输出功率呈正相关。如当运动强度达到 $75\%VO_2max$ 运动时，血浆儿茶酚胺增加的程度会更加显著；当运动强度达到 $100\%VO_2max$ 运动时，NE 浓度可从 1.18 nmol/L 上升至 17.7 nmol/L。在小强度运动时，肾上腺素和 NE 的浓度依然增加，但 NE 浓度的增加速率高于肾上腺素。但在运动强度很低时，运动持续时间是刺激儿茶酚胺浓度增加的必需条件。相同负荷的大强度动力性运动时，交感肾上腺系统的反应取决于运动持续时间。在间歇运动中，血浆儿茶酚胺浓度增加受运动强度和间歇时间的影响。在定量负荷时，运动个体的儿茶酚胺含量低于不运动个体。β受体为儿茶酚胺受体之一。通常长时间或习惯性体育活动可引起β受体下调。巴特勒（Butler）等发现，两个月密集有氧训练后，淋巴细胞β受体的密度减少60%。在肌肉静力性收缩时，血浆儿茶酚胺浓度显著增高，并一直持续到力竭，肾上腺素浓度增加高于NE。但也有研究发现，在静力性运动时，血浆儿茶酚胺浓度没有显著性变化。

运动诱导的白细胞增多通常与循环中儿茶酚胺的浓度有着密切的关系。在运动开始时，白细胞数量对儿茶酚胺浓度有较大的反应，随着运动继续，皮质醇和儿茶酚胺共同作用，导致白细胞，特别是粒细胞的数量增多，而淋巴细胞数量减少，这与细胞重新分配有关。运动到疲劳时，血浆肾上腺素浓度对白细胞数量增多有较大的影响。塞弗斯（Severs）等研究发现，当受试者进行两次30min、运动强度为50%VO_2max的运动时，白细胞亚群的数量变化与儿茶酚胺的浓度存在相关性。但在适宜的温度下，两者并不具有相关性。运动引起的PMNs和其他类型的白细胞（NK细胞、$CD8^+$细胞）的增加由β1肾上腺素机制介导。但也有研究认为，β受体阻断剂不影响运动引起的NK细胞的活性。

（二）皮质醇

HPA轴的活动受下丘脑垂体室旁核的直接调控。此外，杏仁核也可激活HPA轴的应激反应，许多细胞因子也可刺激下丘脑和垂体分泌CRH和ACTH，从而刺激肾上腺皮质合成和分泌糖皮质激素，如皮质醇。海马对HPA轴的活动有抑制作用。皮质醇属于快反应型GC，是较为重要的应激激素。多数皮质醇以与皮质类固醇结合球蛋白结合的形式循环，只有其浓度超过20ug/mL时才能产生明显的生物学效应。

运动训练激活HPA轴，引起肾上腺皮质激素和皮质醇浓度的增加。一般来说，运动中皮质醇的水平与运动强度和运动时间呈正相关。长时间高强度的训练更能引起皮质醇分泌量的增加。如运动强度大于60%VO_2max的耐力运动和力量运动都能使皮质醇水平升高，且运动时间越长，升高越显著。当运动强度低于50%VO_2max时，引起血浆皮质醇浓度降低。有资料表明，在长期的运动训练中，血浆中皮质醇的浓度与运动负荷量呈正相关。血浆中皮质醇的浓度可以作为长期训练中适宜负荷量的监控指标。皮质醇分泌量的增加，可使体内蛋白质合成减少，从而降低机体运动能力。皮质醇激素对肌纤维内蛋白质的分解是从白肌纤维开始的。故该指标不适用于对白肌纤维起决定作用的速度性运动项目。此外，运动员的竞技心理状态对皮质醇的分泌也产生一定的影响。

有关皮质醇水平和白细胞或 PMNs 的数量之间关系的研究发现，由于运动的持续时间、运动强度、采集血样的时间不同，研究结果也有所不同。一些学者发现它们之间有联系，而其他学者则认为它们之间没有关联。在一次体育活动后，T 细胞上的 IL-1 和 IL-2 受体下调，NK 细胞活性和血浆皮质醇浓度呈负相关。据研究，大负荷运动后，Th1 和 Tc1 亚群数量下降，而 Th2 和 Tc2 没有明显的减少。此外，研究还发现，Th1 和 Tc1 亚群数量的减少与血清皮质醇浓度的升高有关。也有研究发现，运动后总体淋巴细胞的增殖功能与皮质醇水平呈负相关。运动后，全淋巴细胞对丝裂原的增殖能力下降与运动后淋巴细胞的凋亡率增加有关。

皮质醇在运动后发挥作用，导致运动后外周血白细胞数量减少和功能下降。但短时间、大强度运动不会对皮质醇及运动后恢复期免疫功能产生深刻的影响。对应激有高皮质醇反应者运动中外周血淋巴细胞增高更明显，运动后淋巴细胞的抑制更深，运动结束后免疫功能的恢复也更慢。安静状态下，$CD4^+T$ 更低、$CD8^+T$ 和 $CD56^+T$ 更高。老年人因肾上腺皮质功能的增龄性下降，运动后淋巴细胞转化能力更低，安静状态下 $CD4^+T$ 也更低。

唾液皮质醇是反映血清游离皮质醇的可靠方法，两者间的相关性高，运动可导致唾液 SIgA 和溶菌酶的变化。

(三) 生长激素

据证实生长激素 (growth hormone，GH) 在免疫系统的发育和功能的维持中具有重要的调节作用。在适应性免疫系统中，GH 可提高胸腺细胞的迁移能力，影响脾脏和 B 细胞的发育。外源性 GH 能阻止和恢复老年动物胸腺的萎缩，增加胸腺素合成。GH 能增强 CTL 的活性，人淋巴细胞有 GH 受体，也能分泌 GH。在固有免疫系统中，GH 不仅能增强 DC 和 NK 细胞活性，还能活化 Mφ，激活其吞噬活性。

此外，GH 不仅可以影响机体的炎性反应状态，抑制胶原诱导性关节炎的关节破坏，还对艾滋病患者免疫系统具有一定的有益作用。因此，GH 作为一种免疫调节因子，有望在临床上成为一种抗感染、治疗免疫缺陷或免疫功能低下的有效手段。

有氧运动和抗阻运动可使血浆 GH 浓度增加，且 GH 浓度增加程度与运动强度有关。此外，环境温度和体核温度（体中心温度）对其也有较大的影响。GH

的半衰期相对较长（17~45min），故在运动停止后一段时间内，血浆中 GH 浓度仍保持较高的水平。在重复运动中，GH 浓度在每次运动后显著增加。在功率自行车上进行次最大强度运动时，GH 浓度变化很大，可以反映个体的适应和相对的应激水平。尽管谢法德（Shephard）研究发现，65 岁受试者进行训练时，GH 浓度升高，但一些纵向训练研究发现，在训练后进行次最大强度运动时，GH 浓度减少。这也是运动抑制免疫功能的原因之一。

（四）其他体液因素的调节

阿片肽是在中枢神经系统中发现的神经调节剂，包括三大类：β-EP、脑啡肽和强啡肽。阿片肽是免疫系统中重要的调节因子，它几乎作用于所有的免疫活性细胞，对不同亚类的细胞作用不尽相同。阿片肽的释放受应激的影响，而应激影响免疫反应，提示阿片肽可能是应激引起免疫调节的介质。外源性阿片肽促进大鼠运动后离体培养的 Mφ 分泌 IL-1，抑制 B 细胞的转化。在体状态下阿片肽受体阻断剂可钝化剧烈运动引起的外周血及脾 $CD8^+T$ 细胞增加，提示阿片肽可通过与运动刺激偶联降低免疫功能。

乳酸参与免疫调节。有文献支持乳酸的炎症作用：乳酸直接抑制 I 型 IFN 产生，降低机体抵御病毒的能力。而其他文献反复报道了乳酸的抗炎作用。乳酸的作用可能存在细胞、受体、介质和微环境特异性效应。乳酸抑制糖酵解能量的产生，减弱炎症免疫细胞功能。丝氨酸的产生对 T 细胞的激活很重要，外源性乳酸降低了活化的 $CD4^+T$ 细胞中丝氨酸的产生。乳酸还可通过信号级联和表观遗传修饰的改变而产生额外的作用机制。乳酸被认为是一种肿瘤代谢物，可上调癌基因，促进 MC 和 Mφ 中低氧诱导因子-1α（hypoxia inducible factor-1α，HIF-1α）介导的血管内皮细胞生长因子生成，有助于血管生成和肿瘤生长；此外，乳酸可促进替代性活化巨噬细胞（M2 型巨噬细胞，以下简称 M2）分化和肿瘤相关 Mφ 的 M1/M2 混合表型特征，促进免疫逃逸。来自肿瘤微环境的乳酸抑制了 $CD8^+T$ 细胞的活化和肿瘤杀伤。乳酸还可以促进单核细胞通过环氧化酶 2 合成 PGE2，参与肿瘤进展和治疗耐药性的发展。作为一种免疫介质，乳酸还可以促进内皮细胞迁移和伤口闭合。乳酸水平在许多自身免疫性疾病（包括溃疡性结肠炎和类风湿性关节炎）中有所升高。在哮喘和过敏性疾病中也有全身性乳酸升高的报道。肥胖和糖尿病患者的血浆乳酸浓度高于健康志愿者。研究发现，脂肪细胞可以定期产生乳酸。乳酸产生益生菌菌株已被证明可以改善哮喘和过敏性疾病。这表明乳酸作用具有细胞特异性。此外，有研究发现，乳酸有可能参与运动中免疫功能的调节。运动中 NK 细胞、$CD4^+T$、$CD8^+T$ 的升高与乳酸堆积有关。

泌乳素是重要的免疫促进因子，运动可以上调淋巴细胞上泌乳素受体的表达。运动中血清泌乳素水平的升高可对抗应激中皮质醇对免疫功能的抑制作用。

雄激素也受运动影响。运动训练对雄激素影响的主要特点是促使男性成人在再运动时的雄激素反应增大，这对机体是一种良好的适应性表现，表明机体对运动的应激抵抗力增强。

四、运动应激影响免疫功能的机理

（一）运动时神经-内分泌-免疫网络的调节作用

运动对免疫功能的急性效应似乎与神经内分泌的变化有关。下丘脑和垂体系统作为神经内分泌学的核心部分是应激反应的发动者与调控者。在运动应激过程中，下丘脑通过垂体调节激素分泌，特别下丘脑通过激活交感神经-肾上腺轴和 HPA 轴调节儿茶酚胺、GC 等应激激素分泌，以更好地适应运动需求。在任何给定的运动强度竞赛时，一次运动竞赛所引起的兴奋可引起应激激素的升高。类固醇皮质激素是一种免疫抑制剂，抑制 T 细胞功能，减少抗体的生成，使 NK 细胞活性下降。长时间剧烈运动引起血浆皮质醇升高，升高的程度、持续时间取决于运动强度和运动持续时间。大强度耐力运动后，运动员易患感染性疾病，这与运动后一定时期内分泌型抗体减少有关。马拉松运动员比赛后，患感冒、咽炎等疾病的概率增加，发病的严重程度与跑步速度成正比。

免疫功能的慢性改变可能由神经内分泌的变化引起，如运动中激素释放量的改变，激素受体数量和受体敏感性的改变。长期大强度的运动训练可能导致儿茶酚胺的耗竭和（或）激素受体的下调。免疫系统也可通过分泌细胞因子调节神经内分泌系统。

（二）运动应激中 TS 的过度活化

部分学者认为，运动性免疫抑制与 TS 的过度激活有关。他们认为，运动后 TS 的激活，可以控制运动后因自身抗原暴露或释放所造成的自身免疫损害。但是 TS 的过度激活，却影响了其他亚型 T 细胞、NK 细胞和 Mφ 功能，导致训练后免疫抑制。

(三) 免疫系统的能量来源与消耗

过度训练后的免疫抑制也与 Gln "亏空"有关。Gln 既是免疫系统的重要能量来源，又是合成免疫细胞嘌呤和嘧啶苷酸的重要氨基酸来源。在运动应激状态下容易缺乏，尤其是过度训练时，肌细胞 Gln 输出减少，血浆 Gln 浓度下降，导致免疫功能抑制。已有研究证实，训练前提供含支链氨基酸丰富的膳食可预防运动性免疫机能低下。

运动性应激是指过强刺激破坏了机体内环境的稳态而引起的机体非特异性反应，此状态发生的基础是体内发生一系列急剧的神经-内分泌-免疫反应，并伴随身体机能的剧烈变化。在对应激发生的应答性反应过程中，三大系统既独立工作，又相互协调。

第二节 心理应激与机体免疫功能

运动员在训练和比赛过程中，不仅身体上要承受大强度的生理负荷，同时内心也承受重大的心理压力。运动生理学家在研究运动应激对运动员免疫功能影响的同时，也开始注意到心理应激的潜在作用。心理应激是指个体通过认知和评价，察觉到应激原的威胁或挑战时，引起的一种心理、生理和机能的紧张状态。心理应激反应能对免疫系统产生显著的影响。心理应激与许多人类疾病的发生和发展关系密切。调查研究发现，儿童型糖尿病、类风湿性关节炎、葡萄膜炎、毒性弥漫性甲状腺肿及 URTI 等疾病与各种心理应激事件有不同程度的关联。心理应激可能会提高肿瘤的发生率和转移率。传统的观点认为，应激对免疫系统的影响主要表现为抑制性。但近年来的研究发现，急性短暂心理应激可加强天然免疫，而特异性免疫被抑制。强烈急性应激或长期慢性应激均可引起神经内分泌系统异常、免疫功能降低等情况发生。而温和急性的应激训练，可提高淋巴细胞转化水平。控制或预见应激刺激可能会有效地改善或不出现应激反应。

一、不同因素造成的心理应激对免疫功能的影响

(一) 情绪障碍对免疫功能的影响

早期的研究暗示，某些免疫性障碍疾病发病率的升高与情绪障碍有关。精神

疾病伴有免疫功能失调。有证据表明主导性抑郁症中炎症反应系统被激活，也有证据表明诱导前炎症细胞因子和炎症反应系统被激活与实验动物的发病行为有关。据研究，主导性抑郁症患者血浆 CD8$^+$T 细胞浓度明显升高，血浆 CD16 浓度明显低于健康组，躯体化精神障碍患者 CD16 水平最高，其血清 IL-6 水平也明显低于健康组和主导性抑郁症患者。情绪障碍患者患循环、呼吸、遗传性过敏症及糖尿病的概率高于普通人群。动物长期忧虑刺激血浆 IL-1、IL-2 和 IL-6 浓度增加。故免疫功能的变化可能与情绪障碍自身的病理生理学有关。

(二) 性格特征对免疫功能的影响

性格特征也能影响机体的健康状态和免疫功能。性格开朗的个体感染上呼吸道疾病的概率明显低于其他人。善于调整自己、与周围人群相处和谐、有稳定社交团体的个体患病概率低于那些孤立的、疏离的个体。孤独感强或易激惹等个性心理特征能明显影响分裂原对淋巴细胞的促增殖反应，与此同时，IL-2R 表达水平下降。高度乐观的心脏病患者病发的可能性较小，手术后很可能比悲观者恢复得更快，且不易复发。病发后，有较多社会支持的个体恢复更快。有研究表明，高、低焦虑运动员心理应激后，淋巴细胞增殖能力显著下降，与此同时，高焦虑运动员表现为血浆 IL-1β 活性显著升高。心理应激后低焦虑运动员血浆 IL-1β 活性改变无显著性差异。高温运动应激可导致淋巴细胞百分比明显降低，皮质醇、IL-1 浓度明显升高。人格特质变化人群应激前后淋巴细胞变化明显，而 IL-1 上升幅度小，提示应激后机体免疫力改变和人格特质类型存在着内在的联系。

(三) 心理因素对免疫功能的影响

心理因素对人免疫功能的影响较为显著。如观看外科手术电影可构成被动应激，降低淋巴细胞对 ConA 的反应，减弱 B 细胞对转录因子结合位点刺激的增殖反应，但以进行紧张心算作为主动应激时，仅表现出淋巴细胞对 ConA 所致的增殖反应下降。考试压力及婚姻不和等情感性应激刺激常伴有血中某些病毒的抗体滴度上升，CD4$^+$ 细胞及 NK 细胞的百分比率及活性也相应降低，提示应激可能降低免疫功能，激活体内潜伏病毒。

据研究，心理应激可导致胸腺损伤。研究发现，心理应激可抑制机体免疫功能，使胸腺 T 细胞增殖、分化能力下降，Th 数量降低，TS 数量上升，CD4$^+$/CD8$^+$ 比值显著降低。心理应激可促进机体内 IL-2、IL-6 和 INF-γ 等细胞因子的分泌与合成，使 Th1/Th2 的平衡向 Th2 偏移，引起机体细胞免疫功能下降，NK 细胞的活性降低。拘束应激和慢性心理应激也可引起血清抗体 IgE、IgG1 和 IgG2 水平降低。若母鼠在孕期受到心理应激，则后代 IgG 水平和免疫功能会低于正常小鼠。大鼠幼年时的心理应激对神经-内分泌-免疫系统存在长期影响，可通过 HPA 轴加重大鼠哮喘，应激时血清中 IgA 及胃液中 SIgA 均明显减少，显示机体全身及局部免疫机制受到抑制，易形成应激性溃疡。一些优秀运动员在竞赛期时，唾液 Ig 浓度较低。急性短暂心理应激（如公共演讲和心算）可引起白细胞免疫系统的变化，在数量方面主要表现为外周血中 NK 细胞数量显著升高，PMNs 数量增加，但 B 细胞和辅助 T 细胞仅有微小的变化，无统计学意义。在功能方面主要表现为 NK 细胞毒性显著升高，T 细胞对 ConA 和植物血凝素的增殖反应能力显著下降，IL-6 和 INF-γ 生成增加。但分泌型 IgA 抗体数量升高。

心理因素以一种潜在的方式对人体免疫功能起作用。部分免疫学专家认为，心理和行为干预可提高免疫力，改善患者生活质量，减轻痛苦，并延长生命。实验证实对癌症患者进行心理干预后，患者的总体情绪和总体生活质量状况与对照组患者相比有明显的改善。心理行为干预有利于提高患者 NK 细胞活性，并有助于维持放疗期间患者的白细胞水平。

二、心理应激影响免疫功能的机制

心理应激影响躯体健康、诱导疾病的机制至今仍不清晰。心理神经免疫学试图从心理、免疫和健康三方面进行探讨。

（一）脑与免疫

大脑活动与免疫变化密切相关。有研究表明，局部大脑血流的正电子喷射层析成像结果和免疫结果相关联。NK 细胞活性与双边第二感觉皮质活动呈负相关，而 ConA 反应与双边第二视觉、运动觉和感觉皮质，以及丘脑、壳核和左海马回中的局部大脑血流呈正相关。尽管资料来自少量个体，但这些观察结果为脑-免疫系统的联系提供了进一步的依据。该研究认为边缘系统结构，尤其是下丘脑，可能是免疫信号传递的对象。

（二）神经与免疫

神经纤维直接支配免疫器官。中枢神经系统通过两条途径影响免疫功能，一条是神经内分泌通路，主要源自垂体腺；另一条即通过自主神经系统。目前已发现风湿关节炎的致病活性和 β2 肾上腺素能受体表达水平之间呈负相关，患者滑膜组织中的交感神经纤维数量急剧减少，同时组织释放 NE。免疫抑制因子可抑制正常小鼠淋巴结淋巴细胞增殖，其生成需中枢神经系统参与。

（三）内分泌与免疫

许多激素在免疫组织中都存在受体，发挥生理功能。急性实验室应激反应中，肾上腺素、NE、肾上腺皮质激素和皮质醇升高，调控免疫反应。GC 和儿茶酚胺是研究最为广泛的应激激素。低浓度的 GC 抑制 Th1 活性，减弱其介导的免疫。高浓度的 GC 抑制所有 T 细胞介导的免疫反应。儿茶酚胺浓度的改变是导致应激后外周血淋巴细胞数量变化的原因。

此外，垂体前叶生成的抑制素和应激时血清中出现的多种免疫抑制因子也参与应激免疫调节。如手术、烧伤、失血等创伤性疾病均可刺激机体生成多种血清免疫抑制因子，抑制淋巴细胞生成 IL-2。非创伤性应激也可引起血清中出现免疫抑制因子。

应激时众多神经内分泌功能变化，以多重途径和水平改变机体的免疫功能，特别是近年血清免疫抑制因子及腺垂体抑制素的发现，将有助于阐明应激时神经免疫内分泌相互作用的规律及生理或病理意义。如应激时的免疫抑制一方面可保护机体免受更严重的损伤，但另一方面却降低了机体对病原体的抵抗力，容易引起感染或发生肿瘤。

三、急性心理应激与长期心理应激对免疫功能的影响

许多研究结果表明，与长期心理应激相比，急性心理应激对免疫系统产生的作用并不一致。

（一）研究现状

目前比较一致的观点是长期心理应激会对免疫系统产生抑制或损伤作用，然而其机制还不清晰。急性心理应激对免疫系统既可以产生抑制作用，又可以产生促进作用。

心理应激可导致 HPA 轴亢进，影响机体胸腺及细胞免疫功能。机体受到应激源刺激时，促进 ACTH 释放，引起 GC 的合成和释放量增加。ACTH 在生理浓

度时，可参与调节 B 细胞的生长与分化，当其水平较高时，则对 B 细胞增殖、T 细胞产生 IFN 和 Mφ 活化有抑制作用。ACTH 制剂可导致机体淋巴细胞数目减少，胸腺及脾萎缩。GC 是一种公认的免疫抑制剂，能抑制淋巴细胞分裂增殖，减少细胞因子分泌。慢性应激性抑郁可导致海马内皮质酮升高，持续激活 HPA 轴，导致海马受损，GC 受体介导抑制作用减弱。据研究，心理应激对唾液皮质醇有明显影响，唾液皮质醇水平可评价心理应激的强度。

心理应激也引起机体下丘脑-垂体-交感神经系统兴奋，导致组织、血液中肾上腺素和 NE 水平上升，影响抑制性调节免疫细胞的功能。在海马内注射微量 NE 可抑制 ConA 刺激的脾淋巴细胞的增殖。内源性儿茶酚胺的释放，也可抑制淋巴细胞的增殖反应。损伤大鼠的交感神经可使胸腺中 T 细胞的增殖反应显著增强。

在心理应激影响下，细胞因子分泌增加。用社会隔离的方式给大鼠造成社会心理应激后研究发现，大鼠血清 TNF-α 含量升高，肝细胞 TNF-α mRNA 表达增强。让受试者在被指控有偷窃行为的假定情景下进行 5min 发言，通过为自己辩护从而产生心理应激的研究发现，在应激期间 Mφ 衍生因子 IL-1β 和 TNF-α 含量增加，并在应激后 60min 仍保持较高水平。研究结果受应激源性质、强度、持续时间不同的影响；还受研究的组织、器官、细胞的种类和测定免疫指标的方法的影响。应激因素对免疫功能，尤其是细胞因子分泌的影响是神经免疫学的一个热点研究内容。

（二）应激的应激反应轴优势

大量的研究表明，急性心理应激与长期心理应激在引起的免疫反应上具有不同的效果，在两类不同的应激中，它们具有不同的应激反应轴优势。在急性心理应激中，起主导反应作用的是交感-肾上腺髓质轴和自主神经反应。在长期心理应激中，起主导反应作用的是 HPA 轴。

（三）导致皮肤 DTH 的机理

据研究，由急性心理应激引起的皮肤 DTH 是通过 $CD8^+$ CTL 反应的高低来调节的。在应激中，$CD8^+$ CTL 反应的高低是通过 NE 调节的，而不是肾上腺皮质酮。而长期心理应激则是通过产生高浓度的肾上腺皮质酮来抑制免疫和 DTH。

第三节　运动、应激适应和免疫功能

目前，适宜的身体锻炼对降低个体心理应激反应的作用已被广泛接受。许多研究均证实，适宜的身体锻炼能有效地改善个体的心理免疫效应。有研究发现，体育锻炼可有效地克服应激带来的不利影响，以维持机体内环境的稳定。长期反复适宜的运动刺激，可使机体的免疫状态始终维持在一个较高的水平。此外，运动可引起神经-内分泌-免疫系统的调节网络改变。

一、运动、心理应激、交感-肾上腺髓质系统与免疫

心理应激或剧烈运动均促使交感神经和肾上腺髓质的激活，血液中 NE、肾上腺素等水平升高，导致免疫功能下降。适宜的运动可以有效地克服应激对机体免疫的抑制，降低心理应激对机体皮质酮的释放。运动可通过提高机体身心两方面的抗应激能力来降低应激反应的强度，从而维持机体免疫功能的稳定，且中等负荷的运动比小负荷运动的作用更大。

二、运动、心理应激、HPA 轴与免疫

自从梅森（Mason）提出心理应激学说后，人们认为垂体-肾上腺皮质系统的激活是与心理应激相伴随的。HPA 轴作为神经内分泌免疫网络的枢纽，在维持机体内环境平衡中起着十分重要的作用。HPA 轴在应激时的激活是动物对应激作出的一种适应性反应，在保持机体内环境稳定、调整机体生理功能，以及应付不良刺激等方面有重要意义。萨顿（Suttoon）研究表明，耐力训练的人和无训练的人相比，在亚极量运动后，血浆 ACTH 和皮质醇水平要低许多。据研究，中小负荷运动能有效地降低应激反应，使机体的免疫功能稳定。其可能机制在于中小负荷运动通过减轻应激反应，降低 HPA 轴和交感神经系统的活性，减少 GC 的释放。国内研究表明，HPA 轴是介导运动拮抗心理应激对机体产生不良影响的重要路径。

三、运动、心理应激、肾素-血管紧张素系统与免疫

研究发现，在各种急性应激（冷水游泳、断肢创伤、寒冷环境等）及慢性应激（长达三个月的每天定时足底电击）情况下，血浆血管紧张素水平均有一

定程度的提高。应激时下丘脑、延髓、心肌、血管及肾上腺的血管紧张素含量也有不同程度的提高，慢性应激时则持续升高。体外实验证明，肾上腺组织的局部血管紧张素对肾上腺糖皮质激素的合成与分泌有直接兴奋作用。目前国内关于中小负荷运动可以通过肾素-血管紧张素系统拮抗应激对机体免疫力影响的研究并不多见，仍有待进一步研究。

四、科学合理运动与心理应激及免疫

有研究发现，体育锻炼和热身运动均能有效地克服应激带来的不利影响，提高机体抵抗力。动物实验表明，雄性大鼠进行随意性跑步运动后对应激引起的NK细胞毒性抑制有拮抗效应。对大鼠进行为期4周的中小负荷运动训练，并在运动训练后对其施加冷刺激的研究发现，运动训练可以提高机体抗生理和心理应激能力，使血液中NK细胞的数量和IL-2的含量增加，维持机体免疫功能稳定。据研究，反复的心理应激会引起大鼠较强的心理反应，并使大鼠免疫功能受到抑制，中小负荷运动对心理应激状态下的大鼠的免疫功能有较好的保护作用，且中等负荷运动更能提高大鼠抗应激能力，其可能机制在于中小负荷运动可以使得大鼠HPA轴产生较好的适应性，运动训练可以通过改变HPA轴应激激素的变化对抗心理应激造成的免疫功能低下，且中等负荷运动对于对抗心理应激有着十分重要的意义。

综上所述，心理神经免疫学将心理因素、免疫功能和健康状况的改变联系起来，虽然研究的历史较短，但已成功地揭示了应激和其他心理因素对免疫功能的抑制作用。免疫系统不仅可以充当神经系统的效应器与内分泌系统的靶器官，接受神经内分泌的调控，并分泌出免疫递质（如细胞因子、神经肽和激素等）来影响机体的免疫功能，还可以利用这些免疫递质反作用于神经内分泌系统，形成反馈调控。身体锻炼是对机体的一种刺激，为此，机体要发生应答性反应。同时，适度的身体锻炼作为一种心理干预手段可以降低心理压力，从而引起良好的心理效应。

▶ **思考题：**

1. 试述运动应激影响免疫功能的机理。
2. 试述心理应激影响免疫功能的机制。
3. 试述运动、应激适应对免疫功能的影响。
4. 试述运动应激对免疫功能影响的最新研究进展。

CHAPTER 6 第六章
特殊环境对机体免疫功能的影响

内容提要：

通过学习本章内容，重点掌握以下知识：
1. 高温环境对免疫功能的影响。
2. 低温环境对免疫功能的影响。
3. 高温影响免疫功能的机理。
4. 高原环境对免疫细胞免疫功能的影响。
5. 高原环境对机体免疫影响的机制。
6. 高原训练对免疫功能的影响。

大量实验证明，高温高湿、低温、低氧等特殊环境可以影响机体的免疫功能。人体在上述条件下进行运动时对机体免疫产生的影响值得探究。

第一节 高温高湿环境对机体免疫功能的影响

根据环境温度和人体热平衡之间的关系，通常把35℃以上的生活环境和32℃以上的劳动和运动环境视为高温环境，相对湿度（relative humidity，RH）在60%以上的环境称为高湿环境。高温高湿环境下，机体具有高代谢率、高消耗、体液内环境易失衡紊乱，影响运动能力，严重时可引发热疾病，甚至致死等特点。特别是对于持续时间较长的运动项目，机体的核心体温过高，会加速运动性疲劳的产生，进而影响运动水平的发挥。通过了解高温高湿环境下各免疫功能的变化及机制，提出相应的预防措施，可提高在高温高湿环境下运动的安全性。

一、高温或/和高湿环境下机体免疫功能

（一）高温环境对免疫功能的影响

人体体温适度增加0.5~1℃，对血浆应激激素水平，或者对免疫反应仅有较

小的影响。高温可使人体免疫功能减退，当机体体温上升2℃时，CD16$^+$细胞数目增多，细胞溶解活性发生改变；在刺激期间和刺激后2min，PMNs和单核细胞数量也增加，但一些涉及抑制致热原性的细胞因子（IL-1β、IL-6、IFN-γ）被抑制。免疫细胞在40℃时即可受到抑制，43℃时则发生不可逆性损伤。如热暴露对Mφ结构有损伤作用，对其吞噬功能有抑制作用。也有研究指出，热应激对PMNs的数量影响不大，但可以使小鼠脾的NK细胞数和CD56$^+$阳性数量降低。高热暴露可以促进大鼠肠道淋巴结DC的释放，使之更多地归巢肠系膜淋巴结，且这种热应激状态后免疫系统的改变具有一定的适应性，即经过热适应锻炼的大鼠DC释放相对平衡。动物实验研究表明，热暴露对红细胞免疫黏附功能及红细胞免疫调控因子水平有影响。受热期间RBC-C3bRR及RBC-ICR有明显的上升，红细胞免疫调控促进因子及IC升高，而红细胞免疫调控抑制因子降低。据研究，热暴露细胞膜损害，随着暴露时间的延长，机体免疫功能减弱；血液温度升高，红细胞膜流动性增强，致细胞膜C3b受体活化，黏附能力加强。RBC-C3bRR的升高，应视为机体对高热应激反应所产生的一种代偿现象，具有一定的积极作用。热习服动物高温暴露时红细胞免疫功能基本维持正常水平。热应激时SOD和谷胱甘肽过氧化物酶升高。热习服后抗氧化酶含量恢复到接近正常水平。布伦纳（Brenner）等研究发现，当机体直肠温度上升0.7℃时，免疫功能没有发生变化，而外周血T细胞数和Mφ吞噬功能明显下降。

（二）高湿环境对免疫功能的影响

在高湿度时，环境温度达30℃即可使安静状态下的人体体温升高、脉搏加快、汗蒸发率下降。高湿度对生理产生不良影响的温度界限是35℃。高湿环境能引起人体多种常见的疾病，如心脑血管疾病。

动物实验表明，高湿可能导致了T细胞介导的细胞免疫功能的低下。在有菌和无菌高湿模型大鼠中均存在免疫功能紊乱的现象，提示外界湿度在没有微生物参与的情况下，也能对机体免疫功能产生较大影响。模拟高湿环境发现，大鼠外周血总的T细胞水平变化不大，而CD4$^+$T细胞显著上升，CD8$^+$T细胞则显著降低，其比值显著升高。提示高湿环境在开始阶段作为一种应激因素对机体产生了刺激，导致免疫系统的自稳状态发生改变，免疫系统功能增强。在高湿下IL-2和IL-8水平明显升高。之后随着时间的延长，机体对高湿刺激因素慢慢适应，可能逐渐习服。高湿暴露下，IL-12下降程度与湿度有关，湿度越大，下降越明显。高湿环境下，IgG、IgA、IgM 均未见显著变化，但高湿应激能够显著提高机体 C3 的含量，在体液免疫总体降低的趋势下，有效地提升机体的防御能力。随着时间的推移，机体通过自我调整，补体 C3 基本恢复到正常状态，最终表现为与常温常湿组无显著性差异。

(三) 高温高湿环境对免疫功能的影响

在高湿（RH 80%）的环境下单纯热暴露可引起 IL-12 的显著性降低，而在 RH 40%条件下没有引起显著性降低。高温、高湿环境均显著降低猪的生长性能，持续高温能显著降低猪的细胞免疫功能，进而引起抗病力下降。高湿环境有加重小鼠哮喘疾病发展的作用，其原因可能是通过影响小鼠肺部氧气利用、肺部形态及肠道菌群稳定性和多样性而加重小鼠哮喘的疾病发展。高温高湿也是诱发心脑血管疾病的重要因素之一。总之，高温高湿环境可降低免疫功能。

(四) 高温或/和高湿环境下运动对免疫功能的影响

动物实验表明，在高温高湿环境下运动，大鼠肠黏膜通透性增加，肠道菌群紊乱，乳酸杆菌及双歧杆菌等有益菌比例下降，肠杆菌科等有害菌比例上升，导致内毒素血症。高温高湿环境下长期进行中、小强度的运动可增强机体免疫功能，长时间进行高强度运动会抑制机体免疫系统的功能。RH 40%和 RH 80%环境下运动后 IL-12 均显著性降低，高温环境下，无论 RH 高低，进行递增负荷大强度运动后血清 IL-12 均降低，这可能是由于血清皮质醇显著升高，对 IL-12 产生抑制作用所引起的。研究发现，在 65% VO_2max 运动后 40min，IL-12 达到最高，这是由机体核心温度升高所引起的。湿热环境下，大强度运动后 T 细胞显著高于正常环境急性运动组。但 $CD3^+CD4^+$ 和 $CD3^+CD8^+$ 两个亚群变化不显著，运动前后 $CD4^+/CD8^+$ 的比值变化不大，表明该方式的运动并未引起免疫失调。高温下运动白细胞增加，在热环境下进行第二次运动时可引起 PMNs 较大地持续增加。有研究报道，NK 细胞数量和 NK 细胞活性在热环境下运动时上升更多。

在中等强度运动时，淋巴细胞数量增加主要取决于血浆中 NE 浓度，而较大强度运动时主要取决于肾上腺素。随着运动的进行，血浆皮质醇水平升高，引起骨髓中的 PMNs 聚集，其他白细胞亚群进入血液循环。

二、高温高湿环境影响免疫功能的机理

(一) 高温高湿环境对血液中激素的影响

大鼠实验表明,高温高湿应激 HPA 轴功能紊乱。身体温度升高一般可使血浆 NE 水平升高,但身体温度升高 0.6~0.7℃时,NE 水平没有显著性变化;长时间暴露于热环境(39.6℃)中,NE 水平降低。一般来说,肾上腺素对体温升高的反应不如 NE 敏感,被动加热可导致血浆中肾上腺素浓度改变。运动引起响应温度变化的作用比预想的要小。

热应激时血清除 Arg 下降外,其余氨基酸都有不同程度升高;但热习服后,与对照相比,血清氨基酸除 Gln 显著升高、Tyr 明显降低外,其余氨基酸无显著性变化;酷热的环境可引起典型的应激反应,使儿茶酚胺和皮质醇分泌增多。被动热暴露使体温升高 0.6~0.7℃时,血浆中多巴胺的浓度没有显著性增加。温和的热暴露(体温升高 0.6~1.0℃)一般不能改变血浆皮质醇水平。高温高湿环境下血浆皮质醇浓度升高到类似运动时的水平,体温至少升高 1.2℃。体温升高引起人体内循环生长素水平持续升高。被动加热升高 0.2~0.6 ℃即可引起人体内循环生长素浓度升高。运动引起的体温升高至相同水平时,对人生长素影响较小。年龄会影响生长素升高的速度,年轻人比年龄大的人反应快。研究表明,当浸入 39.5 ℃水中 2h,血浆中 β-EP 水平升高 2 倍,这种变化与相同条件下运动引起的身体深部体温升高一致。

(二) 高温高湿环境和运动应激对激素水平的影响

一般来说,湿热应激和运动应激的双重作用要比单一应激刺激大得多。剧烈运动可导致身体深部温度升高 1~4 ℃。运动时激素反应的相关分析表明,肾上腺素、NE 和多巴胺与直肠绝对温度之间存在较弱的正相关性。在较热的环境中进行运动与在适宜的温度条件下进行运动相比,血浆 NE 的浓度有较大的升高,但肾上腺素的反应相似。在热环境中,总的白细胞反应与肾上腺素的相关系数为 $r=0.56$,与 NE 的相关系数为 $r=0.62$。体中心温度与 NE 的相关系数为 $r=0.71$,与血浆皮质醇的相关系数 $r=0.84$,与白细胞和粒细胞的相关系数为 $r=0.79$。

在适宜环境温度下运动,由于热应激导致的皮质醇水平变化的程度主要取决于运动持续时间。热环境应激下低于 45~60% VO_2max 强度的运动是皮质醇增加

的阈值。在热环境中运动，血浆皮质醇水平和白细胞数量之间呈正相关。皮质醇和体中心温度的共同作用与粒细胞的复合相关系数为 $r=0.71$。有研究指出，高温高湿环境下运动导致免疫低下与皮质醇升高有关。

三、长期高温高湿预处理对免疫功能的影响

不同的高温高湿预处理方式和运动方式对机体免疫功能的影响不同。飞行员在热应激 2h 后，$CD4^+/CD8^+$ 比值明显下降，$CD8^+$ 略微升高，发生免疫抑制效应。对 10 名体育系学生进行为期 1 个月的高温预处理，研究发现，安静时 $CD4^+$ 显著增加，$CD8^+$ 增幅比 $CD4^+$ 大，$CD4^+/CD8^+$ 比值无显著性差异，提示安静时机体仍处于免疫稳态，但 $CD8^+$ 对高温应激比 $CD4^+$ 敏感，可能有发生免疫抑制的趋势。而有报道指出，经高温预处理 24 h 之后，运动大鼠与对照组相比，耐力明显提高，运动时间显著延长。长期高温预处理后，力竭运动后即刻 $CD4^+/CD8^+$ 比值有所下降，即长期高温预处理后力竭运动后免疫抑制情况比处理前轻，说明长期高温预处理可以使机体适应类似急性运动所引起的代谢热应激，长期高温预处理对于机体有预防性的保护作用。目前对高湿预处理的研究较少。

长期在高温高湿环境下进行中小强度运动，能够提高机体免疫应答能力，增强机体免疫功能，使免疫机能节省化。但是长时间、高强度、大负荷运动则会对机体免疫系统产生抑制作用，甚至导致免疫功能失调，使机体免疫机能水平产生暂时性下降，对机体不利。当前对在高温高湿的环境中运动与免疫功能关系的研究仍不够深入，且由于热环境温度、运动方式差别而造成免疫细胞及细胞因子改变的研究结论还不完全一致，因此仍需进一步研究。

第二节　低温环境对机体免疫功能的影响

冷刺激对机体来说也是一种应激源。小鼠实验表明，在冷应激初期，脑垂体嗜碱性细胞、嫌色细胞和肾上腺皮质束状带细胞分泌过程加强，机体免疫功能有所提高；而在慢性冷应激条件下，机体免疫功能有所降低，表现为生长发育迟缓，$CD4^+/CD8^+$ 比值降低，B 细胞百分数下降；在饮水中添加维生素 C，会缓解和降低冷应激的副反应。冷适应后，动物 IgG、IgM 合成增加，体液免疫增强。

目前国内外关于低温与运动结合的研究较少，且研究结果并不一致。拉沃伊（Lavoy）等认为，低温和大强度运动是两个独立的、削弱机体免疫系统的因素，

而这两个因素叠加起来会扩大这种免疫抑制作用。免疫抑制是造成运动员疾病和难以消除疲劳的主要原因之一，运动员免疫抑制的产生将会影响其训练效果和比赛水平的发挥。冬季项目运动员和经常在寒冷环境下运动的普通人与在较温和的环境下运动的人群相比，更容易引起大程度的应激性免疫损伤。但也有研究认为，运动训练可提高机体的抗冷应激能力，维持机体免疫功能的稳定。造成研究结果不同的因素可能与运动强度有关。

一、低温、运动对免疫功能的影响

（一）冷应激和运动对 T 细胞和 NK 细胞的影响

淋巴细胞亚群及 NK 细胞数量在初冬时降低，春末时回升。据研究，冬泳前后白细胞总数变化不大，周围血中 PMNs 降低，淋巴细胞升高，冬泳后 $CD4^+/CD8^+$ 比值升高。研究发现，参加冬泳锻炼的健康中老年人末梢血的 E 花环数（T 细胞计数）比对照组多，Y 玫瑰花环数（B 细胞计数）比对照组少。急性冬泳锻炼后即刻 E 花环数和 Y 玫瑰花环数增多。也有研究报道，冬泳可使 NK 细胞活性增强。动物实验表明，NK 细胞在应激状态下受到抑制，血清中 IL-1β 水平明显下降。适宜的运动负荷可以降低冷应激后机体皮质酮的释放，使 NK 细胞数量和 IL-1β 水平明显回升，说明运动训练可提高机体抗应激能力，维持机体免疫功能稳定。

（二）低温环境下运动对抗体的影响

许多研究表明，低温环境与常温环境相比，中低等强度运动血清抗体水平不受影响，或稍有增加，而高强度运动会降低血清抗体水平。有研究表明，低温环境下低强度慢跑运动对大学生体内血清 IgG、IgA、IgM 的含量无显著影响；中等强度的慢跑运动可以提升大学生体内血清 IgG、IgA 的水平，提高大学生的免疫力；高强度运动会降低大学生体内血清 IgG、IgM 水平。同样有研究表明，以 $65\%VO_2max$ 强度运动后，IgA、IgG、IgM 水平均显著升高。以 $80\%VO_2max$ 强度运动后，IgM 水平显著降低，这说明低温环境下不同强度的运动确实对 IgM 的分泌产生不同的影响，大强度运动会导致 IgM 水平的下降。对男性大学生运动员在常温环境（19.9~22.5℃）和低温环境（7.0~8.8℃）下，以 $60\%VO_2max$ 强度进行 1h 的功率自行车运动进行研究后发现，常温及低温环境运动后 IgA 水平显著高于运动前,低温环境下运动后 IgA 水平与常温环境相比无显著性差异。让两组女性受试者分别在常温环境(24℃)和低温环境(1℃)下进行 30min 中等强度的快走运动,运动强度为 71% 的最大心率,与运动前相比,运动后低温组的 IgA 分泌速率显著上升,而常温组的 IgA 分泌速率显著下降。

研究发现,低温与 URTI 有关,低温环境可能降低了唾液 Ig 的水平,而常温或低温环境下中等强度运动对唾液 IgA 影响不大。一项关于低温环境下运动对男性大学生运动员黏膜免疫影响的研究表明,以 60% VO_2max 强度在常温环境下(19.9~22.5℃)和低温环境下(7.0~8.8℃)进行功率自行车运动后,SIgA 浓度显著升高,但运动后两组 SIgA 浓度(208.62±63.16μg/ml)无显著性差异。在 6℃ 的环境下以 80% VO_2max 强度运动 30min 对唾液 IgA 浓度没有影响。自行车运动员以 70% VO_2max 强度分别在低温(-6.5~-6.3℃)和室温(19.6~20.0℃)的环境下运动 2h,IgA 浓度无显著性变化,但与常温环境相比,低温环境下运动后唾液 IgA 的浓度降低。也有研究表明,海水冬泳会增强体液免疫。长期海水冬泳使 IgG 浓度增加、IgA 浓度降低。高强度游泳训练后,唾液中 IgA 水平降低。越野滑雪运动员竞赛期安静状态唾液 SIgA 水平低于正常控制组。此外,运动训练对于安静时唾液 SIgA 水平的影响,除与运动负荷有关外,也可能与吸入气体温度的高低、竞赛期心理、生理的联合应激等因素有关。

有研究表明,抗体对低温环境较为敏感,12℃ 的环境温度会让抗体水平显著升高,从而提高机体的免疫力,使机体更好地适应低温环境。在对冬季项目运动员和冬季项目爱好者的免疫指标进行监控时,应有别于常温环境,从而更具有针对性。

(三)低温运动对补体的影响

关于运动对补体影响的研究较少,主要集中于补体 C3、C4 和 CH50。矫玮研究发现,大运动量前后补体 C3、C4 均升高,且补体 C4 变化较 C3 明显,提示大运动量训练可激活补体。李秋平等研究发现,女生有氧健身操运动 12 周后,机体血清总补体活性增强。张河水等研究发现,2 周高强度体能训练后,男子散打运动员 CH50 活性明显降低,表明连续高强度体能训练会抑制散打运动员补体系统功能。黄祁平等对太极拳运动对女大学生血清总补体活性的影响进行了研究,结果发现,坚持运动量适中的太极拳有氧运动,能增强机体总补体活性,从而增强机体非特异性抗感染免疫,提高免疫应答水平。关于低温环境下运动对补体系统的影响相关研究则更加有限。李梦等观察到皮艇运动员进入冬训后补体 C3、

C4 呈急剧下降态势，提示运动训练对受试运动员机体免疫水平影响较大。在整个冬训进程中，C3、C4 变化趋势与训练负荷的变化趋势基本对应，即补体随着训练负荷的加大而降低，随负荷减少而有所恢复，而训练负荷的变化对 C3 的影响最为显著。也有研究认为，低温环境下中等强度和高等强度运动 20min 并不会对 C3、C4 的组分产生影响。但低温静息 20min 后与静息前相比，C4 组分显著上升，而 C3 组分无显著性差异，表明 C4 对低温环境较为敏感。低温环境下静息和中、高强度运动均会使 CH50 活性显著降低，而中等强度运动会减缓 CH50 活性的降低，延缓免疫应激的发生，而在低温环境下静息或以高强度运动会加剧免疫应激反应。

（四）低温下运动对其他体液免疫分子的影响

CRP 在机体的天然免疫过程中发挥着重要作用。CRP 也是当前预测心血管疾病危险性的最热门标志物之一。超敏 C 反应蛋白（hypersensitive C-reactive protein，hs-CRP）可检测低浓度的 CRP 及其微小变化。冷应激使得血清 CRP、hs-CRP 参数显著下降，而寒冷刺激下长期有氧训练可改善大鼠的心血管系统。

有一些文献报道了低温可以改变哺乳动物溶菌酶的活性，以提高吞噬细胞的杀伤能力。在一次冬泳后，小鼠溶菌酶的杀菌能力在 1h 达到高峰，同时白细胞水平也较高。而长期冬泳组小鼠白细胞数量变化不明显，但溶菌酶的杀菌能力明显提高，表明长期冬泳能提高血清中溶菌酶的活性。

（五）低温对 β-EP 的影响

β-EP 有免疫调节功能。机体在冷应激反应中，体内会出现一系列神经内分泌变化，HPA 轴激活促使垂体分泌大量阿片肽。运动应激可导致内啡肽的释放，其释放与运动强度呈正相关，并与运动时间有一定的依赖性。研究发现，寒冷应激组运动后和运动前血清 β-EP 的含量均高于室温组。其机制是机体为了应对运动和寒冷的双重应激，降低 HPA 轴和交感神经系统的活性，减少 GC 和儿茶酚胺的释放，从而有效地增加某些细胞因子的含量，提高机体免疫功能。此外，白细胞代谢产物也能直接刺激垂体 ACTH 和 β-EP 的释放。

（六）低温对 II 型固有淋巴结细胞的影响

II 型固有淋巴结细胞（type 2 innate lymphoid cell，ILC2）在淋巴与非淋巴组织中均有分布。ILC2 不仅可以促进机体免疫，还可以维持 EOS 和选择性激活

Mφ，促进血糖的稳定。低温环境诱导的Ⅱ型固有免疫应答促进白色脂肪棕色化，不仅需要 EOS 分泌 IL-4 对 Mφ 选择性激活，还需要 ILC2 和血小板衍生生长因子受体（platelet-derived growth factor receptor，PDGFR）α 阳性（PDGFRα$^+$）脂肪前体细胞 IL-4Rα 信号通路的参与。这一新发现说明固有免疫系统极有可能是机体在应对低温环境开启的第一道防线。

二、低温环境影响免疫功能的机理

机体在应激情况下会通过 HPA 轴和交感神经系统的作用而影响免疫功能。而神经-内分泌-免疫网络是整体性地维护机体稳态的重要物质体系，机体受到应激时，促使垂体分泌大量阿片肽。有研究发现，冷刺激会引起大鼠较强心理应激反应，并极强地抑制了大鼠的免疫功能。冷应激使大鼠 IL-2 水平降低、β-EP 水平升高，游泳锻炼可使应激后 β-EP 水平显著下降，这说明运动和应激都通过 β-EP 这一通道对免疫功能进行影响。因此，运动训练通过减轻应激反应，从而有效地增加了某些细胞因子如 IL-1 和 IL-2 的含量，提高了机体免疫功能。长期中小强度的运动训练对 GC 和 ACTH 等指标产生良好的适应性变化。适度的运动训练可使 ACTH 的分泌减少，改善个体心理免疫效应。

第三节 低氧环境对机体免疫功能的影响

研究表明，低氧降低机体免疫功能。近年来，越来越多的报道指出，在低氧训练过程中，受试者患病风险增加，同时免疫力下降。短道速滑运动员在进行 4 周间歇性低氧训练后对疾病的抵抗力下降，赛艇运动员在进行 3 周的高住高练低练（living high-training high-training low，HiHiLo）的第 1 周即出现免疫抑制的现象。有研究发现，与单纯的低氧环境或单纯的运动训练相比，在低氧条件下训练会对免疫功能造成更加严重的损伤，其中低氧为最主要的影响因素。此外，低氧对于机体免疫细胞的影响，还存在年龄和性别方面的差异。

一、低氧环境对免疫功能的影响

（一）低氧环境对红细胞免疫功能的影响

高原具有低氧、低气压和高辐射等特点。有研究发现，高原环境严重影响红细胞的免疫功能，海拔越高，红细胞免疫功能越低。高原地区正常人红细胞免疫功能低于同年龄段的平原人群，高原地区老年人 RBC-C3bRR 显著低于中青年人。不同移居时间的成年人（移居高原 10~40 年不等），移居时间越长，RBC-C3bRR 越低，提示不同年龄段的高原地区人群的红细胞免疫功能与年龄和移居时间成反比。研究发现，初入高原第 2 天，RBC-C3bRR 急剧下降，第 30 天红细胞免疫功能已恢复至世居高原人水平，但仍低于平原水平，即世居高原者和急进高原者的红细胞免疫功能均显著低于平原水平。但也有高原居民与平原居民具有相同红细胞免疫功能的报道。

高原环境强辐射导致机体产生大量难以清除的自由基，血液中 IC 增加，低氧刺激造成红细胞代偿增加，形态改变，血液黏稠、血流减慢，血液中 IC 堆积。红细胞膜上含有血液中 95% 的 C3b 受体，由于受低氧和血液流变学应切力的影响，红细胞膜 C3b 空位减少，受体活性降低，黏附功能下降，C3b 受体的数量与功能下降也导致红细胞黏附功能下降。与平原人比较，高原居民 RBC-C3bRR 明显降低，RBC-ICR 显著升高，海拔越高越显著。进驻高原，机体在快速低氧环境的刺激下，红细胞免疫黏附功能先有降低趋势，而后回升，最后逐渐与移居者和世居者接近，此时机体已适应高原低氧环境。综上所述，红细胞免疫黏附功能可作为判定高原反应程度的一个实验指标。

已有医学研究表明低氧环境下红细胞天然免疫功能下降，而高压氧治疗可以显著改善红细胞免疫功能。衰变加速因子即 CD55，可以抑制 C4b2b 形成，并促进其分解，还可以促进 C3bBb 解离。人工模拟常压低氧环境后发现红细胞表面 CD55 与低氧暴露时间呈正相关。此外，人工模拟低氧环境也会对红细胞免疫功能产生一定的影响。

（二）低氧环境对白细胞功能的影响

单纯的低氧刺激可以增加白细胞数量，低氧与中低强度训练结合对白细胞影响不大，而低氧与高强度训练结合可导致白细胞总数降低。

1. 低氧环境对中性粒细胞的影响

进驻高原后，低氧环境下 PMNs 对血管内皮黏附增加，渗出增多。低氧或复氧引起的炎症反应与 PMNs 对血管内皮黏附增加有关。据研究，PMNs 对血管内皮的黏附程度与低氧程度呈正相关。

低氧环境还可以影响PMNs的吞噬功能。即使低氧时间很短,全血PMNs吞噬功能也会增加,并随着表面受体CD16和CD35等表达增加。再给氧会使PMNs的吞噬功能下降到基线水平,CD16的表达下降,这是由于调理素受体自氧化造成的。但也有报道称,急性低氧后,黏附分子表达上调,但无显著性差异,PMNs凋亡延迟,细胞因子TNF-α、IL-1、IL-6和IL-8没有明显改变,PMNs的细胞毒性作用增强,促进炎性反应,而低氧或复氧却使PMNs的吞噬功能下降。

2. 低氧环境对单核-巨噬细胞功能的影响

据研究,低氧环境会抑制单核-巨噬细胞的迁移,而且这种抑制效果是迅速的、可逆的、无特异性的。造成迁移抑制的具体机制目前尚不清晰。特纳(Turner)等推测这种迁移抑制是由低氧呼吸时细胞内代谢改变、ATP储存耗竭而引起的。而格里姆肖(Grimshaw)等却发现,线粒体和电子传递链抑制剂不影响Mφ的化学趋化性,但在低氧环境下Mφ使丝裂原活化蛋白激酶(mitogen-activated protein kinase,MAPK)去磷酸化;另外,在低氧时内皮素的活性会受到抑制,进而影响Mφ的趋化性。

低氧环境使单核-巨噬细胞的抗原呈递能力下降。据研究,低氧环境下,动物的腹膜Mφ释放TNF-α和PGE2增加。推测TNF-α和PGE2的分泌增加可抑制Mφ表面MHC Ⅱ类抗原的表达,最终导致Mφ抗原呈递能力的下降;另外,低氧环境使细胞内ATP水平下降,分解加工抗原的能力下降,进而使抗原呈递能力下降。

低氧缺血后Mφ激活,炎症细胞因子IL-1、IL-6和TNF-α表达增加,参与机体急慢性低氧的应激过程,诱导体内免疫细胞因子网络系统处于激活状态。线粒体产生氧自由基在低氧诱导的炎症因子增加中起着一定的作用。

3. 低氧环境对机体淋巴细胞功能的影响

低氧环境会抑制机体细胞免疫。低氧环境使淋巴细胞的DNA损伤增加,细胞增殖反应下降,细胞周期延迟。有研究发现,高原低氧可引起IL-2水平降低,可溶性IL-2受体升高,不利于T细胞的分化增殖,会导致免疫功能紊乱。在高原(海拔3700 m)居住半年后,机体通过自我调节,虽对高原低氧环境有所适应,IL-2受体下降,但IL-2活性水平仍难以达到平原水平。此外,有研究发现,高原环境也有降低NK细胞活性的作用。对飞行员进藏前后NK细胞活性进行观察后发现,高原环境有降低NK细胞活性的作用。

低氧环境也会影响 B 细胞的功能，从而影响体液免疫。高原低氧对体液免疫的影响与海拔高度有关。对海平面、中海拔（海拔 2260 m）、高海拔（海拔 3800 m）的儿童、青少年及成年人血清 IgG、IgA、IgM 含量进行比较后发现，中海拔可使 IgG、IgA 升高，而高海拔可使 IgG、IgA 下降，IgM 显著升高。IgG 与高原反应程度呈规律性变化，高原反应程度越重，血中 IgG 含量越高。高海拔人群 IgM 升高，可能与高原气候寒冷，反复患 URTI 有关。从平原进驻高原，体液免疫功能失调，进驻海拔越高，Ig 增加越明显，随居住时间的延长而有所恢复。但也有进入高原 50 天后 IgA 的含量比进入高原 48h 显著增加的报道。此外，还有体液免疫指标 IgG、IgA 和 IgM 水平无明显改变的报道。有研究发现，间断性应激可引起免疫适应，提高机体免疫功能。

人体急进高原后，首先出现细胞免疫抑制和 IgG 的应激性变化，随着对高原环境的逐渐适应，细胞免疫功能逐渐得到恢复。

（三）低氧环境对其他免疫分子的影响

高原低氧环境下 TNF-α 和 IL-6 水平均明显高于平原水平，且随海拔的升高而增高，随居住时间的延长而降低。有研究者认为，TNF-α 和 IL-6 参与了机体急慢性低氧的应激过程，诱导体内免疫细胞因子网络系统处于激活状态。

有研究发现，低氧环境可造成微血管内皮细胞损伤、通透性升高，引起血管内皮细胞黏附分子的表达增强，促进循环白细胞与内皮细胞间的黏附和越血管迁移及向组织浸润。进驻高原者血清 ICAM-1 的表达随海拔高度的升高而增高，随居留时间的延长而明显降低，但仍高于基线水平。高原移居汉族青年与高原世居藏族青年相比，血清细胞间 ICAM-1 的表达显著增强。高原世居藏族对低氧环境的适应能力增强，微血管内皮细胞损伤和通透性降低，使 ICAM-1 处于低表达状态。这是世居藏族长期对高原自然习服的结果。高原运输驾驶员进入高原后，C3、C4 和 CRP 水平显著增高。有研究认为，高原低氧环境可激活补体，造成免疫损伤，重复急性低氧应激停止后，免疫反应得到恢复。急性暴露于人工模拟 3000m 海拔高度的低氧环境后，机体 C3 含量有升高的趋势。模拟 3000m 海拔高住低练 4 周，机体血清 C4 含量仅在前 2 周有升高的趋势，而 C3 含量却持续性升高。急速进入海拔 3600m 地区第 2 天，CRP 含量显著高于平原水平（$P<0.001$）。CRP 含量升高幅度大、持续时间短，进入高原后第 15 天已降至平原水平。

二、低氧环境对机体免疫影响的机制

低氧环境对机体的免疫影响是多种机制相互作用的结果。

(一) 反式尿刊酸转变成顺式尿刊酸对免疫的影响

尿刊酸在紫外线照射下,由反式构型转变为顺式构型,顺式尿刊酸作用于免疫活性细胞,如 APC,使之功能下降。此外,顺式尿刊酸可以诱导产生抗原特异的 TS,从而导致免疫抑制。在高原环境中,由于强辐射,顺式尿刊酸生产增多。当蛋白性营养不良时,会加重免疫抑制,而这种抑制主要是细胞免疫抑制。如用 L-组氨酸饲养的老鼠皮肤内发现大量的反式尿刊酸,在紫外线刺激下可诱导免疫抑制。

(二) 低氧应激对免疫的影响

低氧应激条件下自主神经(下丘脑-垂体-肾上腺皮质系统)对免疫功能的调节,导致 GC 分泌增加。如大鼠急性低氧暴露,血液中 ACTH 水平升高。急性低氧可激活交感神经系统使儿茶酚胺释放增多而导致免疫抑制。还有研究发现,体外乙酰胆碱可促进淋巴细胞转化,低氧可使血中乙酰胆碱降低,因而推测低氧降低免疫功能与副交感神经抑制也有一定关系。提示自主神经系统参与低氧环境下的免疫调节,交感神经系统起免疫抑制作用,副交感神经起免疫增强作用。中枢交感神经系统对体液免疫具有紧张抑制作用。

β-EP 在体内起着神经介质和调节物质的作用。在急性低氧应激情况下,脑内 β-EP 含量升高。动物实验表明,正常大鼠脑室注射 β-EP,可明显抑制抗体的产生;大鼠脑室注射阿片受体阻断剂可阻断低氧造成的体液免疫抑制作用。脑室注射 β-EP 后,脾脏儿茶酚胺水平增高,可见阿片类物质在急性低氧应激过程中参与了对大鼠体液免疫功能的调节作用。β-EP 在急性低氧过程中通过神经内分泌方式参与免疫功能的调节,并可能通过交感神经系统起免疫抑制作用。

已知 ACTH 是介导急性低氧抑制淋巴细胞转化的一种因子,GC 抑制 Mφ 对抗原的吞噬和处理,参与免疫抑制的形成。机体存在淋巴-肾上腺轴,T 细胞和 B 细胞低氧后可促进 ACTH 分泌增加,通过旁分泌(T 细胞)和自分泌(B 细胞)作用于 B 细胞,使之分泌肾上腺皮质激素,从而抑制免疫功能。

(三) 性激素对免疫的影响

据报道，低氧对免疫功能的影响存在性别差异。低氧使雄鼠 IL-10 水平增加，IFN-γ 水平下降，脾淋巴细胞扩增下降，引起明显的免疫抑制，而雌鼠无特殊变化；在低氧条件下（5%O_2，60min）注射雌二醇的鼠的细胞免疫功能得到提高，提示雄激素对免疫功能有一定的抑制作用，而雌激素能提高细胞免疫功能。

(四) 年龄对免疫的影响

低氧对不同年龄动物免疫功能的影响也不相同。特鲁比亚尼（Trubiani）等把年长和年幼的大白鼠置于慢性低氧环境中 12 天后，发现胸腺组织细胞会发生明显变化。年幼的大白鼠会下调 NF-κB 表达，而年老的大白鼠却上调 NF-κB 表达。

综上所述，高原环境引起免疫细胞功能变化的结果是免疫抑制，从而导致机体的易感性增加。当处于高原环境时，应尽量减少不利环境（阳光直射、潮湿、低温及空气污染）的影响，并及时补充水分、碳水化合物、蛋白质及微量营养物，以增加机体的抵抗力，减少感染机会。

三、低氧训练对免疫功能的影响

模拟低氧训练是提高运动员运动成绩的一种有效途径，模拟低氧训练已受到体育科学界的关注并取得令人瞩目的发展。但高原低氧运动可导致免疫抑制，增加感染的易感性，故低氧训练前要充分考虑海拔高度、训练的强度和方式等因素，才能有效地降低免疫抑制。国内外大量研究显示，在海拔 2500 m 左右进行 4 周的高原训练，可增强机体的免疫功能，提高机体运动能力。传统高原训练方法在不断改进，各种低氧训练方法究竟会对免疫系统产生何种影响，尚需更多的研究予以阐明。

一般健身下的低氧是一种间歇性低氧，刺激强度一般不太高。根据个体反应情况制定科学适宜的刺激量和时间，必会提高健身者的免疫功能。

(一) 低氧训练对免疫功能的影响

1. 低氧训练对白细胞免疫的影响

张缨等发现，16 名足球运动员高原急性暴露后白细胞总数增加，这是机体的一种应激反应;随着高住(living high-training low,HiLo)训练时间的延长,白细胞总数转而下降,对机体免疫功能产生不利影响。高炳宏等的研究表明,低住高训组白细胞数量表现为逐渐下降,在训练后两周基本上恢复至训练前;HiLo和HiHiLo组白细胞数量呈现先上升,后下降,再上升的趋势,该研究认为,低氧时间越长,对白细胞的影响越小,且低氧睡眠也会引起白细胞数量的升高,但整个实验期间白细胞一直在正常范围内波动,在整个训练过程中各组间均无显著性差异。低氧训练时,机体在缺氧环境下运动会对免疫功能产生更为明显的影响。因此,密切关注免疫细胞的变化非常重要。

据研究,适度的运动可使外周吞噬细胞的功能增强,适度的运动结合低氧同样使机体的免疫功能增强,但在高温低氧下运动,吞噬细胞的吞噬能力降低。不经常运动的健康受试者分别在常氧(氧浓度20.9%)和低氧(氧浓度14%)下进行递增负荷至力竭的功率自行车运动,两次运动间歇7天。分别在安静时、运动后即刻和运动后60min采用流式细胞仪测定白细胞亚群。研究表明,低氧条件下运动,运动后即刻粒细胞增加不如在常氧条件下运动增加的明显,血NK细胞数目运动后即刻同常氧下运动一样显著增加,但运动后60min血NK细胞数目和细胞毒性迅速下降至低于安静时水平,并低于常氧下运动后60min的数值,说明低氧下运动对免疫有一定的影响。轻微运动和适度的环境刺激,如高原环境(低氧)可使免疫功能增强,但力竭的运动和严重的环境压力可使免疫功能抑制。在运动和环境变化(低氧)的共同作用下,机体将很容易产生免疫抑制。模拟低氧环境进行游泳训练对机体免疫功能的影响比海拔高度的影响要小。亚高原训练则显著影响高水平短道速滑运动员的细胞免疫功能。进行亚高原训练和高原训练,对于监测运动员免疫功能的变化是十分重要的。

2. 低氧训练对T细胞、NK细胞和NKT细胞免疫的影响

研究表明,高原训练使机体的免疫功能有下降趋势。常规的平原训练对高水平运动员的细胞免疫功能影响不大,而在高原训练(海拔1568m,3周)第1周、第3周后,$CD3^+$、$CD4^+$、$CD8^+$T细胞及$CD4^+/CD8^+$比值呈下降趋势,且$CD3^+$第3周时显著下降。模拟低住高训(海拔2500m)的自行车运动员,$CD4^+$T细胞比$CD8^+$T细胞更敏感,$CD4^+$T细胞在低住高训后2周出现显著下降,$CD4^+/CD8^+$比值也显著下降。女子赛艇运动员低氧训练早期淋巴细胞与低氧训练前无显著性差异;后期NK细胞出现下降,HiHiLo组下降幅度更大;而低氧训练第5

周 $CD4^+$、$CD3^+$ 均呈上升趋势，但低住高训组上升更明显，提示 HiHiLo 组比低住高训组免疫抑制现象更为明显。莫勒（Moller）等观察了 12 名受试者在常氧条件及高原环境（海拔 4559m）下 3 天做最大限度的踏车试验后发现，高原组运动后第 1 天即出现淋巴细胞的氧化 DNA 损害，而平原组无此现象。高原训练使 T 细胞转化增殖能力改变，表现为先升高后降低，但与平原相比 T 细胞数量显著下降。据报道，男子手球运动员进行 HiLo 训练，在第 9 天 T 细胞增殖的程度显著高于实验前，第 16 天达到高峰，第 21 天低于实验前水平。常芸等报道，运动员高原训练第 1 周与平原相比，T 细胞数量显著下降。

一般运动强度越大，外周血 NK 细胞数量与功能的下降越明显。低压氧舱暴露 20min 后，NK 细胞明显增加。低氧条件下运动血 NK 细胞数目运动后即刻同常氧下运动一样显著增加，但运动后 60min 血 NK 细胞数目和细胞毒性迅速下降至低于安静时水平，并低于常氧下运动后 60min 的数值。据研究，NKT 细胞对 HiHiLo 与低住高训产生一致的显著变化，在训练至第 4、5 周，NKT 细胞出现显著性下降，低氧训练结束后 2 周呈现完全恢复。但 HiHiLo 组比低住高训组下降幅度更大。

也有研究表明，运动引起 $CD3^+$、$CD4^+$、$CD8^+$、$CD14^+$ 和 $CD19^+$ 淋巴细胞浓度升高，在低氧情况下升高更显著。$CD16^+$、$CD56^+$ 的 NK 细胞浓度在常氧下运动增加了 2 倍，在低氧下运动增加了 5 倍。

3. 低氧训练对 Ig 的影响

高原训练对 Ig 的影响与海拔高度和持续时间有关。蒂奥利耶（Tiollier）等研究发现，越野滑雪运动员在 3 周 HiLo 过程中，随着海拔高度的增加，SIgA 持续下降（$P<0.05$），且在 HiLo 结束后的 2 周都未恢复至训练前水平。4 周在海拔 2500m 阶段 HiLo 组与平原组相比，SIgA 有下降趋势，3000m、3500m 阶段 HiLo 组 SIgA 明显下降。邓静测量了 12 名女子曲棍球运动员在高原（海拔 1500m）期间 IgG、IgA、IgM 浓度的变化，发现其在第 6 周末下降。而张勇对模拟低住高练（海拔 2500m）自行车运动员的免疫功能进行研究后，发现训练后 2 周与训练前相比，除 IgM 没有显著升高外，IgA 和 IgG 均明显高于训练前水平。魏宏文等则报道，HiLo 能显著提高 SIgA 水平。造成上述研究结果不同的原因可能是海拔超过 3000m 以上，严重缺氧（氧含量低于 14.2%）时导致运动性免疫抑制。

有研究表明，高原低氧环境复合健身运动对中年人 IgG、IgA、IgM 无较大影响，高原低氧环境下 Ig 指标的变化可能与训练的负荷强度有关。

运动员进行 4 周模拟海拔 3000m HiLo 后发现，机体的补体 C3、C4 水平增加。

4. 低氧训练对红细胞免疫的影响

张缨等研究发现，足球专项大学生在 HiLo 10h 后，机体 RBC-C3bRR、RBC-ICR 显著升高，并随着免疫抑制因子活性升高、免疫促进因子活性降低的趋势。揭示急性低氧暴露后，红细胞免疫功能处于亢进或者紊乱的状态。随着 HiLo 持续时间的增长，在 4 周训练结束后，周帆扬等发现，RBC-C3bRR 显著下降（$P<0.01$），RBC-ICR 显著升高（$P<0.01$），揭示长时间的 HiLo 导致红细胞免疫功能继发性降低。赵永才等通过游泳运动员进行 2 周 HiLo（2800m）后研究发现，RBC-C3bRR 显著降低，揭示 2 周 HiLo 可以抑制红细胞免疫黏附功能。罗琳等通过 4 周 HiHiLo 过程中足球运动员红细胞 CD35 数量及活性研究发现，CD35 数量呈下降趋势。研究认为，低氧环境导致机体促红细胞生成素（EPO）增多，红细胞数量增多，导致红细胞 CD35 数量增加。HiLo 过程中足球运动员红细胞表面 CD59 表达水平先下降后升高，但也有研究发现，2 周 HiLo 过程中游泳运动员 CD59 呈现先上升后下降的趋势，且 CD55 与 CD59 变化一致，但是 CD59 上升快下降也快。造成上述研究结果不同的原因可能与取材次数时间及项目不同有关。在对赛艇运动员进行 3 周 HiLo 过程中发现，红细胞表面 CD55 与 CD59 呈现相似的变化趋势，均为先上升后下降，恢复期内再次升高且高于训练前水平。

李玉周等利用低氧舱模拟海拔 4000m 高原低氧环境观察 SD 大鼠经过 4 周不同低氧训练模式后红细胞免疫功能的变化，发现高住对照组与低住对照组相比，红细胞免疫抑制显著提高，RBC-ICR 显著性升高（$P<0.01$）。研究者认为，单纯低氧因素对红细胞免疫抑制因子活性的影响最大，并总结 4 周低氧训练后红细胞免疫功能由强到弱大致规律为：低住对照组>高住低练组>高住对照组>高住高练组。

低氧训练受到低氧和运动的双重刺激。在低氧训练的初期，机体受到低氧环境的影响，EPO 代偿性提高，红细胞免疫功能增强，EPO 在调节红细胞免疫上起到重要的作用，它不仅可以促进红细胞分化，增加红细胞计数，还可以抑制

RBC-ICR 的表达，促进 RBC-C3bRR 的形成，增加 SOD 的表达，稳定红细胞膜，从而使红细胞膜上的受体（CD35 等）免疫黏附功能增强。之后随着低氧训练时间的增加，训练负荷对机体的刺激加重，红细胞免疫功能开始下降。大强度的运动训练导致红细胞免疫功能下降。

（二）低氧下运动免疫功能变化的机制探讨

据研究，低氧下运动免疫功能变化的机制可能与儿茶酚胺水平和运动强度有关，与感觉神经无关。低氧运动和感觉神经阻断实验表明：无论常氧下运动还是低氧下运动，免疫活性细胞的反应均不受感觉神经阻断的影响。在低氧下进行短时间中等强度运动，交感神经 α 受体参与了对 IL-6 的调节。有研究还表明，在低氧下运动血浆 IL-6 浓度的变化主要依赖于运动强度（相对负荷），而不是儿茶酚胺水平。

此外，高原训练可使血浆 Gln 浓度改变；在运动应激状态下免疫系统对 Gln 的利用率很高；Gln 水平影响淋巴细胞和 Mφ 的吞噬作用、抗体合成和 IL-2 的生产等，对维持免疫功能正常十分重要。但不同的模拟高原训练方法对 Gln 可产生不同的影响。

▶ 思考题：

1. 试述高温环境、低温环境及低氧环境对免疫功能的影响。
2. 查阅文献，试述特殊环境下运动对免疫功能影响的最新研究进展。

CHAPTER 7 第七章
运动对老年人和未成年人免疫功能的影响

> **内容提要：**

通过学习本章内容，重点掌握以下知识：
1. 老年人免疫功能特点。
2. 运动对老年人免疫功能的影响。
3. 幼儿免疫功能特点。
4. 运动对未成年人免疫功能的影响。

老年人的免疫系统退化，未成年人特别是14岁前的未成年人（如婴幼儿及学龄前儿童）的免疫系统还处在发育过程中，这使得他们的免疫系统功能低下或不完善。运动对老年人和未成年人免疫系统的影响与对健康成年人免疫系统的影响不同。

第一节 运动对老年人免疫功能的影响

衰老可引起免疫系统功能紊乱。运动不仅可以预防由年老而引发的心血管和新陈代谢疾病，还可以对免疫功能产生深远的影响。

一、老年人免疫功能特点

（一）衰老时T细胞变化

衰老时，T细胞的数量、增殖能力和功能下降。衰老导致胸腺萎缩，引起绝大多数淋巴细胞数量降低。淋巴细胞总数在60岁后显著下降。相比于青年人，60岁以上的老年人体内循环的T细胞数量仅为青年人的70%。与此同时，防御新抗原的初始T细胞产量下降，记忆T细胞和初始T细胞的比值增加，导致老年人的免疫功能下降。同时，T细胞的免疫衰老，使其分泌细胞因子能力出现紊乱，比如IL-2、IL-3等细胞因子的分泌随年龄增长明显且持续下降，特异性抗体生成也减少。而某些炎症性细胞因子如 IL-6、IL-1、TNF-2 的水平反而升高，最终影响 T 细胞亚群的分化，出现炎症老化。老年人受植物凝集素（phytohemagglutin，PHA）刺激后，T 细胞增殖能力显著下降。效应 T 细胞表面协同刺激分子表达的改变，如 CD28 表达减少，T 细胞功能受损。

（二）衰老时 B 细胞和抗体变化

衰老时，B 细胞的数量、增殖力下降，自身反应性 B 细胞增多。B 细胞绝对数量显著减少。增龄性 B 细胞发育障碍。祖 B 细胞数量减少，骨髓基质细胞分泌的 IL-7（调节祖 B 细胞向前 B 细胞分化）水平下降，祖 B 细胞对其反应性下降。外周 B 细胞数量变化不大，且外周长寿及记忆性 B 细胞增多。B 细胞亚群多样性减少，衰老个体中 $CD5^+B1$ 细胞增多。外周 B 细胞自身反应性增强。一般来讲，血清 Ig 含量随年龄增长而增加，对病原微生物的抗体亲和力降低，自身反应性抗体增加。老年人血清 IgA 和 IgG 含量有增高倾向，其中 IgG 亚群 IgG1 和 IgG3 表现最为明显。而 IgM 含量有降低倾向。IgE 含量从 10~30 岁逐渐下降，30 岁以后维持在一定水平，60 岁以后随年龄增长而减少。此外，人体 B 细胞的体细胞突变数量增加，无法发挥正常功能。

（三）衰老时 NK 细胞变化

衰老时，NK 细胞增殖能力下降，NK 细胞的表型改变。随着年龄增长，CD56bright 与 CD56dim 比值下降。CD57 表达上升，CD57 NK 细胞与 CD8 T 细胞比值增加。由于 CD57 NK 细胞复制潜能较低，能分泌大量 IFN-α，细胞溶解酶活性较强。研究发现，具有不同有氧能力的老年女性，血液中的 NK 细胞在数量上没有较大的差别，但是却有着不同的溶解细胞的能力，有氧能力高者的 NK 细胞表现出更强的杀伤能力。也有研究表明，衰老时 NK 细胞数量上升、功能减退。衰老同时会导致功能异常的 NK 细胞的积累。这导致老年人群对疾病刺激呈现低反应性。这可能是老年人更容易患上疾病、受到感染，以及疫苗效力下降等的原因。

（四）衰老对红细胞的影响

衰老可降低红细胞免疫黏附作用。同一个人血循环中年轻的红细胞 CR1 活性比衰老的红细胞 CR1 活性强。随着年龄增加，人们体内红细胞 CR1 活性明显减弱。研究发现,老年人红细胞免疫黏附肿瘤能力明显低于年轻人,60岁以上老年人体内免疫抑制因子活性高于青年人,而免疫促进因子活性则低于青年人。

(五) 衰老对细胞因子的影响

衰老时体内细胞因子也发生变化。研究证实,60岁以上老年人 IL-2 产生、IL-2R 表达及淋巴细胞增殖能力下降。此外,衰老时 IL-3、GM-CSF 等细胞因子产生能力和淋巴细胞诱导趋化等淋巴因子随年龄增长而减少。但促 B 细胞分化因子(B cell differentiation factor,BCDF)的产生随年龄增长而增加。老年人血清 C3、CH50 含量显著高于青壮年。随着年龄的增加,IL 活性和相应的效应会有所下降。

(六) 衰老对免疫功能影响的性别差异

衰老对免疫功能的影响与性别有关。对相同年龄段的男性与女性进行比较后发现,女性在 60 岁前除 $CD4^+$ 明显升高外,其余数值均无显著性差异;60~69 岁组男性与同年龄段女性相比,女性 $CD4^+$、$CD4^+/CD8^+$ 比值均较高,具有明显差异;在 70 岁组,女性 $CD4^+$ 比男性的高,其余数值无明显差异。一项关于冠状病毒的研究表明,老年男性与老年女性相比,患病和死亡的风险更高,女性患者 T 细胞活化能力明显强于男性患者。对 70 岁以上的健康老年人中性别对于 NK 细胞组成的影响分析表明,女性未成熟 CD56 bright NK 细胞与成熟 CD56 dim NK 细胞的比例比男性高,杀伤作用更强。NK 细胞活性的高低与健康长寿有密切的关系。在百岁老人中,高活性 NK 细胞的数量增加。据《自然·衰老》杂志报道,随着年龄的增长,女性的 PMNs 变得更加活跃,而男性的 PMNs "老化"得更快。

(七) 衰老对免疫功能的影响

免疫系统的衰退主要是由于生物因素,如遗传和环境因素的相互作用(暴露于感染源,包括巨细胞病毒等)造成的代谢改变造成的。免疫细胞氧化应激水平升高是衰老时免疫功能低下的原因之一。老年人的白细胞中氧化损伤的分子不断积累,白细胞的死亡率升高。相比于年轻人,老年人的 PMNs 和淋巴细胞等免疫细胞中 ROS 水平明显升高,且 SOD 活性下降,细胞更易发生凋亡。肌骨系统和免疫系统联系密切。肌骨系统机能的好坏影响和制约着免疫系统的功能。另外,久坐的生活方式也是造成老年人免疫功能低下的一个重要的原因。不良的生活习惯、生活环境的恶化、运动的相对缺乏,以及较大的心理压力均会造成老年人免疫系统功能低下。

二、运动对老年人免疫功能的影响

长期的、适宜强度的运动会改善老年人免疫系统功能，延缓和减弱随年龄的增加导致的免疫功能下降，并且对多种慢性疾病也有预防作用，是老年人对抗因增龄而出现的免疫系统机能下降的重要手段。急性高强度运动会损伤老年人的免疫系统，进行依从性的、缓慢提升的运动可作为保护老年人免疫系统的一种重要手段。

(一) 剧烈运动对老年人免疫功能的影响

研究发现，脚踏车运动会导致久坐的老年人和青年人白细胞增殖，老年人比青年人持续时间更久。其中老年人的 PMNs、单核细胞和淋巴细胞增加数目少于青年人。老年人和青年人进行最大自行车训练测试时 T 淋巴细胞募集的数目相似，但以 50% 最大工作能力进行 20min 的自行车运动时，老年人的白细胞总数会增加 15%，青年人会增加 33%，但两者 $CD4^+$、$CD8^+T$ 细胞增加数目相似，表明老年人剧烈运动后虽仍然维持着募集 T 细胞的能力，但是 PMNs 和单核细胞的功能却衰退了。适度训练后青年人的 T 细胞数目会显著增加，但是老年人的 T 细胞数目却没有显著变化。在老年人适度和最大强度的剧烈训练的应答中，淋巴细胞增殖反应出现衰减。老年人进行 20min 的急性运动，发现运动后 $CD4^+$、$CD8^+T$ 细胞增加。一次短时间大强度运动后研究发现，有氧运动组的 $CD8^+T$ 细胞水平，气功训练组的 $CD3^+$、$CD8^+T$ 细胞水平均显著高于实验前水平，且有氧运动组的 $CD8^+T$ 细胞水平显著高于气功训练组及对照组，$CD4^+/CD8^+$ 比值显著降低。

运动可以增加老年人血液循环中 PMNs 数量。研究表明，在 75%HRmax 的强度下运动 15min，可以增加老年人（61~72 岁）的 PMNs 数量。让受试者（61~72 岁）做离心运动，使其在 45 min 内达到 78%HRmax，结果显示，受试者循环 PMNs 数量增加。

(二) 长期适宜运动可改善老年人的免疫功能

对老年人的研究发现，适宜运动能延缓衰老，增强免疫功能。长期规律性的适宜强度运动可以提高老年人机体的免疫功能。现有研究表明，慢性运动是一种安全的干预模式，可以预防免疫衰老、慢性低度炎症，提高流感疫苗在老年人群中的有效性；长期规律的运动对多种慢性病有改善作用，可抑制系统性炎症的发生。有学者指出，有规律的中等强度运动可增加老年人免疫系统中免疫细胞的数量，提升免疫功能。经常进行传统体育项目锻炼的老年人，免疫系统的各个指标均明显高于缺乏锻炼的老年人。短期的适度运动并不会使久坐老年人的免疫功能恢复到健康人群水平。在同年龄段的人群中，经常运动的人与缺少运动的人相比，具有明显较高的白细胞吞噬能力。不同运动方式对老年人免疫功能的影响并不相同。

1. 运动对老年人 T 细胞及其亚群的影响

规律而强度适宜的有氧运动会使衰老、丧失功能的 T 细胞被年轻 T 细胞所取代。中等强度的运动效果更加显著。有跑步习惯的老年人培养外周血单个核细胞经脂多糖（lipopolysaccharides，LPS）刺激后 T 细胞增殖能力增强。研究发现，久坐的和运动的老年男性的淋巴细胞数目并无差别，但运动的老年男性的 T 细胞对 PHA 的应答增加了，这可能与其 IL-2、IFN-γ 和 IL-4 的产生增加有关。此外，交感神经对脾脏的支配作用因衰老而减弱，脾内 NE 含量降低，这直接与 T 细胞免疫功能增龄性减弱有关。耐力训练可以显著改变老年人体内 NE 的含量及脾的重量，从而改善免疫功能。

运动可使机体内 CD 细胞群的数量增加，使 $CD4^+$、$CD8^+T$ 细胞保持适当的数量，促成两者之间相对平衡。研究发现，规律的运动与老年人 IL-2 表达增高有关；4 年健身走使老年妇女 $CD8^+T$ 细胞表达 IL-2 表达显著增加；女运动员（40 岁以上）$CD8^+T$ 细胞丝裂原刺激诱导表达的 IL-2 增至同龄非运动员的 2 倍，且运动训练类型对 $CD4^+T$ 细胞 IL-2 的表达量没有影响。

2. 运动对老年人 NK 细胞的影响

NK 细胞会因运动形式的不同而出现不同的表现。每天练习太极拳的老年女性（55~65 岁）血液中 NK 细胞的含量增加；一次性太极拳练习，可明显提高血液中 NK 细胞的含量，表明太极拳运动可以提高机体的免疫功能。在安静状态下，有锻炼习惯的女性（65~84 岁）的 NK 细胞的活性高于同年龄段缺乏锻炼的女性。平均年龄在 65 岁以上的老年人进行每周 3 次、为期 6 个月的有氧运动干预后，发现与只做柔韧性和伸展性练习的对照组相比，实验组 NK 细胞的体外抗 K562 肿瘤细胞株的细胞毒活性增强。而对年龄在 50~70 岁的绝经后女性进行每周 5 次，为期 12 个月，每次 45min 的运动干预后发现，这些女性的 NK 细胞毒性并没有发生改变。研究显示，步行耐力训练更能维持老年人 NK 细胞机能水平，改善免疫细胞机能季节性下降。也有研究表明，低抗阻运动训练可增加 67~84 岁女性的力量，但对淋巴细胞的数目和 ConA 刺激增殖能力，以及 NK 细胞活性无影响。12 周运动训练（步行和健美操训练）对久坐女性的 NK 细胞活性和 PHA 刺激的淋巴细胞增殖并无差异，但相比于健美操组，步行组 URTI 的发生率更低。此外，运动也可以促进 NKT 细胞分化，增强老年人对感染性疾病的抵抗能力。

3. 运动对老年人单核细胞和 PMNs 的影响

运动可以上调老年人单核细胞的免疫功能。很少有研究能证实久坐和运动的老年人之间 PMNs 机能的差别。但也有研究认为，有规律的运动可以增加老年人 PMNs 的数量和活性，降低 PMNs 和血小板的黏附作用。随着年龄的增长，长期运动者的 PMNs 活性仍保持在正常水平。

4. 运动对老年人抗体水平的影响

长期坚持适中的运动能够增强老年人的体液免疫应答。至于血清中各抗体水平，目前研究存在分歧。有研究显示，6 个月太极拳训练，提高了血清中 IgG、IgM、IgA 水平。也有研究表明，有氧耐力运动后 IgG、IgM、IgA 显著降低。众多研究表明，健身走运动或中等强度普拉提可提高绝经后女性唾液 SIgA 的分泌水平，增强抵抗 URTI 的能力。此外，适当的慢跑、太极拳、八段锦、瑜伽、抗阻训练等都有类似的作用。

5. 运动对老年人细胞因子和补体水平的影响

经常性的有氧运动会增加 IL 在机体中的表达，并提高其相应的活性。研究结果显示，有规律锻炼习惯的老年人外周血中 IL-2 和 IL-4 含量高于缺乏锻炼组。进行为期 24 个月的有氧运动后，62~86 岁老年女性培养淋巴细胞 IL-2 表达高于同龄不运动者。以 8 名老年人（年龄大于 65 岁）为研究对象，让受试者进行一组等速运动，结果显示受试者血清中 IL-6、IL-8 水平升高，IL-13 水平保持不变。长期适度的运动也可下调 IFN 的表达水平。坚持长跑 5 年以上的老年人 C3 水平显著低于长跑 5 年以下者，但也有 C3 值并无差异的报道，这可能与研究方法不同有关。

6. 其他

据研究，太极拳练习也可增强运动后 2h 的老年人红细胞免疫黏附能力。老年人由于自身清除自由基的能力减弱，运动时服用具有抗氧化作用的蔬菜、水果，以及中药或保健品等可提高机体免疫功能。

第二节 运动对未成年人免疫功能的影响

未成年人与成年人的免疫功能不同。婴幼儿及学龄前儿童的淋巴系统发育尚不健全，易感染传疾病。有学者提倡未成年人应该多参加运动，以增强心理和生理健康。

一、幼儿免疫功能特点

儿童期的免疫系统发育不成熟，特别是新生儿期尚未接触抗原，没有建立免疫记忆，对各种病原有易感性。

（一）固有免疫

单核-巨噬细胞系统在胎儿期开始发育，出生后2~3周细胞数目即可达到正常成人水平。由于缺乏辅助因子，单核-巨噬细胞的趋化、黏附、吞噬、氧化杀菌、产生细胞因子和抗原呈递能力均低于成年人，PMNs的游走能力及吞噬功能也低于成年人。

皮肤黏膜屏障功能差，尤其是新生儿期，易因皮肤黏膜感染而患败血症；黏膜的免疫耐受功能较差，易出现蛋白不耐受。淋巴结功能尚未成熟。皮肤屏障功能的完善一直持续到1岁左右，有些人甚至到青春期。

新生儿血脑屏障发育不完善，3岁左右其发育才基本完成。血脑屏障发育不成熟，易患颅内感染。肠道菌群可加速新生儿血脑屏障发育，并决定其完整性和通透性。生长于正常肠道菌群母鼠的胚胎会发育出一个完整的、大分子物质无法通过的血脑屏障，而无菌环境中母鼠的胚胎则发育出一个渗透性更高的、大分子物质能够通过的血脑屏障。

幼儿细胞因子TNF和GM-CSF的含量仅是成年人的50%，IFN-γ、IL-4和IL-10的含量仅是成年人的10%~20%。新生儿补体经典途径是其母亲的50%~60%，生后3~6个月达到成人水平。旁路途径的各种成分发育更为落后，B因子和备解素仅分别为成人的35%~60%和35%~70%。早产儿补体经典和旁路途径均低于足月新生儿。正常体液中多种免疫分子水平低下，新生儿血浆纤连蛋白浓度仅为成年人的 1/3~1/2,早产儿则更低。早产儿 MBL 较成年人低,出生后 10~20 周达到足月新生儿水平。

(二) 适应性免疫

胸腺在新生儿及幼儿时期较大,儿童时期是胸腺最发达、最活跃的时期,到了青春期以后就会逐渐退化。出生时淋巴细胞数目较少,6~7 个月时淋巴细胞数目超过 PMNs 的数目,6~7 岁时两者相当,此后随年龄增加逐渐接近成年人水平。出生时 T 细胞功能发育已完成,故新生儿的皮肤 DTH 在出生后不久便已形成。但小于胎龄儿和早产儿的 T 细胞数量少,对有丝分裂原反应较低。早产儿至 1 月龄时 T 细胞数量可赶上足月儿,1 岁以后才赶上同龄正常儿。

1. 新生儿及幼儿 T 细胞特点

绝大多数脐血 T 细胞 (97%) 为 $CD45RA^+$ "初始" T 细胞(成年人外周血为 50%),而 $CD45RO^+$ 记忆性 T 细胞极少。新生儿 T 细胞表达 CD25 和 CD40 配体较成年人弱,辅助 B 细胞分化和抗体转换、促进吞噬细胞和 CTL 的能力差;新生儿及婴儿期 $CD4^+$ 标记的 Th 相对较多,$CD8^+$T/Treg 较少,$CD4^+$/$CD8^+$ 比值高达 3~4,以 Th2 为主,其分泌的细胞因子占有相对优势,有利于避免母子免疫排斥反应;新生儿 T 细胞产生 TNF 和 GM-CSF 的能力仅为成年人的 50%,IFN-γ、IL-10 和 IL-4 为 10%~20%。随抗原反复刺激,各种细胞因子水平逐渐升高。

2. 新生儿及幼儿 B 细胞和抗体特点

胎儿和新生儿可产生 IgM 的 B 细胞。分泌 IgG 和 IgA 的 B 细胞分别于 2 岁和 5 岁时达成年人水平。婴幼儿体内的 B 细胞多为不成熟的 B 细胞,不能有效产生抗多糖抗原的抗体,所以婴幼儿容易感染 TI-2 抗原的病原体。胎龄小于 32 周的胎儿或早产儿的血清 IgG 浓度低于 4g/L,足月新生儿血清 IgG 高于其母体的 5%~10%。因新生儿 IgG 来自母体,故其自身合成 IgG 的速度比 IgM 慢。生后 2~4 个月血清 IgG 降至最低点,达 2g/L,早产儿可低至 0.6g/L。出生 6 个月以后婴儿自身产生 IgG 水平逐渐增加,至 10~12 个月时体内 IgG 均为自身产生,8~10 岁时达成年人水平。IgG 亚类随年龄的增长而逐渐上升,IgG2 代表细菌多糖的抗体,其上升速度在 2 岁内很慢,在此年龄阶段易患荚膜细菌感染。IgM 不能通过胎盘,所以出生时 IgM 水平极低。胎儿 IgM 水平增高往往提示存在宫内感染。出生后 IgM 迅速增加,男孩 3 岁、女孩 6 岁时达到成年人血清水平。IgA 发育最迟,至青春后期（11~12岁）或成人期才达到成年人水平。分泌型IgA在新生儿期不能测出，但2个月时唾液中可测到，2~4岁时达到成年人水平。IgD在胎龄31周开始出现，其自身合成较少，生后脐血含量仅为成年人的1%，1岁时为10%，2~3岁达到成年人水平。IgE自胎龄11周开始合成，4~7岁达到成年人水平。不同年龄儿童血清IgG、IgA和IgM正常值可参照杨锡强、易著文主编的《儿科学（第6版）》。

3. 新生儿及幼儿NK细胞特点

NK细胞表面标记CD56在出生时几乎不表达，新生儿期亦很低。ADCC功能仅为成年人的50%，NK活性和ADCC功能分别于出生后1~5个月和1年达到成年人水平。

4. 母乳喂养与儿童免疫

母乳是新生儿和婴儿最好的食物，尽早给予新生儿初乳和持续纯母乳喂养婴儿到6个月，不仅可以满足喂养儿的全部营养需求，还有助于启动新生儿肠道免疫系统，促进婴儿免疫系统发育与成熟，识别有益微生物和有害病原体。母乳中富含抵抗感染性疾病的微量活性成分，可以有效降低婴幼儿血清IgG含量的消耗，有效提高婴幼儿自身合成IgG能力。母乳喂养有助于婴幼儿肠道益生菌群的生长与定植，母乳中含有的多种活菌和游离的细菌DNA印迹在新生儿内源性免疫系统激活过程、编程新生儿的免疫系统、肠道免疫功能发育成熟及降低疾病易感性轨迹方面发挥关键作用。最新研究表明，早期肠道菌群发育共分为3个阶段，即发育期（3~14月）、过渡期（15~30月）和稳定期（≥31月），且母乳喂养对其影响最大。

二、运动和儿童免疫功能

目前关于运动对儿童免疫功能的影响的研究较少，关于学龄前儿童的研究更少。从目前的研究结果来看，运动对儿童免疫的影响与成年人相似。即低强度的运动训练可以保持或改善机体的免疫功能，而长时间、大强度的运动可以引起机体免疫功能的抑制或免疫调节功能的紊乱。

（一）剧烈运动对儿童免疫功能的影响

健康儿童和成年人在剧烈运动后的免疫应答相似。对13个8~17岁的健康儿童进行一次性力竭自行车运动，运动结束会导致循环白细胞增多、淋巴细胞增殖和 NK 细胞的数目增加。9~11 岁的儿童中进行 90min 足球运动与 PMNs、单核细胞、淋巴细胞密切相关。儿童运动后会导致记忆性 T 细胞的募集。CD54 的表达在运动后增加，而 CD54 的表达在哮喘儿童身上发现。10~12 岁的优秀女体操运动员和同龄没有训练的女孩子进行 20min 跑步后，二者循环 B 细胞数目和血清抗体浓度并没有差别，但体操运动员在运动后 PMNs 杀菌活性更低。相比于没有训练的男孩子，9~17 岁的游泳运动员的 NK 细胞活性在正常范围，且在安静时更低，但 30s 最大自行车运动后并无差别。研究发现长时间大强度运动抑制儿童免疫功能。如大强度大运动量轮滑训练后，儿童血清 IgA、IgM 显著下降，同时机体 NK 细胞数量显著下降。中小强度轮滑运动训练对免疫功能有益（血清 IgA、IgM 变化不大，IgG 升高，NK 细胞数目略有增加）。

由上表明大强度剧烈运动会导致儿童免疫抑制，甚至会诱导哮喘。

（二）适宜运动对儿童免疫功能的影响

儿童生长发育迅速，代谢旺盛，体力充沛。除健康的饮食、营养和充足的睡眠外，适当的运动可以促进人体细胞外液的循环和内分泌，从而提高自身的免疫功能。3~7 岁儿童低中强度运动后 IgM 水平和 $CD3^+$、$CD8^+$ T 细胞比率增高，前局部冷刺激结合中低强度运动对干预后 IgA、IgG、IgM 水平，以及 $CD3^+$、$CD4^+$、$CD8^+$ T 细胞比率增加更明显。据研究，少儿瑜伽是一项适度、循序渐进地练习运动，可以增加儿童 NK 细胞的数量和活力，提高儿童自身的免疫力。少儿瑜伽练习能够增强胸腺的分泌功能，提高身体的免疫功能。

（三）游泳和抚触对未成年人免疫功能的影响

研究发现，对婴儿进行游泳与抚触干预可促使其产生良好的生理和心理效应，促进其身体和智力的发育，并能起到调节其情绪和提高其免疫功能的作用。如对婴儿进行游泳与抚触干预后，婴儿血清 IgA、IgG 及 IgM 的水平均显著升高，$CD3^+$、$CD4^+$ 及 $CD8^+$ T 细胞的水平均显著升高。在母乳喂养的基础上给予抚触干预，可提高婴儿体内 IgG 水平，改善其免疫功能。对反复呼吸道感染的儿童进行中医推拿干预可有效提高免疫功能。对反复呼吸道感染的学龄儿童进行 14 天推拿干预，其血清 $CD3^+$、$CD4^+$ T 细胞明显高于对照组。目前运动对易感儿童运动后哮喘的影响尚不清晰。

第七章 运动对老年人和未成年人免疫功能的影响

 思考题:

1. 试述老年人免疫功能特点和运动对老年人免疫功能的影响。
2. 试述幼儿免疫功能特点和运动对未成年人免疫功能的影响。
3. 试述运动对老年人、儿童及其他特殊人群免疫功能的影响。

CHAPTER 8 第八章
运动对常见慢性病的免疫学影响

> 内容提要：

通过学习本章内容，重点掌握以下知识：

1. 简述代谢性慢病的概念。
2. 肥胖、高血压、心脏病、骨质疏松、2型糖尿病、肿瘤、哮喘、非酒精性脂肪肝人群的免疫学特征。
3. 运动对慢性病患者免疫功能的影响。
4. 体力活动对炎症和代谢性慢病的影响。
5. 运动、微生物菌群和代谢性慢病的关系。

慢性病即慢性非传染性疾病，是对一类起病隐匿，病程长，病因复杂，且尚未被完全确认的疾病的概括性总称。慢性病大部分（约90%）是由三大基础营养物质（糖、脂肪、蛋白质）代谢紊乱引起的。代谢性慢性病主要包括：动脉粥样硬化引起的心脑血管疾病、痛风、糖尿病及各种并发症、癌症，涉及呼吸、消化、循环、内分泌、泌尿、运动、神经、生殖八大系统。《2020—2026年中国移动互联网+大健康行业发展模式及投资机遇分析报告》显示：我国居民慢性病患病率已达23%，死亡人数已占总死亡人数的85.6%。在过去的10年，平均每年新增慢性病人数接近去年的2倍。慢性病患病率前5位的疾病分别是循环系统疾病，内分泌、营养和代谢疾病，肌肉骨骼系统和结缔组织疾病，消化系统疾病和呼吸系统疾病，其患病率分别是180.30‰、39.10‰、37.30‰、24.90‰和15.60‰。我国15岁以上居民女性慢性病患病率高于男性，且随着年龄的增长，慢性病患病率呈逐渐上升的趋势。我国慢性病防控工作面临巨大挑战。

慢性代谢性疾病以肥胖、高血压、2型糖尿病、心脏病、骨质疏松等最为常见。代谢性疾病与慢性轻度炎症有关。

第一节 运动、免疫与肥胖

肥胖症是一种由遗传、环境等多种因素相互作用引起的慢性代谢性疾病。肥胖分为单纯性肥胖、继发性肥胖和药物性肥胖。单纯性肥胖约占肥胖人群的95%，一般与遗传有关。继发性肥胖是由疾病引起的肥胖，是由内分泌紊乱或代谢障碍引起的一类疾病，约占肥胖人群的2%~5%。药物性肥胖由药物副作用引起，约占肥胖人群的2%。

肥胖会降低机体免疫力。全球死于肥胖及其继发的慢性代谢性疾病的人数与日俱增。据报道，肥胖人群心血管疾病（主要是心脏病和中风）发病率和死亡率显著高于正常人群，糖尿病和高血压发生率也明显高于体重正常人群。大量流行病学研究发现，肥胖者URTI、感染性疾病的发生率及严重性、外科手术后并发症、某些癌症的发生率及死亡率等均高于非肥胖者。《中国居民营养与慢性病状况报告（2020年）》指出，我国成年居民超重肥胖超过50%，6~17岁、6岁以下儿童青少年超重肥胖率分别达到19%和10.4%。《中国居民膳食指南（2022）》指出，我国成年居民超重率和肥胖率已超过50%。目前我国肥胖男性人数为4320万人，肥胖女性人数为4640万人，位居全球第一。

肥胖是一种代谢性炎症反应性疾病。脂肪组织与免疫系统密切作用，内脏脂肪组织是肥胖最主要的炎症反应场所。肥胖引发的炎症反应是一种机体固有免疫系统的低强度激活，会影响机体稳态。肥胖可激活大脑和脂肪组织中的炎症通路，导致维持胰岛素和瘦素敏感性的生理反应失调。多种慢性非传染性疾病的发生发展与肥胖密切相关。

一、Mφ与肥胖

Mφ是慢性炎症性疾病的关键参与者。在炎症反应阶段，Mφ产生启动先天免疫反应的炎症细胞因子（如IL-1、IL-6和TNF-α）；在清除炎症反应阶段，Mφ则下调炎症介质的生成，使抗炎细胞因子（如TGF-β和IL-10）释放增加。脂肪组织巨噬细胞（ATM）表达Mφ相关基因、特异性标志物F4/80及CD68。在肥胖人群及啮齿类动物的内脏脂肪组织中ATM聚集，数目占比可从正常状态的10%~15%升高到肥胖状态的40%~50%，其引起肥胖代谢紊乱的特异性表现被称为"巨噬细胞中心"。肥胖的重要病理表现是脂肪细胞死亡。肥胖患者脂肪细胞凋亡后ATM以冠状结构环绕在其周围，形成巨大的多核细胞，而在非肥胖人群的脂肪组织中则无此现象发生。此外，ATM参与脂肪细胞的分化进程，进而影响脂肪酸（fatty acid，FA）在机体的分布。

在肥胖个体的炎性内环境中，ATM通常为促炎型（M1）。其在LPS、饱和脂肪酸（saturated fatty acid，SFA）的诱导下活化，导致系统性炎症及胰岛素抵抗。M1 型 ATM 可以分泌 IL-6、TNF-α、IL-1β、MCP-1 等炎症因子，使 ATM 含量进一步增多，并维持 M1 型极化状态，如此形成恶性循环。研究表明，多种与肥胖相关的慢性病的发生与炎症因子密不可分，如 2 型糖尿病和动脉粥样硬化等。肥胖引发的 2 型糖尿病患者的胰岛及肥胖或高脂饮食者的下丘脑、肝脏、肌肉和肠道中都观察到 Mφ 富集和 M1 型细胞增多。

在脂肪含量分布较少的个体的内脏脂肪组织中，ATM 被认为是抗炎型（M2）。M2 分泌 IL-10、IL-1 受体拮抗因子等抗炎介质，主要维持胰岛素敏感性。M2 进一步区分为 M2a、M2b 和 M2c 三种亚群。M2a 表型表面标志物为 CD206、精氨酸酶和 TGF-β；M2b 表型增加 IL-10 的产生，并降低 IL-12 的表达；M2c 表型高表达 IL-10 和表面受体 CD163。与 M2 或 M1 极化相关的信号通路包括 Toll 样受体 4（Toll-like receptor 4，TLR4）相关信号通路（TLR4-MAPK 通路和 TLR4-NF-κB 通路）、p38 MAPK 信号通路、DLL4/Notch 信号通路和 STAT3 信号通路等。

在肥胖小鼠内脏脂肪组织周围发现了另一类被显著活化的 Mφ-交感神经相关巨噬细胞（sympathetic-related macrophages，SAM）。SAM 不同于小神经胶质细胞，可能起源于造血干细胞。据研究，NE 可加速甘油三酯水解。SAM 大量募集促进 NE 分解，造成脂肪分解障碍。在食物摄入不足时，SAM 的存在可导致脂肪消耗减少，机体代谢正常，而在能量摄入过量的机体中导致肥胖。运动可以增加 NE 释放。抑制 SAM 摄取和分解 NE 具有良好的减肥效果。此外，迷走神经可通过表达于脂肪细胞及 ATM 的受体缓解炎症反应，改善肥胖及相关并发症。

二、淋巴细胞与肥胖

T 细胞和 B 细胞介导适应性免疫。有研究发现，肥胖导致淋巴细胞增殖降低，细胞免疫受损。肥胖会减少肿瘤内重要免疫细胞 $CD8^+$ T 细胞的数量和活性。肥胖者细胞免疫下降，其程度与肥胖程度呈正相关，但也存在相反的报道。肥胖通过激活小胶质细胞而导致认知障碍。

肥胖人群中脂肪组织 MC、Th1 及 $CD8^+$ T 细胞浸润较多，Th1 和 $CD8^+$ T 细胞分泌的 IFN-γ 增加又刺激 M1 的分化，并促进 Mφ 浸润。肥胖状态下，Th1 数量明显上升，而 Th2 减少，Th1/Th2 比例失衡最终导致脂肪组织炎症发生、M1 型 Mφ 浸润及胰岛素抵抗。肥胖小鼠 Th17 数量增加，通过分泌 IL-17 调节炎症和葡萄糖耐受性。缺乏 IL-17 的小鼠更易肥胖，在肥胖伴胰岛素抵抗的小鼠内脏脂肪组织中 Treg 明显减少。而 Treg 数量下降或功能异常可引起肥胖小鼠体内慢性亚临床炎症，并触发动脉粥样硬化斑块和血栓的形成。内脏脂肪组织致病 IgG 抗原复合物与 Mφ 表面的 FcRγ 结合可促使 M1 定向分化，参与维持脂肪组织持续发生炎症反应。

内脏脂肪组织中存在 NK 细胞，研究提示，NK 细胞在控制体重方面也发挥着重要作用。临床研究显示，肥胖患者循环中的 NK 细胞明显减少，内脏脂肪的恒定自然杀伤 T 细胞（invariant natural killer T，iNKT）数量减少。iNKT 具有抗炎功能，其在脂肪组织中大量存在可抵御肥胖引起的炎症和葡萄糖不耐受。肥胖还可以诱导 NK 细胞代谢改变，抑制 NK 细胞效应分子的表达，削弱其抗肿瘤的能力。

三、其他免疫细胞和细胞因子与肥胖

肥胖者的天然免疫受损，其受损程度与肥胖程度呈正相关。体重正常小鼠脂肪组织内 PMNs 占免疫细胞的比例不足 1%。高脂饮食小鼠模型中，PMNs 最大差异倍数比正常饮食小鼠模型高 20 倍。PMNs 快速招募 Mφ、DC 和淋巴细胞。PMNs 增多引起胰岛素抵抗。肥胖伴糖尿病的绝经后妇女骨髓来源 DC 增多；淋巴样来源 DC 减少，但黏附能力增强。肥胖小鼠体内 EOS 减少。EOS 分泌 IL-4 和 IL-13，诱导 M2 极化，此功能依赖于天然淋巴细胞（innate lymphoid cells，ILC）。MC 分泌 IL-6 和 IFN-γ，影响炎症反应和葡萄糖耐受性，肥胖小鼠脂肪组织中 MC 数量多于体重正常小鼠。在肥胖状态下，IL-1β、IL-8 等促炎因子释放，参与构成肥胖组织炎症，诱导胰岛素抵抗。

四、运动改善肥胖人群的体脂含量及免疫功能

研究发现，运动可改善细胞免疫和体液免疫。具体表现为：PMNs 数、淋巴细胞数、T 细胞数显著下降，NK 细胞数无变化，$CD8^+$ T 细胞数下降，$CD4^+$ T 细胞、NK 活性和 $CD4^+/CD8^+$ 比值显著上升，IgA、IgM、IgG 均显著升高，URTI 发生率下降。有研究指出，补锌有氧运动组肥胖人群血液的淋巴细胞对 PHA 诱导的增殖能力显著增强（$P<0.05$）；血清 IL-2 和 IFN-γ 水平也显著升高（$P<0.05$）；NK 和 LAK 细胞的杀伤活性亦明显增强（$P<0.05$），肥胖患者细胞免疫

功能状态改善。动物实验也表明，中等强度的耐力运动可以改善 T 细胞免疫功能受损，从而降低肥胖者对疾病的易感性。

有氧运动和抗阻运动均能通过减少肥胖青年身体脂肪重量，有效降低体重；还可以通过降低机体血清 TNF-α、内脂素（visfatin）水平，改善肥胖机体的慢性炎症状态，抗阻运动在改善肥胖机体状态效果上优于有氧运动。

此外，运动可诱导白色脂肪棕色化，导致机体产热增加，降低体脂。参加适度的运动能够使肥胖个体更加严格地进行能量限制，迅速减体重。诱导机体白色脂肪棕色化是目前治疗肥胖症及其伴随的慢性代谢失调的一个新方向。

第二节 运动、免疫与 2 型糖尿病

我国是成年糖尿病患者人数最多的国家，其中 2 型糖尿病（diabetes mellitus type 2，T2DM）患者占糖尿病患者总数的 90%。T2DM 是一种慢性代谢性疾病。自身免疫的激活和慢性炎症参与了 T2DM 的发生与发展。T2DM 患者体内常处于微炎症状态，主要表现为炎性细胞、炎性细胞因子、炎性蛋白升高。

一、Mφ 与 T2DM

胰岛素抵抗是 T2DM 的核心特征，而 Mφ 在慢性炎症和胰岛素抵抗中起着重要作用。在较瘦个体中，脂肪中的 Mφ 多为 M2，可通过分泌 IL-10、IL-1 和儿茶酚胺等因子来调节脂质代谢并参与阻断炎症反应、维持胰岛素敏感性和葡萄糖稳态。在肥胖状态下，可以在胰岛素靶器官中观察到 Mφ 浸润，M1 分泌大量炎症细胞因子，抑制胰岛素信号传递，促进了慢性炎症和胰岛素抵抗的发生。在 T2DM 中，可通过耗竭脂肪组织中的 Mφ 和肝脏库普弗细胞，以及下调 M1 比例、上调 M2 比例来增加胰岛素敏感性。

二、淋巴细胞、其他免疫细胞及细胞因子与 T2DM

由于高糖环境、晚期糖基化产物和炎症因子等刺激，糖尿病患者体内 ROS 增多。T2DM 的发生与患者细胞免疫和体液免疫异常有很高的关联度。糖化血红蛋白高，淋巴细胞处于易激活状态，致使糖尿病患者容易发生感染。目前关于 T2DM 患者 T 细胞亚群变化的报道并不一致，主要表现为 $CD3^+T$ 细胞低于健康人

群，CD4⁺/CD8⁺比值比例失调，CD8⁺T细胞升高或降低，Treg数目减少和功能缺陷。糖尿病患者体内淋巴细胞数量减少，T细胞亚群的数量出现异常，导致机体长期炎症。同时体液免疫异常，如血清IgA、IgG等呈现升高趋势，伴有并发症者变化幅度尤其大。

糖尿病风险人群的PMNs数目增多，膜脂流动性降低，引起粒细胞趋化、吞噬、杀菌功能低下，易发感染。钙卫蛋白（S100A8/A9）主要在PMNs中表达，主要在感染环境中释放。在部分T2DM患者中内源性钙卫蛋白增加可能表明炎症增加。晚期糖基化终末产物的增加与PMNs产生ROS共同增加了全身炎症反应，导致糖尿病患者感染的风险更大，感染时间也更长。

既往报道显示，糖尿病患者炎症因子水平升高，如CRP、IL-1β、IL-6和TNF-α升高，C3也升高，IL-10减少，但C4无差异。ROS增加可激活NF-κB、p38 MAPK等产生多种炎症因子，加快糖尿病并发症的发展。

三、运动改善T2DM患者的病情及其免疫功能

运动能对糖尿病患者进行辅助治疗。以往研究表明，有氧运动训练、抗阻训练和力量训练能降低糖化血红蛋白，且高强度训练可能比中等强度的运动更有效。休闲型体力活动量较大，与一般人群中T2DM发病率显著降低相关。进行身体活动的人群，患T2DM风险比久坐不动人群低26%。适度的锻炼可以改善免疫功能和代谢异常，降低T2DM的风险。稍年轻的糖尿病前期人群中，进行10天高强度间歇训练后，随着单核细胞的改变，PMNs上TLR4的表达也降低了。同时运动训练还改善了PMNs吞噬和趋化，进而改善PMNs的杀菌功能。T2DM患者经过为期12周的太极拳锻炼后，Treg及IL-10、TGF-β含量明显增加。

第三节 运动、免疫与骨质疏松

骨质疏松症是绝经后女性一种常见的慢性进行性疾病，主要表现为低峰值骨量和（或）快速而持续的骨量丢失。绝经后骨质疏松性骨折的发生率较高，可使患者残疾甚至死亡，且治疗费用高昂。

2000年，亚伦（Arron）等首次提出骨免疫学在骨代谢中发挥重要作用，他们认为骨是一种免疫器官，多种免疫细胞在骨髓中起源，与骨组织细胞共享同样的骨髓微环境、调控因子和受体。T细胞、B细胞、细胞因子、趋化因子和共刺

激分子等均能与成骨细胞和破骨细胞相互作用，共同调节骨形成和骨吸收，进而调控骨改建过程。调控骨代谢的关键分子途径-核因子κB受体活化因子配体（receptor activator for nuclear factor-κB ligand，RANKL）/核因子κB受体活化子（receptor activator of NF-κB，RANK）/骨保护素（osteoprotegerin，OPG）的发现，使免疫与骨之间的关系得以证实。目前认为，一系列免疫因子和免疫细胞通过RANKL/RANK/OPG途径在调节骨细胞发育和骨转换中起着重要作用。斯里瓦斯塔瓦（Srivastava）等和蒂尔克蒂斯（Tilkeridis）等相继提出"免疫疏松"的概念，进一步揭示免疫学在骨质疏松症中的调节机制。

一、Mφ与骨质疏松

骨骼的重建是由成骨细胞与破骨细胞完成的。成骨细胞起源于多能的间充质干细胞（mesenchymal stem cells，MSCs）；破骨细胞则由单核细胞分化而来，单核细胞是破骨细胞、Mφ和DC的共同前驱细胞。从骨组织受损伤到修复，Mφ在骨组织再生过程中起到关键作用。骨损伤时PMNs首先到达损伤部位，募集Mφ。其后，Mφ开始占据主导地位，通过分泌细胞因子和趋化因子，进一步募集白细胞参与伤口愈合的早期阶段。随后的增殖期涉及细胞增殖、血管生成、胶原沉积。Mφ分泌MSCs增殖及胶原蛋白沉积所需的生长因子，如TGF-β及骨形态发生蛋白等。在沉积大量胶原后，重塑阶段开始，Mφ似乎能够参与协调成骨细胞和破骨细胞功能的平衡。骨损伤修复过程中，Mφ耗竭导致骨愈合受损，Mφ缺陷动物的愈伤组织较小，骨含量较少。软骨内骨折愈合的小鼠若在炎症早期耗竭Mφ，软骨性软愈伤组织的形成则被完全消除；若在后期耗竭Mφ，则导致愈伤组织变小，愈伤组织的大小与其内剩余Mφ的数量呈正比。

M0、M1和M2均对骨组织再生有影响。小鼠颅骨原代培养物中耗尽M0时，矿化和成骨分化基因表达显著降低。传统观点认为，M1分泌大量炎性细胞因子，上调RANKL，增强破骨细胞分化，导致骨量降低。也有研究发现，各型Mφ均以不同方式影响骨髓间充质干细胞的成骨分化，M0和M1部分增强了早期和中期的成骨效应，但未促进细胞外基质矿化；而与M2直接或间接共培养的MSCs获得更明显的基质矿化。

二、淋巴细胞和其他免疫细胞与骨质疏松

T细胞与骨代谢相关。一般来说CD4$^+$T细胞、Th1细胞、Th17细胞等增多会

增强破骨细胞活性，而 $CD8^+$ T 细胞、Treg、CTLA-4 等增多则有抑制破骨细胞作用。

雌激素缺乏可诱发 T 细胞增殖，引起骨丢失，导致骨质疏松。据研究活化的 T 细胞（Th1 与 Th2）对骨代谢的影响可能是双向的。一方面，Th1/Th2 表达 IL-11、IL-1β、TNF-α 和 RANKL，促进破骨细胞的成熟和活化，通过 RANKL/RANK/OPG 途径促进骨吸收；另一方面，它们可分泌 IFN-γ 和 IL-4 等因子抑制破骨细胞的生成，阻断 RANKL-RANK 信号级联，抑制骨吸收。Th17 主要产生 IL-17 诱导破骨细胞前体 RANK 的表达，募集并激活 Mφ，同时上调成骨细胞和基质细胞中 M-CSF 和 RANKL 的表达，促进破骨细胞的分化。Treg 分泌 IL-4、IL-10 及 TGF-β，抑制 RANKL 诱导的破骨细胞生成。Treg 和 Th17 之间的平衡可能在调节骨代谢中起关键作用。$CD8^+$ T 细胞表达 RANKL 水平与骨密度 T 值呈负相关。CTLA-4 能够抑制 T 细胞活化，从而减少 RANKL，TNF-α 等细胞因子的表达，调控破骨细胞的成熟。骨髓中 Treg 可促进 $CD8^+$ T 细胞表达 Wnt10b 蛋白，启动成骨细胞 Wnt/β-catenin 信号通路促进骨形成。

B 细胞产生 RANKL 及其生理抑制剂 OPG 参与骨代谢调节。B 细胞能促进成骨细胞分化。据研究，64% 的 OPG 源于 B 细胞系，45% 来源于成熟 B 细胞。B 细胞缺乏小鼠骨吸收增强。同时 B 细胞促进破骨细胞形成。B 细胞活化后能促进 RANKL 和 IL-7 表达，特别在炎症状态下；同时 B 细胞能激活 Notch 信号通路来抑制成骨作用。B 细胞前体还有向破骨细胞分化的潜能。在衰老过程中 OPG 增加，但不能完全抵消内源性 RANKL 的增加。成骨细胞和 B 细胞是生理性 OPG 的重要来源，但随年龄的增长，成骨细胞产生 OPG 能力下降。B 细胞可使衰老过程中 OPG 浓度升高，以抵消年龄相关的过度骨吸收。B 细胞随年龄的增长而丢失，进一步导致 OPG 与 RANKL 失衡，后者导致年龄相关的骨丢失。

T 细胞可通过细胞表面受体如 CD40L 调节骨形成。CD40L-CD40 对细胞免疫和体液免疫都有调节作用。雌激素缺乏，表达 CD40L 的 T 细胞增加，促进 M-CSF 和 RANKL 表达，下调 OPG 的产生，或通过 RANK/RANKL/OPG 信号通路促进绝经后骨质疏松，T 细胞产生 TNF-α 等也导致绝经后骨质流失。T 细胞还可能通过调节 B 细胞表达 OPG，抑制破骨细胞形成。如 T 细胞缺失小鼠骨吸收增强，骨量下降；其 B 细胞数量仅为正常组的 1/3，OPG 表达也显著下调，RANKL/OPG 比例严重失调。

研究发现，绝经后骨质疏松症患者 NKT 细胞特异性表达 RANKL，提示其参与了骨代谢调节。NK 细胞受体 KIR 和 KLRD1 在绝经后骨质疏松患者中表达显著升高，其与 Wnt、RANKL 信号通路的潜在关联可能在绝经后骨质疏松症中发挥作用。

骨质疏松症女性患者白细胞、PMNs、单核细胞明显升高，淋巴细胞水平明显降低。绝经后女性幼稚 T 细胞水平降低，记忆 T 细胞水平增加。骨质疏松症患者的 $CD3^+$、$CD28^+$ T 细胞水平较低。NK 细胞及 T 细胞转化能力明显降低（$P<0.01$），骨质疏松加重。绝经后骨质疏松组外周血 B 细胞（$CD3^-/CD19^+$）的百分比低于非骨质疏松组。也有研究认为，绝经后骨质疏松症患者外周血 Th/TS 比值、NK 细胞及 B 细胞均高于绝经后非骨质疏松症患者。但还需要深入研究。

三、细胞因子与骨质疏松

许多细胞因子与骨质疏松相关。由淋巴细胞和单核细胞表达的免疫因子均可以影响骨代谢，如 TNF-α、IL-1、IL-3、IL-6、IL-7、IL-11、IL-15 和 IL-17 等，不仅能促进破骨细胞生成，还能促进成骨细胞表达 RANKL；相反，IL-4、IL-5、IL-10、IL-12、IL-13、IL-18 和 IFN-α、IFN-β、IFN-γ 等则直接或间接抑制 RANKL 信号，抑制破骨细胞形成（图 8-1）。

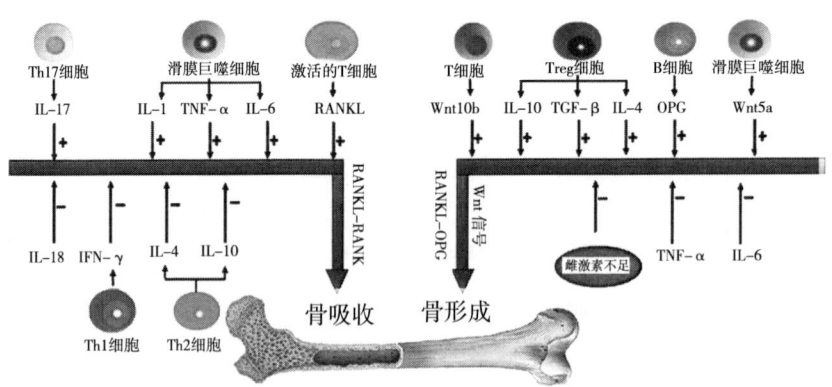

图 8-1　免疫细胞因子调控骨重构的骨免疫机制

RANKL 是骨免疫调节的中间环节因子之一。RANKL mRNA 除在成骨细胞表达外，单核细胞、PMNs、DC、T 细胞和 B 细胞等也可直接表达 RANKL，还可以产生炎性因子促进 RANKL 表达。当 RANK 和 RANKL 结合后，导致 NF-κB 抑制子（inhibitor of NF-κB，IκB）降解，释放 NF-κB，激活 MAPK、JNK 和 p38 信号，并诱导激活蛋白 1（active protein 1，AP1）、活化 T 细胞核因子 1（nuclear factor activated T cell 1，NFAT 1）的表达，促进破骨细胞的形成。RANKL 促进破骨细胞前体细胞分化为成熟的具有多个细胞核的破骨细胞，同时还增强了破骨细胞活性。RANKL 对破骨细胞的形成是必不可少的。T 细胞表面的 RNAKL，可介导 T 细胞分化、调节 Treg 稳态，参与免疫耐受建立，缺乏 RANKL 的小鼠则存在淋巴结器官发育缺陷。

骨质疏松时骨髓 T 细胞分泌的效应细胞因子主要是 TNF-α，其具有强大的促破骨细胞合成效应。它可以上调骨髓间质细胞、成骨细胞 RANKL 的表达，促进破骨细胞前体和破骨细胞形成、增殖和分化，提高其活性；诱导破骨细胞前体向骨吸收部位移动；激活 NF-κB 和 JNK 等信号活性，增加成骨细胞凋亡，降低成骨细胞增殖、成熟和活性。雌激素缺乏，T 细胞被激活，产生更多 TNF-α。

IL-1 由活化的 Mφ 产生，是破骨细胞形成的关键因子，能增加 RANKL 分泌，协同 TNF-α 促进破骨细胞的生成并延长生存周期，加速骨质的吸收作用。在体外，缺乏 IL-1 受体能有效减少去卵巢导致的骨量丢失；抑制 IL-1 表达，能阻碍破骨细胞形成。IL-1 能直接刺激 TRAF 6 表达，增强 RANKL/RANK 信号；IL-1 还能刺激前列腺素 E2（prostaglandin E2，PGE2）分泌，诱导基质金属蛋白酶的合成，促进成骨细胞表达 RANKL，抑制 Ⅱ 型胶原蛋白的合成，引起骨基质降解。TNF-α 和 IL-1 阻滞能明显降低绝经后早期妇女血清骨吸收标志物。

在骨髓内，IL-6 能促进骨髓间充质干细胞向成骨细胞分化，但其主要功能是调控破骨细胞形成及骨吸收。IL-6 参与许多疾病的骨损害过程，如 IL-6 能够促进成骨细胞及成纤维细胞的 RANKL 表达，并增强 TNF-α 和 IL-17 促进破骨细胞合成作用；IL-6 能诱导 IL-1 表达，还能与 IL-6 受体结合，提高破骨细胞活性。

IL-17 是由 CD4⁺T 细胞、γδT 细胞、NK、iNKT、ILCs 和 CD8⁺ T 细胞产生的破骨细胞生成因子。IL-17 直接刺激 RANKL 分泌，并促进 Mφ 分泌 TNF、IL-1，还可以促进破骨细胞的合成。IL-7 导致切除卵巢的小鼠骨量丢失，诱发骨质疏松。IL-17 能够刺激成纤维细胞、上皮细胞和内皮细胞产生 IL-6、IL-8 和 PGE2。

IL-11 可直接诱导破骨细胞分化，在健康人的体液中基本不存在。M-CSF 在破骨细胞生成中必不可少，它促进破骨细胞前体细胞分化融合，形成成熟破骨细胞。M-CSF 启动 MAPK 和 Akt 级联的激活，促进破骨细胞存活。M-CSF 能启动单核细胞或 Mφ 的活化和炎性细胞因子的产生，激活 T 细胞，并诱导 IL-1β

表达。

IFN-γ 由多种淋巴细胞产生，它在免疫反应及炎症调节中具有关键作用。在骨骼中，IFN-γ 同时影响成骨细胞和破骨细胞。IFN-γ 增加了成骨细胞分化基因的表达和人骨髓间充质干细胞的成骨分化。IFN-γ 抑制破骨细胞分化，促进破骨细胞凋亡。IFN-γ 可直接作用于破骨细胞前体，抑制破骨细胞形成，也可抑制 RANKL 信号。IFN-γ 还可以通过激活 T 细胞间接增加破骨细胞因子，促进破骨细胞的形成。长期低剂量使用 IFN-γ 可促进骨形成，而短期高剂量使用 IFN-γ 可在分化后期促进单核破骨细胞的融合和破骨细胞的形成。IFN-γ 可激活（特别是 T 细胞介导）免疫反应来促进破骨细胞生成。另外，IFN-γ 对脂肪生成有抑制作用，可间接影响破骨细胞活性。此外，IFN-α 和 IFN-β 也是骨免疫系统中的重要分子。IFN-β 能通过与 c-fos 结合，进一步抑制破骨细胞分化。

C3 在补体系统中发挥核心作用。研究发现，C3 与破骨细胞分化具有密切联系，OPG/RANKL/RANK 信号通路是连接二者的关键通路。C3 能够与破骨细胞前体细胞的 C3 受体结合，诱导破骨细胞分化，C3a 能够诱导间充质干细胞向破骨细胞分化。以 C3 为核心的补体免疫系统在骨吸收的过程中还发挥裂解细胞与降解细胞外基质的作用。关于 C3 影响骨代谢的作用机制，目前的研究结果并不一致，甚至存在矛盾。有研究显示，成骨不全患者 C3 的血清含量要低于健康人群，而 C3 的血清含量与腰椎及髋部的骨密度呈正相关，提示 C3 发挥促进骨形成的作用。在去卵巢的小鼠中 C3 大量分泌，且破骨细胞分泌的 C3a 能够作用于成骨细胞的 C3a 受体，促进骨形成。C3a 在炎性反应中才能发挥影响骨代谢的作用，其能与 T 细胞表面的 C3a 受体结合，促使 T 细胞分泌多种炎症因子，影响 OPG 和 RANKL 在血清中的比值，进而影响骨吸收。

此外，血清中 hs-CRP 的升高与骨吸收、骨量丢失及骨质疏松症相关。骨质疏松患者血清免疫调控因子水平与非骨质疏松女性差异明显。

四、运动改善患者骨质疏松症状和免疫功能

运动对免疫细胞的影响主要取决于运动强度。

1. 运动、淋巴细胞和骨质疏松

长时间大强度运动能下调 $CD4^+/CD8^+$ 比值，导致免疫功能偏移。运动对 B 细胞的影响同样依赖运动强度。长期递增负荷运动对 B 细胞的分化和发育具有

抑制作用，抑制效果随着运动强度增大而明显。中小强度机械刺激能诱导造血干细胞向 B 细胞分化，降低破骨细胞活性。

适当运动通过增强免疫系统，增加骨密度，防止骨质疏松。骨髓中的干细胞和（或）祖细胞表达瘦素受体（leptin receptor，LEPR$^+$），成骨干/祖细胞也可表达骨凝集素（osteolectin，OLN）。其中 LEPR$^+$ 细胞倾向于分化为脂肪细胞。而 LEPR$^+$OLN 细胞倾向分化为成骨/破骨细胞。OLN 细胞参与维持淋巴样祖细胞。随着年龄的增长，OLN 细胞和淋巴样祖细胞的数量减少，引起骨量、骨密度降低和免疫功能减弱。OLN 细胞能响应运动而产生淋巴细胞，但其感受的压力减少时，这些细胞的增殖减少，从而导致新生骨和淋巴细胞减少，并最终导致骨质变差和免疫功能的减弱。小鼠实验显示，运动增加能够提高 LEPR$^+$OLN 细胞和淋巴祖细胞的数目。另有研究发现，运动刺激骨髓 Mφ 分泌丰富的网钙蛋白 2（reticulocalbin-2，RCN2），激活 cAMP-PKA 信号通路，促进骨髓脂肪脂解，为骨形成和淋巴生成提供燃料。RCN2 敲除小鼠对运动刺激后的骨形成和淋巴细胞生成功能被削弱。

2. 运动与 RANKL、OPG 和骨代谢

运动导致 RANKL 的变化直接影响破骨细胞的合成和活性，RANKL 的分泌依赖运动强度。小强度运动抑制 RANKL 分泌，促进 OPG 分泌，有利于骨形成。而过度运动导致 RANKL 分泌增加，OPG 分泌下降，RANKL/OPG 比率升高，骨代谢向骨质丢失方向倾斜。超级马拉松运动中运动员血清 RANKL 和 OPG 显著升高，运动结束后 RANKL 水平仍持续升高并持续较长时间，OPG 明显下降，RANKL/OPG 比率增高可能是过度运动导致骨量丢失的一个重要原因。体外实验表明，过度大机械力刺激可降低 OPG 的表达，增加 RANKL/OPG 比率。雌激素下降也抑制 OPG 分泌。

3. 运动、细胞因子和骨代谢

骨免疫相关因子作为信号分子参与机体内免疫反应和组织修复等过程。在运动状态下，骨免疫相关因子的表达受运动强度的调控。

研究表明，中等强度运动能抑制炎症因子产生，促进抗炎因子的表达。适量运动可降低炎症，增加骨密度（bone mineral density，BMD）。超重和肥胖绝经后妇女有氧运动后发现 TNF-α、IL-6 及其受体表达下调，股骨颈 BMD 显著上调。老年人进行抗阻运动和负重运动干预后腰椎 BMD 增加了 1.7%，IL-6 水平显著

下降。在儿童体内高浓度的 IFN-γ 能够促进骨转换，加速骨沉积。适量运动能上调 IFN-γ 等，下调 TNF-α、IL-17 和 IL-1 等，抑制破骨细胞形成，增强 BMD，促进骨健康。

大强度运动能下调 IFN-γ 等抗炎性因子，同时上调 TNF-α、IL-1、IL-6 等炎性因子。运动中 TNF 的升高主要来自 T 细胞数量的增多。过度运动或长时间大负荷运动导致血清 IL-6 和 IL-1 水平显著升高。这与细胞内基因的甲基化状态显著相关。过度运动促进 TNF、IL-1 和 IL-6 的分泌，直接或间接刺激 RANKL 的表达，促进破骨细胞的合成，增强其活性，骨量丢失增加，导致运动性骨质疏松。IL-2、INF-γ、IL-4 和 IL-10 具有抑制破骨细胞合成和活性的作用。也有研究认为，大负荷运动或过度运动导致血清 IL-2、IL-4、IL-10、INF-γ 分泌增加，可抑制破骨细胞的合成，防止骨量丢失。但是过度运动导致的破骨细胞生成因子更显著，骨代谢平衡向骨量丢失方向倾斜。关于这些细胞因子在运动中及运动后分泌变化的报道不尽相同，这可能是由于运动方式、运动强度及检测方法不同造成的。

总之，骨免疫系统作为一个整体，运动是如何对其进行影响从而调控骨代谢的，尚需要进一步研究。

第四节　运动、免疫与非酒精性脂肪性肝病

非酒精性脂肪性肝病（non-alcoholic fatty liver disease，NAFLD）是指除酒精和其他明确的损肝因素所致的肝细胞内脂肪过度沉积为主要特征的临床病理综合征，与胰岛素抵抗和遗传易感性密切相关的获得性代谢应激性肝损伤，是世界范围内最常见的慢性肝病，其发病与肥胖或超重有着密切关系。非酒精性脂肪性肝炎（non-alcoholic steatohepatitis，NASH）被认为是 NAFLD 的进行性形式，其主要特征为肝细胞大泡性脂肪变性伴肝细胞损伤和炎症，严重者可发展为肝硬化。

目前研究发现，代谢综合征是 NAFLD、NASH 发生的最强风险因素。由于成年人和儿童肥胖流行率增加，NAFLD 和 NASH 发病率迅速增加，发病率高达 17%~33%，且有逐年上升趋势。NAFLD 和 NASH 是引发全球范围内肝脏相关疾病发病率与死亡率的主要原因。糖尿病与 NAFLD 的进展具有最清晰的生物学联系，75% 的 T2DM 患者伴有 NAFLD，50% 的高血压患者伴有 NAFLD，高血压与纤维化进展密切相关，且 NAFLD 与动脉粥样硬化、心肌重塑、心力衰竭、肾脏疾

病之间已证明存在相关性。此外，北美、欧洲（约83%患者）NAFLD患者伴有肥胖特征，而亚洲地区则出现了"瘦型非酒精性脂肪肝炎"即BMI指数正常仍会面临NASH风险。单纯性脂肪肝随访10~20年发展为肝硬化的概率为0.6%~3.0%，NASH随访10~15年肝硬化的发生率高达15%~25%。发生肝硬化后每年有1%病例发展为肝癌。近年来，许多研究发现免疫学机制在NASH和NAFLD的发病中发挥重要作用。

一、Mφ与NAFLD

肝脏也被认为是免疫器官，其含有KCs、NK细胞、T细胞、Treg及DC等免疫细胞。KCs是肝内数量最多的Mφ。研究表明，KCs活化和促炎细胞因子释放在NASH炎症和肝损伤级联中起着核心作用。M1产生促炎细胞因子直接作用于肝细胞并促进脂肪变性、炎症和肝细胞损伤。Mφ的清除或耗竭导致IL-1β表达减少，显著降低肝脏炎症和脂肪变性，减轻肝脏损伤。脂联素可使Mφ极化为M2表型，抑制小鼠的非酒精性脂肪性肝炎。Mφ还有代谢功能，调节FA氧化，增加肝脂质存储和胰岛素抵抗。在NAFLD患者及NASH小鼠模型中，Mφ的摄取功能显著减弱，并随脂肪变性程度的增加而降低。Mφ定向疗法治疗NAFLD和NASH是目前研究较多的一种干预策略。

二、淋巴细胞与NAFLD

淋巴细胞在肝脏中大量存在，并已被证实在NAFLD的肝脏中有所积累。研究表明，在NAFLD的所有阶段，CD68$^+$巨噬细胞、CD8$^+$T细胞占主导地位，而CD4$^+$T细胞在肝脏微环境中缺失。免疫细胞可通过调控肝星状细胞的活化，影响肝纤维化的发生。NAFLD患者外周血Treg显著低于健康人群；随着脂肪肝程度的加重，外周血Treg水平逐渐下降。

NK细胞是肝脏中含量较多的先天免疫细胞，通过IFN诱导肝星状细胞和肝实质细胞的凋亡对NAFLD有重要影响。NAFLD患者外周血NKT细胞比例下降，但肝NK细胞数量增加。NKT细胞在正常肝血窦内表达，通过诱导适应性免疫反应（1型和2型）调节宿主反应来应对组织损伤及炎症反应。在NAFLD从炎症发展至纤维化阶段，NKT细胞增加，并被脂类抗原激活，导致肝纤维化。

NAFLD小鼠肝内B细胞比例升高，B细胞可通过分泌IL-6、TNF-α及IgG

参与 NAFLD 发生。

NAFLD 患病风险随着白细胞计数四分位数分组的增加而呈现递增趋势。中性粒子细胞和淋巴细胞计数比值（NLR）在 NAFLD 患者组明显升高，单核细胞绝对值、淋巴细胞绝对值高是 NAFLD 的危险因素。在 NAFLD 患者中 NLR 和 ALT 值呈成相关，NLR 在判断 NAFLD 肝损伤预测方面比外周血 WBC 计数及 N 计数更具优势，且更稳定。

三、其他免疫细胞和细胞因子与 NAFLD

DC 是肝内的主要 APC。在炎症阶段，DC 表达 TLR4/MD-2 复合物，产生炎症因子（如 TNF-α）及分泌淋巴细胞相关抗原分子（如 CD40、CD80、CD86）。DC 在 NAFLD 的肝脏中能够通过限制无菌性炎症来发挥作用，并且对 $CD4^+T$ 细胞的功能具有重要的免疫调节作用。此外，DC 能够限制 $CD8^+T$ 细胞的成熟和细胞因子的产生，以及 TLR 在固有免疫细胞中的表达。在 NAFLD 的恢复期，DC 的减少能够延迟肝脏炎症反应和纤维组织增生的发生。

红细胞分布宽度（red blood cell distribution width，RDW）水平与 NAFLD 的发生具有相关性；在老年高血压人群中，RDW、淋巴细胞绝对值、红细胞计数、血红蛋白、单核细胞绝对值水平与 NAFLD 相关。NAFLD 的发病率随着基线血红蛋白水平的增高而增加，且血红蛋白水平是 NAFLD 发病的独立危险因素。RDW 与血小板比值（RPR）及 NAFLD 患者肝纤维化程度存在相关性。

TNF-α 高表达是肥胖和 NAFLD 病理学中炎症的特点，并且对胰岛素抵抗有影响。NAFLD 患者中 TNF-α 或其受体在肝脏和脂肪组织中表达上调。TNF-α 可导致肝细胞脂肪变性及坏死。另外，TNF-α 可拮抗抗炎细胞因子脂联素。在 NASH 患者中，TNF 的表达与肝纤维化程度呈正相关。

内脏脂肪组织能分泌大量的 IL-6，NAFLD 患者血清 IL-6 的增加有致炎和致纤维化作用。脂肪分泌的 IL-6 可调节肝脏的胰岛素抵抗。在 NAFLD 患者中 IL-6 高表达，高胰岛素血症，以及氧化应激增加，这与疾病晚期进展有关。也有研究发现，IL-6 有一定的抗炎作用，在肝再生等过程中起到了非常重要的作用。

四、Toll 样受体及其主要受体成员在 NASH 发病中的作用

Toll 样受体（TLRs）既参与天然免疫，又是非特异性免疫和特异性免疫间的

桥梁。TLRs 能识别各种不同的 PAMPs。已证实 LPS 是 TLR4 的主要配体，LPS/TLR4 信号通路在肝纤维化形成过程中起关键作用。TLR9-MyD88 通路是细胞因子介导肝细胞损伤的重要环节。TLR9-MyD88 信号同时介导 KCs 中 IL-1β 的产生，后者可以同时刺激肝细胞和肝星状细胞，导致 NASH 的发生及发展。早期研究表明，缺乏 TLR2 信号是抑制高脂饮食小鼠模型中脂肪变性的重要因素。

五、运动改善患者 NAFLD 症状和免疫功能

运动对 NAFLD 治疗有效，且比手术、药物等疗法更加经济、安全，被誉为 NAFLD 绿色疗法。

适宜的运动可以提高胰岛素敏感性，改善胰岛素抵抗。胰岛素抵抗是 NAFL 和 NAFLD 的致病基础。因此提高胰岛素的敏感性，改善胰岛素抵抗也是治疗 NAFLD 的基础。大量的文献报道，适宜的运动后人体和动物胰岛素抵抗都能得到改善。适宜的运动可以改善胰岛素与受体的结合，降低游离脂肪酸的浓度，抑制脂肪细胞和肌细胞 TNF-α 的超表达，改善胰岛素抵抗。适宜的运动可以增加机体的抗氧化能力，加速自由基的清除。提高超氧化物歧化酶（SOD）、谷胱甘肽过氧化物酶（GPX）等抗氧化酶的活性，增强抗氧化能力。研究发现，有氧运动（60%~70%HRmax，HRmax = 220 - 年龄，60 min/次，5 次/周）干预后，肥胖者体质量减轻、BMI 和腰臀比（WHR）减小的同时，其 TNF-α、IL-6 水平随之降低，有效改善了肥胖及其炎症状态。抗阻运动也可降低瘦素含量，且干预时间越长（16 周以上），对脂联素的降低效果越好。总之，NAFLD 治疗开始时，采用低强度运动即可控制体质量，减轻肥胖，改善血脂和肝功能。但是在治疗过程中，需要增加运动强度。如果仍然维持低强度运动，将影响治疗效果。

运动干预 NAFLD 的研究起步较晚。据研究，有氧运动、抗阻运动和高强度间歇运动都被证实对脂肪性肝病有改善作用，不同形式的运动减少肝内脂肪的效果相近。2020 年发布的《代谢相关脂肪性肝病诊断和管理临床实践指南》推荐 NAFLD 患者应规律进行运动，目标为每周进行 150~300min 的中等强度运动或 75~150min 的高强度有氧运动。此外，也可以适当进行一些抗阻运动。然而，由于 NAFLD 的疾病谱包含从 NAFL、NASH 相关肝纤维化、肝硬化和肝癌等一系列疾病，不同病期的 NAFLD 可能需要不同形式的运动干预，而根据患者自身病情和运动能力，也需要选择个体化的运动强度、运动时间和不同运动方式的组合，这些目前尚未明确。另外，以往大多对 NAFLD 患者进行运动干预的研究多以体

质量变化和肝酶水平变化为治疗终点,但对其他指标的改变,如肝纤维化和肝硬化的变化,研究结论并不一致。

第五节 运动、免疫与心血管疾病

代谢紊乱与心血管疾病的发生密切相关。炎症机制的激活在代谢紊乱所致的心血管疾病中发挥重要作用。除代谢产物的直接作用外,炎症参与心血管疾病的发生与发展,炎性因子的升高和炎性细胞的浸润,导致内皮细胞进一步损害。抗炎治疗可成为心血管疾病的新策略。

一、免疫与心脏病

根据美国心脏协会 2020 年数据统计,心脏疾病仍然是致死的主要原因。《中国循环杂志》数据显示,我国心脏病患病率呈持续上升趋势,其中代谢性心脏病占比逐年升高,且呈年轻化趋势。代谢性心脏病是指高血压、高血脂、高血糖、肥胖症等慢性代谢性疾病引发的心脏结构与功能的损害。

1. Mφ 与心脏病

有研究表明,Mφ 是心脏生理状态下即存在的一种原始免疫细胞,稳态下的心脏 Mφ 被称为心脏固有 Mφ,并不发生炎症反应,这种细胞表达少量的淋巴细胞抗原 6 复合物基因座 C(lymphocyte antigen 6 complex locus C,Ly6C)标志物和一组与 M2 极化高表达相关的 22 个基因组;这些固有 Mφ 也表达炎症因子基因,包括 IL-1β。基因谱系示踪技术证实卵黄囊和胎儿单核祖细胞生成了大多数心脏 Mφ。心脏的 Mφ 可分为成年单核细胞(CRR2$^+$)或是胚胎来源(CRR2$^-$)。有研究认为,单核细胞来源的 Mφ 在心脏炎症中的作用甚微。在小鼠实验中发现随着周龄的增长,心脏 Mφ 的局部增殖和自我更新能力下降,其更替主要由单核细胞分化而来。心脏 Mφ 主要由 Ly6chi 单核细胞生成,包括 4 种 Mφ,即 Ly6C$^-$CCR2$^-$、MHCⅡhigh/MHCⅡlow、Ly6C$^+$CCR2$^-$、Ly6C$^+$CCR2$^+$。

高致残率和死亡率相关的心律失常主要包括心房颤动,室性心动过速和心室颤动,在心肌梗死、心肌炎、心衰等心脏疾患存在时更易发生。研究表明,Mφ 参与了上述疾病的心脏重构,在心律失常的发生发展中起关键性作用。

炎症在房颤发生中扮演着重要角色。研究发现,孤立性房颤患者淋巴细胞浸润和邻近单核细胞坏死，而窦性节律患者则无此现象。据证实，房颤诱导了 Mφ 向 M1 极化，M1 分泌 IL-1β 抑制心房肌细胞震动蛋白表达，恶化心房电重构，使心房有效不应期缩短、L-型钙电流（ICa-L）减少，去除 Mφ 减轻了 LPS 诱导的心房电重构。Mφ 和心肌梗死有关。小鼠实验表明，随着心梗的进程，大量的血液单核细胞依次渗入缺血和梗死周边区、偏远非梗死区并分化为 Mφ，数量可增加 2.9 倍。

特发性心律失常与 Mφ 的局部浸润有关。Mφ 敲除可诱导进行性的房室结阻滞；提示心肌的固有 Mφ 促进房室结末梢的电传导。有研究证实，在心动过速心肌病患者中，经心内膜活检发现 $CD68^+$ Mφ 浸润明显增多。Mφ 在疾病状态下分泌的促炎因子主要有 TNF-α、IL-1、IL-6 和 Mφ 迁移抑制因子（macrophage migration inhibitory factor，MIF）等，与心律失常基质形成密切相关，其机制对深入了解 Mφ 致心律失常作用十分重要。

2. 其他免疫细胞及免疫因子与心脏病

相关研究发现，冠心病患者白细胞水平明显升高，且白细胞水平越高，冠心病并发症的发生率及病死率就越高，二者呈显著正相关。研究表明，PMNs 可能通过表达细胞黏附分子、产生 NO 等物质，损伤心脏微血管，促使粥样斑块发展、增加其不稳定性。研究也发现，不稳定型心绞痛和急性心肌梗死患者的 PMNs 趋化能力、脱颗粒能力和产生 LTB4 的能力明显增强。

急性心肌梗死患者外周血 T 细胞及其亚群的绝对计数出现相应减少，而 $CD4^+/CD8^+$ 比值升高，推测可能与外周免疫耐受失去平衡有关。老年冠心病患者 $CD8^+$T 细胞数量及 $CD4^+/CD8^+$ 比值分别与左室舒张末期内径呈明显负相关，表明心容量负荷与 $CD8^+$T 细胞数量改变有关。在部分 T2DM 患者中内源性钙卫蛋白增加，可能表明炎症状态增加，从而导致心力衰竭。有研究证明，高血压伴左心室肥厚的患者 NLR 与无左心室肥厚的高血压患者相比明显升高（$P<0.05$）。临床上观察到房颤患者 CRP、IL-6、IL-8、TNF-α 等炎性标志物的升高，同时伴随 PMNs 和淋巴细胞的增多。心肌梗死周边区的细胞因子（TNF-α、IL-1β、IL-6）和蛋白酶（MMP）明显升高，提示炎症在心肌梗死电生理、心律失常的发生中起重要作用。临床证据显示，在心肌梗死后发生心律失常的患者中较未发生心律失常的患者有更高的循环炎性因子水平。

二、免疫与高血压

高血压严重危害人类健康，是心脑血管疾病的重要危险因素之一。高血压会引起血管重塑和心肌纤维化，从而使高血压患者发生脑卒中、心肌梗死等严重心脑血管事件的概率远远高于血压正常人群。大量研究表明，高血压患者发生心脑血管意外和靶器官损害与体内的慢性炎症反应有密切关联。新近研究表明，固有免疫和获得性免疫系统介导的慢性炎性反应，如趋化因子表达、免疫细胞激活和浸润、细胞因子释放和氧化应激均参与高血压的发生、发展和靶器官损害过程。

1. Mφ 与高血压

单核-吞噬细胞系统（MPS），作为固有免疫的重要组分，同时也是调节获得性免疫的桥梁，在高血压的发生和发展中发挥重要作用。

小胶质细胞介导的交感神经炎性反应促进高血压发生。研究发现，外周注射 LPS 可诱导系统性的炎性反应，激活小胶质细胞，增加氧化应激水平并导致神经源性高血压。静息期的小胶质细胞为 M0 亚型。M1 具有促炎作用和神经毒性，M2 可分泌 IL-10，有抑制凋亡和促进组织修复等神经保护作用。

Mφ 直接介导血管炎性反应参与高血压致病。在多种高血压模型中，均发现主动脉和肾动脉外膜存在大量 Mφ 浸润；随着高血压缓解，血管周围浸润的 Mφ 显著减少。其机制可能与单核-巨噬细胞可增强血管张力有关。管壁 Mφ 分化的 M1 促进血管炎性反应，加重高血压及其靶器官损害，M2 介导抗炎作用，对高血压有保护作用。但有研究显示，M2 还可通过分泌 TGF-β 促进血管壁纤维化，降低血管壁弹性，从而促进血压升高。Mφ 和 DC 均为 APC，可通过抗原呈递作用激活获得性免疫，促进血管炎性反应，加重高血压。

水钠潴留是高血压发生中的重要环节，Mφ 参与调节水盐代谢，在盐敏感高血压的发生中起主要作用。MPS 在肾脏水盐调节中的作用机制可能是通过 Mφ-前列腺素通路调控肾小管离子通道的表达。降低长期被喂食高盐食品的小鼠体内 Mφ 水平后，小鼠血压会增高；Mφ 水平恢复正常后，小鼠血压也随之恢复正常。也有研究表明，服用减少 Mφ 药物的患者与服用其他药物的患者相比血压更高。

内皮素（endothelin, ET）的缩血管升血压效应可反射性引起心率抑制，造成心肌供血不足，诱发心肌细胞糖超载、心律失常及心肌能量代谢障碍。Mφ 清除 ET

的强效激素分子，有助于血管松弛，显著降低血压。有研究发现，高盐诱导 M1 分化及其促炎细胞因子 TNF-α、IL-12、CCL-10 和 CCL-5 表达下降，M2 及其细胞因子 IL-10、TGF-β、CCL-17 和 CCR-2 表达增加。但也有研究认为，高盐可激活 Mφ 促炎基因，抑制其抗炎基因表达。因此，高盐对于 MPS 的影响尚有待进一步研究。

此外，肺动脉高压是一种严重威胁人类健康的肺血管疾病，病死率高，近年来研究表明，Mφ 极化影响肺动脉高压的进程。

2. 淋巴细胞、其他免疫细胞及免疫因子与高血压

免疫与高血压有关系。研究表明，高血压前期人群中慢性炎症反应已存在。据研究提示高血压与细胞免疫功能障碍有关。高压病患者 $CD3^+$、$CD4^+$、$CD8^+$ T 细胞均减少，但 $CD8^+$ T 细胞减少更明显，$CD4^+/CD8^+$ 比值增大，使 Th 辅助功能相对亢进。Th 与 TS 失调、$CD3^+$ T 细胞数量的降低可能为老年及老年前期高血压患者免疫功能紊乱的重要环节。胸腺 T 细胞减少，功能减退，且与病情呈正相关。

有文献报道，高血压患者也存在体液免疫状态异常。$CD4^+$ T 细胞功能相对亢进，可促发 B 细胞活化，IgG 和 IgM 分泌增加，导致自身抗体增加及补体激活。高血压患者血清 IgG 均高于正常，且 IgG 水平与高血压程度呈显著正相关。

据研究，高血压 I 期或 II 期患者 NK 细胞均非常显著性低于正常对照组。高血压患者 PMNs 增加，红细胞免疫黏附降低。动物试验研究表明，自发性高血压大鼠脾及外周血中豚鼠红细胞玫瑰花形成数量减少，老年原发性高血压患者 RBC-ICR 增加，占据了过多的红细胞 C3b 受体，导致红细胞免疫黏附功能和 IC 清除降低。过多的 IC 沉积于内皮细胞，使其损伤，加重患者病情。研究已证实，多种炎症指标，如 CRP、白细胞、IL-6、单核细胞趋化蛋白 1 及 TNF-α 等因子都与血压升高存在密切相关性。

3. 白细胞计数与高血压

白细胞与高血压及心脑血管等并发症的发生、发展均存在密切相关性。在高血压前期人群中，白细胞计数水平随着血压升高而增加。白细胞计数水平与高血压的发病风险呈显著正相关，这在女性受试者中最为明显。

NLR 可作为机体炎症反应和氧化应激反应的炎症标志物。PMNs 反映人体的炎症状况。淋巴细胞的减少与生理应激有密切关系。高血压的程度与血管壁内的

慢性炎症反应关系密切。研究认为，PMNs 增加和淋巴细胞减少与脉压增加有关，脉压的增加与心血管不良事件相关。单纯收缩期高血压患者是以脉压大为特点，患者的白细胞、PMNs 计数和 NLR 高于收缩压及舒张压均高的高血压患者和正常血压人群，且高 PMNs 是单纯收缩期高血压的独立预测因子。

夜间血压明显上升（全天血压变化呈非构型）（图 8-2），使血管一直处于高压力状态，加速了血管壁的炎症。有研究发现，非构型高血压与心血管疾病的发病率和死亡率增加有关。血小板与淋巴细胞比值与非构型高血压密切相关。与构型高血压组相

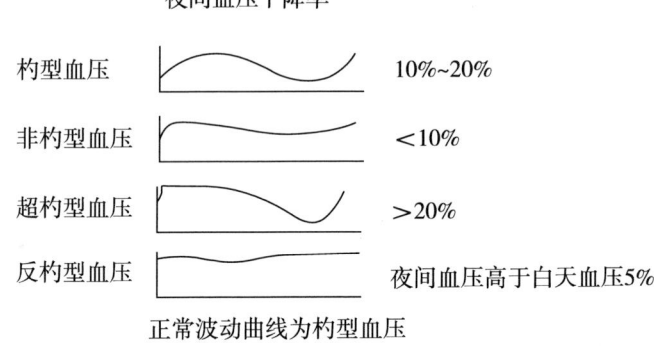

图 8-2　高血压分型示意图

注：夜间血压下降比值 =（白天血压 - 夜间血压）/ 白天血压 ×100%

比，非构型高血压组 RDW、血小板计数、NLR 及血小板和淋巴细胞计数比值（PLR）均显著升高。目前国内外研究均认为非构型高血压的 NLR 高于构型高血压。男性老年高血压患者入院时 NLR>2.16 是 90 天非致死性心血管事件的独立预测因子。

三、免疫与动脉粥样硬化

心血管疾病是导致全球范围内人类死亡的重要原因，而动脉粥样硬化是导致急性心血管事件的主要因素。动脉粥样硬化是含高胆固醇和载脂蛋白 B 的脂蛋白在壁内滞留引发的动脉壁慢性炎症疾病。可将先天性和适应性免疫系统的细胞吸引到斑块中，与先天性和适应性免疫反应的局部和全身的激活有关。

1. Mφ 与动脉粥样硬化

Mφ 在动脉粥样硬化性心血管疾病的发展中起核心作用。目前研究认为，低密度脂蛋白（LDL）是动脉粥样硬化病变中脂质蓄积的主要来源。促炎性颗粒触发了内皮激活，将单核细胞募集到内皮下并分化为 M1，随后 Mφ 吞噬未修饰和

修饰的脂蛋白，转化为富含胆固醇的泡沫细胞，泡沫细胞的积累有助于脂质储存和动脉粥样硬化斑块生长。Mφ分泌促炎细胞因子、趋化因子和ROS维持局部炎症反应，即将死亡的Mφ形成斑块中的坏死核心，极易导致血管破裂，提高随后的心肌梗死及卒中风险。尽管许多细胞类型都有助于形成动脉粥样硬化斑块，但Mφ在动脉粥样硬化病理生理中的作用不可替代。M1通过释放多种炎性细胞因子，以及产生高水平的NO和ROS，促进炎症反应，并参与Th1介导的免疫反应，加剧斑块的扩张与不稳定。M2分泌TGF-β抑制免疫细胞的招募、抗炎，可清除凋亡的细胞。也有研究显示，M2既能促进又能抑制动脉粥样硬化的发生。MIF在动脉粥样硬化病变中表达上调，通过CXCR2、CXCR4及CD74促进动脉粥样硬化过程中白细胞的募集和病灶处炎症反应。Mφ自噬可促进胆固醇逆向转运、抑制炎症反应、阻碍斑块进展，而Mφ自噬异常可引起周围细胞坏死，加速动脉粥样硬化斑块进展和斑块失稳。

2. 淋巴细胞与动脉粥样硬化

淋巴细胞参与了动脉粥样硬化的发生发展。短暂刺激髓样细胞可导致长期的促炎和促动脉粥样硬化表型，这被称为训练性免疫。训练性免疫可由氧化型低密度脂蛋白（oxidant LDL，ox-LDL）和内源性脂蛋白因素（如脂蛋白含量过高或脂蛋白分子的结构和功能改变）触发。T细胞和B细胞精确识别抗原后，控制疾病发作和进展期间的免疫反应，在动脉粥样硬化斑块的形成中起着至关重要的作用。在疾病的所有阶段均发现T细胞和Mφ，偶尔也可发现B细胞。

Th1产生高水平的IFN-γ以诱导内皮细胞ICAM-1和VCAM-1的表达，从而来调节免疫细胞的募集，以及调节参与胆固醇代谢的关键基因来促进泡沫细胞形成。Th2产生IL-4、IL-5和IL-13，并介导B细胞反应。IL-4增强Mφ对动脉粥样硬化的促进。IL-5和IL-13通过增强胶原蛋白沉积，减少单核细胞募集并增强M2极化。Th17在动脉粥样硬化中的致病作用取决于其产生促炎因子（如IL-6、IFN-γ）和GM-CSF的能力。抑制Th17产生IFN-γ和GM-CSF，以促进斑块稳定性的措施可产生抗动脉粥样硬化作用。Treg可抑制多种免疫细胞，包括CD4$^+$T细胞、CD8$^+$T细胞、B细胞和NKT细胞，并驱使DC和Mφ趋向于更具耐受性的表型。Treg数量的减少会加重动脉粥样硬化的发展。Treg特异性分泌的IL-35促进Treg的增殖，抑制Th17的分化及IL-17的分泌，发挥免疫抑制作用，有望成为治疗动脉粥样硬化的新靶点。

据研究，B 细胞的抗原呈递可促进动脉粥样硬化的进展。在小鼠中，B1 细胞分为表达 CD5 的 B1a 细胞和 B1b 细胞。B1a 细胞产生天然抗 ox-LDL 的 IgM 抗体，阻断 Mφ 摄取 ox-LDL 和泡沫细胞的产生，去除动脉粥样硬化斑块中的凋亡细胞，抑制坏死核心的形成以保护血管壁。B1b 细胞产生 IgA 参与动脉粥样硬化过程。关于 B2 细胞的抗动脉粥样硬化作用目前还有争议。调节性 B 细胞（regulatory B cell，Breg）分泌 IL-10 和 TGF-β 发挥免疫抑制功能，抗动脉粥样硬化。用丙二醛修饰的 LDL 或其他 ox-LDL 免疫后可减轻动脉粥样硬化。

3. 其他免疫细胞和动脉粥样硬化

PMNs 被认为是动脉粥样硬化演变过程中的主要参与者。PMNs 与内皮细胞的黏附是慢性炎症发生的关键步骤。PMNs 在动脉粥样硬化病变中向血管炎症部位迁移，加速动脉粥样硬化血管壁炎症反应的发生。PMNs 促进动脉粥样硬化病变单核-巨噬细胞的募集及激活，促进泡沫细胞形成，与晚期动脉粥样硬化病变中斑块的不稳定性有一定关系。研究表明，PMNs 胞外诱捕网（NETs）有促炎和促凝的作用，与动脉粥样硬化发展过程中的血栓形成关系密切。NETs 可被视为未来心血管事件的危险因素。因此，PMNs 在动脉粥样硬化不稳定斑块破裂、血栓形成的过程中发挥重要作用。NLR 可用于颈动脉粥样硬化斑块是否发生及发生数量的预测。PLR 也是炎症标志物，其水平升高反映机体凝血功能亢进和全身炎症反应加重。

此外，炎性因子 TNF-α、IL-6、hs-CRP 的升高也作用于内皮细胞，促进血管炎症，增强血小板聚集及 Mφ 对 LDL 的吞噬，参与动脉粥样硬化的发展。

四、运动通过提升免疫力预防和辅助治疗心血管疾病

久坐不动的生活方式对心血管系统有害。运动是预防和治疗代谢性心脏疾病的一种行之有效的干预方式。在以往的治疗中，通过有氧运动能够增强心血管疾病患者的体质，提升患者的肌肉质量，减少炎症的发生。每周 4~5 次有氧运动可显著降低老年人中心动脉僵硬度，非常有助于预防心血管疾病。有氧运动可改变左室舒张功能，并可诱导心脏的保护机制。经常锻炼也是冠心病患者治疗的一部分。对 63 项将运动方案纳入心脏康复计划的研究综述表明，心血管死亡率降低了 8%~10%，再次住院率降低了 26%~31%。此外，参加 3~6 个月的心脏康复计划的心肌梗死患者的有氧功能能力提高了 11%~36%，生活质量得到改善，并

降低了随后发生心脏事件的风险，包括改善已知的全身性冠心病患者危险因素，如血液压力和血脂。此外，经常运动对高血压患者和血压正常的人有积极作用。抗阻运动能够提升患者的免疫力和抵抗力，也可对患者的心脏康复产生积极的作用，还能有效降低血压。此外，优秀运动员心功能较好，恒定运动较为稳定。另外，每周2~3次有氧运动会使相关联外周阻力减小，心室后负荷减少，而且有助于改善局部的外周血管功能，控制收缩压和舒张压上升，有效降低患者的血脂水平，稳定空腹及餐后2h血糖水平，加速胆固醇等物质的分解，抑制心血管疾病的持续进展，进而增强肌肉的代谢能力，促进心脏功能恢复。

第六节　运动、免疫与哮喘

哮喘一般指支气管哮喘（bronchial asthma），是一种广泛传播的慢性炎症性疾病。如果诊治不及时，哮喘随病程的延长可产生气道不可逆性缩窄和气道重塑。全球约有1.6亿哮喘患者，各国患病率不等，国际儿童哮喘和变应性疾病研究显示，13~14岁儿童的哮喘患病率为0%~30%；我国五大城市的资料显示，同龄儿童的哮喘患病率为3%~5%。一般认为儿童哮喘患病率高于青壮年，老年人群的患病率有增高的趋势。成年男女患病率大致相同，发达国家高于发展中国家，城市高于农村。约40%的患者有家族史。根据诱导痰液中炎症细胞的类型分为EOS哮喘、PMNs哮喘、寡细胞哮喘和混合细胞哮喘。50%以上的哮喘存在以PMNs浸润为主的气道炎症。

一、Mφ与哮喘

肺Mφ表型调节紊乱有助于哮喘的发病。M2在哮喘中起到了修复组织和维持肺组织微环境稳态的作用，但是过量的M2会促进细胞的募集和黏液的分泌，导致气道高反应性，使哮喘进一步恶化。M1也在哮喘的发展中发挥作用，严重哮喘患者，特别是在对GC治疗有抵抗的患者体内，Mφ表现为M1表型，产生大量TNF-α、IL-1β和NO，加剧肺损伤，并加速气道重塑。因此M1和M2均参与哮喘的发生。

二、淋巴细胞与哮喘

淋巴细胞亚群的异常变化亦参与了哮喘的发生发展过程。研究显示，哮喘是一种以 Th2 优势免疫、气道高反应、可逆的气流受阻、气道 EOS 浸润、气道黏液高分泌及血清高 IgE 为特征的气道慢性炎症性疾病。一般认为，哮喘患者体内 Th1/Th2 失衡，Th1 受到抑制，Th2 异常活化，Th1 分泌的细胞因子 IFN-γ 和 Th2 分泌的细胞因子 IL-4、IL-5、IL-13 引发炎症参与了过敏性哮喘。有研究发现，哮喘急性发作期患儿 $CD3^+$、$CD4^+$、$CD4^+/CD8^+$ 比值下降，而 $CD8^+$ 水平升高，表现出免疫功能受损。据报道，哮喘患者外周血中的 Treg 较正常人少。Treg 与其分泌的 IL-10 在免疫耐受、降低过敏性炎症方面发挥重要作用，可作为预测幼儿喘息是否进展至过敏性哮喘的客观指标。

与哮喘免疫反应最密切的是 NK 细胞和Ⅱ型天然淋巴细胞（ILC2）。NK 细胞与哮喘发作相关，哮喘患者的外周血中 NK 细胞数量较正常人群增多，而当哮喘急性发作，外周血中 NK 细胞骤然减少，可能此时存在 NK 细胞向肺内募集现象。目前认为 NK 细胞主要通过对过敏原或病原体的早期固有免疫应答，以及调节 Th1 与 Th2 间平衡来参与哮喘的免疫反应。在病毒或过敏原诱发的急性哮喘中，NK 细胞及其分泌的 INF-1 对 Th2 功能有负性调节作用。在儿童哮喘患者中，接受特异性免疫治疗后，哮喘发作减少，同时外周血中 NK 细胞的活性增加。然而，NK 细胞还可通过分泌 IFN-γ、IL-5 等细胞因子增强抗原呈递功能，促进 DC 成熟，以及 EOS 募集，间接参与哮喘的炎性反应。ILC 作为一群固有免疫细胞，在炎症早期迅速参与免疫应答，分泌大量细胞因子，可直接或间接对抗病原体的侵袭，控制感染病灶的进展。同时 ILC 具有修复气道上皮完整性和维持肺组织自稳的作用。ILC2 也能在被激活后产生大量 Th2 型细胞因子。

奥利维拉（Oliveria）等发现哮喘患者循环 Breg 水平较低。Breg 主要通过释放 IL-10 控制过度的炎症。哮喘小鼠的特征之一是缺乏分泌 IL-10 的 Breg。IgE 是检验哮喘的经典指标，哮喘患者血清 IgE 水平升高。

三、粒细胞和细胞因子与哮喘

哮喘支气管肺内 EOS 增多，并持续存在。而突发致命性哮喘表现为以 PMNs 浸润为主，EOS 则不增多。研究证实，哮喘患者气道内 PMNs 的数量和活性在稳定期和急性发作期都会增加。据研究，全球三亿多哮喘患者中 80% 的慢性气道炎中痰液 PMNs 增多。PMNs 除能释放 LTB4 等炎性介质导致气道组织细胞损伤外，还能通过呼吸爆发释放一系列氧代谢产物，以及 IL-8、IL-6、TNF 等炎症介质和细胞因子。LT 在上下呼吸道的炎症中起重要作用，哮喘患者 LT 释放的数量要明显高于正常人。IL-8 能诱导和增强 PMNs 自身脱颗粒作用，能够上调某些黏附分子的表达，增强 PMNs 的结合活性，还能吸引 EOS、BASO 及淋巴细胞向炎症部位聚集，并促使上述炎性细胞释放大量炎性介质，参与气道高反应性，由此形成持续性炎症反应，在哮喘的发生发展中发挥重要作用。IL-6 主要通过促进 B 细胞增殖、分化和 IgE 分泌，以及促进 T 细胞增殖、分化，参与哮喘反应。TNF 能激活炎性细胞产生和释放炎性介质，激活 T 细胞和 B 细胞，增强免疫反应，最终导致气道反应性增高。LT 及 IL-6 等炎性因子是诱发小儿哮喘的重要炎性因子。

IL-10 以抑制炎症反应为主，但部分哮喘患者有 IL-10 合成障碍，导致体内 IL-10 水平降低，对气道炎症的抑制力下降，使哮喘患者的气道炎症长期存在。

四、运动性哮喘

哮喘有多种诱发因素，运动是其中常见的诱发因素之一。运动性哮喘（exercise-induced asthma，EIA）亦称为运动性支气管痉挛（exercise-induced bronchoconstriction，EIB），是指在患者运动过程中或运动后出现的短暂性支气管气道痉挛，多有咳嗽、气喘、呼吸困难、胸闷等表现，气道高反应性是其主要特点，常见于青少年及耐力运动员，尤其是冬季及游泳运动员。其发病率较高，占哮喘患者的 40%~90%。对部分患者来说，运动可能是诱发运动哮喘的唯一因素。有数据显示，儿童和青少年运动员的 EIA 平均患病率为 15%，估计全球有 1650 万患者，EIA 已成为一个需要更多关注的全球公共卫生问题。EIA 的经典机制包括气道重加温学说和高渗透压学说，前者指运动时吸入大量干燥的空气，引起气道水分丢失及冷却，运动停止后，气道重新加温，导致气道渗出增多和水肿，引起气管收缩；后者指运动时过度通气，引起水分丢失，使气道处于高渗状态，诱导了支气管收缩。近年来，越来越多的证据支持气道多种免疫细胞及活性物质在 EIA 的气道炎症及免疫机制中起重要作用，而目前对其具体研究仍不足。

1. 淋巴细胞与 EIA

目前研究表明，T 细胞、EOS、MC、BASO 等多种细胞参与 EIA 发病机制。EIA 与普通哮喘存在一定差别。

目前观点认为，哮喘作为一种异质性疾病，包括 Th2 相关型和非 Th2 相关型；而 EIA 主要经由 Th2 免疫途径起作用。Th2 活化、增殖，并分泌 Th2 型细胞因子，导致上皮细胞、平滑肌细胞和 EOS 等细胞和下游炎症细胞聚集。除 Th2 外，运动员运动后 Th17 与 Treg 失衡也是引起 EIA 气道炎症的重要因素。运动后 Th17 明显升高伴 Treg 降低，气道免疫耐受与气道炎症之间的平衡随即打破，从而导致促炎因子释放增加。Th17 分泌的 IFN-γ 和 IL-17 在维持气道慢性炎症中起着重要作用，并与重症哮喘发作相关。其他 T 细胞亚型在 EIA 中是否发挥作用尚需研究。

2. EOS、MC、BASO 与 EIA

研究发现，EIA 患儿运动后的血 EOS 数越高，哮喘越严重。在气道损伤或高渗状态下，EIA 患者 MC 在气道中滞留、激活及脱颗粒，释放更多的 LT 和前列腺素 D2，引起气道高反应性和气道痉挛。研究发现，运动可导致前列腺素 E2（PGE2）升高，但在普通哮喘患者体内并无升高。据研究，在运动过程中内源性 PGE2 生物合成不足可能是 EIA 诱发支气管收缩的原因之一。EIA 患者运动后痰中 BASO 数量明显升高，随即分泌组胺、LTC4 等，并可作为 APC 细胞启动 Th2 型炎症反应，引起气道平滑肌收缩和气道重塑，诱导 EIA 患者哮喘发作。

3. 免疫活性物质与 EIA

有研究发现，多种炎症介质参与诱发 EIA。EIA 患者运动后痰中白三烯 E4（LTE4）可明显升高。EIA 患儿尿中 LTE4 升高，其浓度水平与哮喘严重程度呈正相关。研究显示，运动后哮喘患者的瘦素水平升高，瘦素可使 MC 脱颗粒、EOS 合成 LT，进而引起气道高反应性。但也有学者发现，EIA 患者运动后尿中 LTE4 并没有增加，这可能与个体差异、尿液收集的时间有关。

趋化因子在 EIA 患者运动后 24h 内仍处于较高水平，并伴有血小板活化，趋化炎症细胞和气管收缩介质释放，气道炎症持续时间延长，最终导致哮喘发生。EIA 患者运动后的气道处于高渗状态，能促进趋化因子浓度升高，后者与 IgE 水平、哮喘严重程度及肺功能均有明显相关性。

单核-巨噬细胞趋化蛋白-1（MCP-1）可诱导哮喘。在 EIA 诱发早期，MCP-1 释放增加，在晚期主要是 IL-16 增加，CC16 是一种由终末细支气管上克拉拉细胞分泌的蛋白，具有抗炎、抗氧化、免疫调节作用，其血清浓度与运动时气道上皮损伤有关。研究表明，在运动员中 CC16 血清浓度低于正常人；EIA 患者运动时过度通气或吸入干燥空气，引起气管 CC16 分泌减少，而运动后 30~60min 尿中 CC16 升高明显，导致其抗炎作用减弱。但也有学者发现，哮喘患者运动后血中 CC16 升高，且男性升高更为明显，提示 CC16 含量可能与运动程度及性别相关。

促炎/抗炎因子失衡是导致 EIA 气道炎症的又一个重要因素。EIA 患者运动后呼出气冷凝液中 TNF-α 升高，同时伴随抗炎的 IL-1 受体拮抗剂（IL-1ra）降低，引起 TNF-α/IL-1ra 平衡调节异常，导致气道处于炎症状态，并出现气道高反应性，进而引起气道痉挛。此外，还有内皮素、脂氧素等参与 EIA 过程。

运动性哮喘可发生于任何年龄，男性多于女性。

第七节　运动、免疫与肿瘤

早在 19 世纪中叶，德国病理学家鲁道夫·魏尔肖（Rudolf Virchow）就发现肿瘤组织中有大量炎症细胞的浸润，提出肿瘤起源于慢性炎症的猜想。目前医学界已明确炎症与癌症发生、发展及抗癌治疗的疗效密切相关。慢性炎症已被证实是肿瘤的驱动因素，在促进肿瘤进展，加速侵袭和转移的同时，炎症细胞因子还直接导致上皮细胞 DNA 损伤，造成异常的 DNA 甲基化，引发炎症相关肿瘤。

一、Mφ 与肿瘤

肿瘤相关巨噬细胞（tumor-associated macrophage，TAM）是癌症中浸润炎症细胞的主要成分，对癌症的形成和发展有重要影响。在肿瘤发生阶段，TAM 产生大量炎症介质，形成炎症环境并促进肿瘤生长。当其发展为恶性肿瘤时，TAM 还具有促进肿瘤血管生成、侵袭和转移及免疫抑制的功能。据研究，在血管网发芽、吻合和成熟过程中，M1 分泌血管内皮生长因子，启动血管生成过程；M2a 促进血管融合，并可能通过血小板源性生长因子的分泌募集周细胞；M2c 分泌高水平的基质金属蛋白酶 9，在血管重构中发挥重要作用，提示 Mφ 控制血管生成的复杂性。

随着肿瘤转移，TAM 浸润靶组织并为肿瘤细胞的侵入奠定基础。在肿瘤局部低氧环境中，TAM 的数量也呈增加趋势，形成恶性循环。越来越多的证据表明，TAM 的密度与癌症进展和不良预后相关。有文献报道，M2 可促进胃癌或乳腺癌细胞的转移。另外，前列腺癌病情恶化与 M2/M1 的比例呈正相关，M2 会促进癌相关成纤维细胞的再活化，而前列腺癌细胞能够分泌单核细胞趋化蛋白1促进M2极化，因此M2与前列腺癌细胞相互促进，使病情不断恶化。

二、淋巴细胞与肿瘤

研究证实，T细胞亚群在数量上和功能上异常可导致机体免疫紊乱，诱发一系列病理改变。$CD4^+T$细胞促进效应细胞的抗肿瘤作用。$CD8^+T$细胞主要起免疫抑制作用。在恶性肿瘤形成的过程中，肿瘤细胞产生一些可溶性的免疫抑制因子抑制淋巴细胞分化增殖，使得淋巴细胞表面$CD4^+$抗原减少，$CD8^+T$细胞反应性增多。多数研究表明，恶性肿瘤患者外周血$CD3^+T$细胞和$CD4^+T$细胞低于健康人，$CD8^+T$细胞的数目多于健康人，$CD4^+/CD8^+$比值显著变小。通过检测肿瘤患者外周血T细胞亚群对判断预后有重要意义。肿瘤细胞与T细胞之间的代谢竞争是导致肿瘤逃逸的主要因素之一。Treg的自身免疫抑制活性也可促进肿瘤进展。

在肺癌中，肿瘤微环境限制了NK细胞，氧气和营养物质的缺乏、肿瘤衍生代谢产物及肥胖症等会影响NK细胞的活化，从而抑制NK细胞的抑瘤作用。在高度免疫抑制的肿瘤微环境中，NK细胞可通过释放细胞外囊泡、介导Fc受体表达等方式发挥抗肿瘤作用。NK细胞可增强肿瘤细胞对放疗的敏感性。

三、其他免疫细胞及细胞因子与肿瘤

肿瘤中存在大量PMNs的浸润。PMNs在微环境中各种细胞因子的作用下转化为肿瘤相关的中性粒细胞（tumor-associated neutrophils，TANs）。TANs是一把"双刃剑"，具有抗肿瘤及促肿瘤双重作用，可分为抑制肿瘤的N1型和促进肿瘤的N2型。在肿瘤发生的早期，PMNs主要为N1型。N1型PMNs分泌Ⅰ型IFN和激活NK细胞，具有抗肿瘤的功能。在肿瘤发展的过程中，N2型PMNs不断增多。N2型PMNs会分泌ROS、精氨酸酶和过氧化物酶等分子，抑制T细胞和NK细胞功能，达到促进肿瘤的作用。越来越多的临床研究发现，晚期肿瘤患者外周血PMNs数量升高与预后差相关。

许多研究表明，血小板与肿瘤微环境中的各种细胞之间存在着复杂的相互作用。微血管网络、淋巴系统、免疫细胞（尤其是DC、杀伤性T细胞）与肿瘤细胞间形成了相对独立的微环境。血小板为肿瘤微环境的一部分。肿瘤微环境的高渗、低氧均可促使血小板活化，同时活化的血小板能促进肿瘤细胞的转移，逃逸免疫系统的监视。

TNF-α在肿瘤进展中起双重作用，高浓度的TNF-α破坏肿瘤血管，导致肿瘤坏死，当TNF-α在相对较低的浓度下则起到了肿瘤促进剂的作用。与IL-4、IL-10一样，IL-6在激素非依赖性前列腺癌中高表达。慢性炎症与基因转录因子NF-κB的持续激活有关，后者与癌症进展有关。IL-33在多种肿瘤（如肺癌、乳腺癌、结直肠癌等）中异常表达，参与肿瘤的发生、发展和转移，甚至在同一类肿瘤中同时发挥促肿瘤和抗肿瘤的双重作用。IFN-γ与肿瘤免疫密切相关，在膀胱癌和黑素瘤癌症中，IFN-γ可以提高患者的生存率。近年来研究发现，IFN-γ及其调控的一些下游分子具有免疫抑制作用，而IFN-γ自身也可以促进某些肿瘤的生长和进展。

总之，炎症相关因子的产生可以使抑癌基因失活，也可激活癌基因。

四、运动通过提高免疫功能预防肿瘤

大量研究表明，运动可预防肿瘤的发生，坚持运动的人肿瘤发生率显著降低。运动对肿瘤的治疗及预后也有显著影响，已证实运动可显著降低肿瘤的复发率。研究显示，规律的中等强度运动可显著降低20%~30%的肿瘤发生率。运动对NK细胞的动员作用对抗肿瘤免疫反应至关重要。运动时，肌肉收缩分泌出大量IL-6。感染时IL-6是一个促炎因子。但当阻断了TNF-α和IL-1时，它便具有抗炎作用，可激活IL-10。在运动过程中，肌细胞分泌的IL-6会随运动强度的增加而迅速增多。由于NK细胞表面存在IL-6受体复合物，IL-6可增强NK细胞的动员效果，并促进可诱导表达IL-6α受体的NK细胞归巢。运动训练的小鼠肿瘤中，T细胞的数量也会显著增多。

关于运动锻炼调查问卷与肿瘤的发病率的研究，发现业余时间进行运动锻炼可以显著降低包括食管癌、肝癌、肺癌、肾癌、结肠癌、乳腺癌、白血病及骨髓瘤等在内的多种肿瘤的发病率。程序性死亡受体1（programmed cell death 1，PD-1）是肿瘤细胞表面表达的一种细胞免疫抗原。在接受PD-1免疫治疗之前进行运动锻炼，可以使患者肿瘤组织中富集大量免疫细胞，从而增强临床治疗的效果。运动也可辅助食管癌的常规治疗。

流行病学研究表明，休闲时间的体育活动使超重/肥胖和体重正常个体患癌症的风险降低。但是，很难定义最理想的运动方式和诱发抗癌防御的运动剂量。体育锻炼对肿瘤生长有直接影响，潜在的机制包括运动诱导NK细胞动员和激活。

第八节 运动、炎症与慢性代谢疾病

慢性病是全球范围内最主要的死亡原因，无论男女、各个种族和各个年龄段，慢性病的患病率都在持续上升。目前，低度炎症正在成为代谢、神经退行性疾病的常见特征。体力活动（physical activity，PA）可能是对健康造成负面影响的关键调节剂。PA 减少和腹部肥胖增加、持续的全身性低度炎症，以及疾病发生有关。引起肥胖和 PA 不足倾向的环境变化有可能通过调控基因表达的表观遗传来改变或加速进化过程。而 PA 的增加和定期运动与降低疾病风险的抗炎作用有关，故 PA 与慢性病的关系也就是 PA 和炎症的关系。

一、炎症的作用

在正常生理状态下，炎症是生物体愈合过程的一种保护性尝试。因此，全身性炎症是我们生存所需的严格调控的过程。

首先，炎症参与组织损伤修复。组织受损会释放介质引发炎症。在急性炎症中白细胞被吸引到该部位以去除碎屑。因此，炎症的目的是清除损伤并开始修复过程。如初始浸润期的 M1 随后形成促进伤口愈合和组织重塑的 M2 极化模式。炎症反应进一步激活周围细胞（T 细胞、间充质干细胞、内皮细胞及其祖细胞）支持组织再生。

其次，炎症可清除病原体。感染和无菌性组织损伤时，PAMPs 和 DAMPs 引发病原体清除和组织修复所必需的急性炎症反应。细胞将 DAMPs 作为内源性信号的释放。在 PAMP/DAMP 识别后，激活的 TLR 和其他模式识别受体（PRR）向宿主发出信号，激活多种细胞内信号通路，引发促炎和抗菌反应，使最适合识别病原体的特异性 T 细胞激活和抗体产生。

最后，炎症会导致胰岛素抵抗。生物抵抗感染时激活的免疫系统需要消耗大量能量，故机体抵抗感染的能力取决于能量存储能力。炎症的能量需求上升到活跃阶段时，会强烈抑制食物的摄入和合成代谢过程。这既可防止蛋白质过度流失，也是免疫系统和能量系统对机体成功抵抗感染所需过程之间的强有力协调。免疫系统和神经系统的细胞被认为是胰岛素不敏感组织，严重依赖葡萄糖。在依赖胰岛素的组织中，胰岛素抵抗是饥饿、怀孕和感染/发炎期间维持血糖水平的主要手段。从活化的免疫细胞释放的炎性细胞因子导致的胰岛素抵抗是维持体内正常稳态的重要组成部分，可促进营养物质重定向至重要器官，成为维持生存的生理适应机制。由于炎症细胞活化形成的全身性和/或局部组织特异性胰岛素抵抗可能是在应激和感染期间与体内能源重新分配共同进化的一种保护机制。在正常的生理状态下，胰岛素会刺激内皮细胞产生 NO，从而发挥血管舒张和消炎作用。而在胰岛素抵抗状态下，胰岛素刺激的 NO 通路被选择性削弱，代偿性高胰岛素血症激活了有丝分裂原激活的蛋白激酶（MAPK）通路，从而导致血管收缩增强，促炎增加，钠水保留增加和血压升高。

二、主要炎症信号通路

1. JAK/STAT 信号：IL-6 受体家族与慢性代谢疾病

在哺乳动物的 JAK/STAT 信号中，JAKs 是一类非受体型酪氨酸激酶，包括 JAK1、JAK2、JAK3 和 Tyk2 四个成员；STATs 包括 STAT1、STAT2、STAT3、STAT4、STAT5a、STAT5b 和 STAT6 七个成员。JAK/STAT 信号通道包括三部分：酪氨酸相关受体、酪氨酸激酶（JAK）/信号转导子和转录激活子（STAT）、JAK 偶联酪氨酸相关受体的胞内段。相关细胞因子包括 IFN、某些激素、CSF 和 EPO 等。JAK/STAT 信号通路基本传递过程是：细胞因子与其受体结合后引起受体分子的二聚化，使得与受体偶联的 JAKs 相互接近并通过交互的酪氨酸磷酸化而活化，活化的 JAKs 催化受体本身的酪氨酸磷酸化并形成相应的 STATs 停靠位点，使 STATs 通过 SH2 结构域与受体结合，并在 JAKs 的作用下实现其磷酸化活化，然后 STATs 形成同/异二聚体并入核，与相应的靶基因启动子结合而激活相应的基因转录和表达。JAK 和 STAT 是许多调节细胞生长、分化、存活和病原体抵抗信号通路中的关键部分。通路涉及 IL-6（gp130）受体家族，可调节 B 细胞的分化、浆细胞生成和急性期反应。肿瘤的出现与免疫监视功能不足和/或缺失密切相关。免疫监视依赖于细胞表达 MHC Ⅰ 类、MHC Ⅱ 类分子。在有核细胞内，IFN-γ 可诱导 MHC Ⅰ 类、MHC Ⅱ 类分子在细胞表面表达，并通过 JAK/STAT 信号通道实现级联反应。总之，JAK/STAT 信号通道涉及细胞分化、增殖、凋亡及免疫调节等病理生理过程，与癌症、支气管哮喘、心血管疾病、糖尿病、骨质疏松等多种疾病密切相关。JAK/STAT 通路还参与体脂代谢、机体摄食，从而调控肥胖。JAK/STAT 也参与 NAFLD 发病的介导。

2. NF-κB 信号与慢性代谢疾病

NF-κB/Rel 蛋白包括 NF-κB2 p52/p100、NF-κB1 p50/p105、c-Rel、RelA/p65 和 RelB。这些蛋白均形成二聚体转录因子，它们控制的基因与众多的生物学过程如先天性和获得性免疫、炎症、应激反应、B 细胞形成、淋巴器官的生成有关。NF-κB 的激活可通过两个独立的信号途径发生：经典途径（由 IκB 降解介导）和非经典途径（由 p100 介导）。在 NF-κB 经典激活途径中，上游信号引起 IKK 蛋白激酶复合体的激活，促进 IκB 的磷酸化，导致 IκB 被蛋白酶体所降解，NF-κB 因失去 IκB 的抑制作用而得以进入细胞核，参与相关基因的调节；在 NF-κB 非经典激活途径中，p100 在 NF-κB 诱导激酶（NIK）和 IκBα 的作用下，被降解为具有活性的 p52，并且与 RelB 组成异源二聚体而进入细胞核，调控基因的转录。两者对调节免疫和炎性反应都很重要。

NF-κB 作为炎症反应的关键信号传导因子在炎症反应中起中心作用，并调节扩大炎性反应。NF-κB 可以高效诱导炎症细胞因子（TNF-α、IL-1、IL-6 等）、趋化因子、黏附分子（ICAM-1、VCAM-1）、炎性酶等的基因表达。TNF-α、IL-1 又通过正反馈促进 NF-κB 的表达。故一旦激活 NF-κB，会引起机体炎性反应和诱发复杂的级联反应。NF-κB 信号也与细胞凋亡等密切相关。

在真核细胞内，NF-κB 信号通路普遍存在。该通路的激活可引起哮喘、类风湿性关节炎、牛皮癣、肿瘤、肥胖、骨质疏松等许多慢性炎症性疾病。在肿瘤细胞中，NF-κB 协调了许多免疫、炎症和致癌过程中驱动细胞活化和增殖的信号。许多肿瘤类型均具有活化的 NF-κB，以保持癌细胞增殖并保护其免于凋亡。另外，肿瘤微环境通常具有组成型 NF-κB 信号传导，这导致促炎和促肿瘤细胞因子的积累，并进一步维持了肿瘤细胞的微环境。肥胖时，AMPK 活性降低，引发 NF-κB 信号活化增强。NF-κB 信号途径在 T2DM 的胰岛素抵抗发生的分子机制中发挥重要作用。NF-κB 与成骨细胞及破骨细胞有着紧密的联系，参与骨质疏松。

3. TLR 途径与慢性代谢疾病

TLR 参与组成抗击入侵病原体的第一道防线，在炎症、免疫细胞调节、存活和增殖中发挥显著作用。至今已发现 TLR 家族的 11 个成员，其中 TLR1、TLR2、TLR4、TLR5、TLR6 定位于细胞表面，TLR3、TLR7、TLR8、TLR9 位于内质网和溶酶体上。TLR 通路的信号传导从受体的胞内 TIR 结构域和接头蛋白 MyD88

结合开始。当受到配体的刺激后，MyD88 使激酶 IRAK 被磷酸化而激活，然后与 TRAF6 结合，最后导致 JNK 和 NF-κB 的激活。特定 TLR 的激活被认为在肥胖诱导的胰岛素抵抗、T2DM 和动脉粥样硬化及心脑血管疾病的发展中发挥重要作用。TLR 信号也参与糖尿病、哮喘和 NAFLD 等慢性代谢疾病。

TLR4 为天然免疫的关键模式识别受体，主要介导 LPS 的跨膜信号传导，是联系天然免疫和获得性免疫的桥梁。TLR4 在心脏中有较高水平的表达，其与配体结合后促进 NF-κB 的活化，调控炎症和免疫相关基因的表达，参与高血压左室重构。TLR4 在骨丢失发病机制中发挥重要作用，TLR4 通路抑制成骨细胞的分化、增殖、矿化等，还能促进成骨细胞凋亡，降低骨密度，促进骨质疏松。TLR4 参与高脂饮食诱导的肥胖小鼠脂肪组织慢性炎症和细胞凋亡。游离脂肪酸、高血糖等可激活人体内的 TLR4 信号通路，使炎性细胞因子分泌增多，诱发胰岛素抵抗和胰岛 β 细胞凋亡、血管腔狭窄、血管功能紊乱，促进 T2DM、高血压和动脉粥样硬化等代谢综合征相关疾病的发生、发展。

4. BCR 信号途径和 TCR 信号途径与慢性代谢疾病

BCR 信号传导通路的复杂性可以导致许多不同结果的产生，包括存活、耐受、分化、凋亡、增殖和分化成产生抗体的细胞或记忆 B 细胞。细胞反应的实际结果取决于许多因素，如细胞的成熟状态、抗原性、BCR 信号存在的时间和强度，还有其他受体信号如 CD40、IL-21 受体和 BAFF-R 等。在体内，B 细胞经常被激活。

TCR 激活后向决定细胞命运的通路传递信号，这些通路调节细胞因子产生及细胞存活、增殖和分化。TCR 与抗原肽结合，使 TCR/CD3 复合体胞内部分的 ITAM 结构域磷酸化，激活信号传递级联反应，激活磷脂酶 Cγ1，从而水解磷脂酰肌醇 4, 5-二磷酸（PIP2）生成第二信使二酰基甘油（DAG）和三磷酸肌醇（IP3），促进 NF-κB 激活和 Ca^{2+} 通道激活。Ca^{2+} 进入细胞，进而促进 IL-2 的转录。

BCR 信号和 TCR 信号传导对于正常 B 细胞和 T 细胞发育和适应性免疫至关重要，T 细胞和 B 细胞激活异常会导致疾病。如 BCR 信号支持 B 细胞白血病或淋巴瘤患者中恶性 B 细胞的存活和生长，B 细胞激活还与哮喘有关。TCR/CD28 共刺激信号会激活经典 NF-κB 信号通路，也可间接诱导非经典 NF-κB 信号通路。TCR 信号的起始和传递都受到精细的调控，包括正向和负向调控方式，其平衡一旦被破坏，将会影响免疫反应的效应或诱发自身免疫性。抑制性受体介导的调控是目前研究最多的负向调控机制，如CTLA4和PD-1早已成为近年炙手可热抗肿瘤治疗的靶点。

三、PA的抗炎作用

PA不足与慢性病风险增加有关。流行病学和纵向研究表明，每天进行PA并具有更高的心肺适能的生活方式能够降低疾病风险。久坐和低体力活动与健康状况不佳和过早死亡有关。许多国家和组织已经发布了体力活动指南，这些指南适用于年幼的儿童、青少年、成年人、老年人及患有慢性病的人。PA和运动可作为慢性病患者医疗管理计划的一部分。儿童和成年人进行PA和运动能够增强供能能力和肌肉力量，减轻炎症，使高密度脂蛋白胆固醇增加，体重下降。每天进行运动可使心血管疾病风险降低80%、T2DM风险降低90%、癌症风险降低33%，还能降低全因死亡率。每天进行PA和运动可增进骨骼健康。PA和运动还可以改善免疫系统，降低疾病的总体易感性。

1. 炎症与PA不足相关

通常，PA不足会导致内脏脂肪堆积，并引发慢性炎症，常伴有疲劳和肌肉减少。肌肉萎缩和炎症加重会对心血管功能和进行PA的能力产生负面影响，导致PA水平下降，形成久坐的恶性（不健康的生活方式）循环。久坐的生活方式是许多慢性疾病强大且独立的危险因素。这些关联与发病率和死亡率增加、生活质量降低和预期寿命的降低有关。PA不足可能是21世纪最大的公共健康问题。

缺乏运动和腹部肥胖都与持续的全身性低度炎症有关。肌肉的废用可能导致IL-6抵抗，而肥胖和PA不足所伴随的IL-6循环水平升高可能代表了一种常见的补偿机制。IL-6是一种多效细胞因子，参与调节从癌症引起肌肉萎缩到有益的运动代谢反应的过程。据报道，白色脂肪组织会释放静止状态时30%以上的循环IL-6。脂肪组织间质中IL-6的浓度明显高于循环IL-6。其中有10%的IL-6来自脂肪细胞，其余的来自脂肪组织驻留的Mφ。运动过程中肝脏将清除循环IL-6。虽然血浆IL-6水平在运动训练一年后不变，但据流行病学研究报告，规律PA的运动量和血浆IL-6水平呈负相关：PA运动量越大，血浆IL-6越低。虽然血浆IL-6可能会因运动训练降低，但肌肉中IL-6受体（IL-6Rα）的表达会上调。

由于耐力训练，肌肉中 IL-6Rα mRNA 的含量会增加接近一倍，使得 IL-6 的敏感性保持不变或者增强。

2. PA 和运动的抗炎症效应

运动促进脂肪分解增加。运动引起骨骼肌糖原含量及甘油三酯的氧化增加，同时也增加了肥胖患者的线粒体含量。目前认为，每次 PA 和运动会诱导抗炎环境。PA 和运动可增加 FA 利用，抵抗脂肪积累以诱导抗炎作用；也可改善脂肪组织免疫细胞分布，导致 Mφ 等免疫细胞向骨骼肌的集聚减少，限制促炎性信号的激活；TLR4 表达下调、活动的肌肉分泌的肌肉因子均具有抗炎效果。

PA 和运动诱发的细胞因子具有经典的抗炎作用，如 IL-10，IL-1ra 和 IL-6。运动时，IL-6 是第一个从收缩的骨骼肌中释放的细胞因子。健康且训练有素的人对 IL-6 更为敏感，而未经训练的人则削弱了 IL-6 信号传导能力，并出现代偿性的高循环 IL-6 水平。研究证实，运动后单核细胞中 IL-6 mRNA 水平不会增加。骨骼肌释放的 IL-6 起到抗炎作用，并与血液单核细胞产生的 IL-1ra 和 IL-10 的产量增加有关。IL-6 和其他肌肉因子（例如 IL-15 和 FSTL-1）能够介导长期运动带来的心血管危险因素（例如脂肪分布和内皮功能）改善。定期的 PA 和减肥可预防和治疗与低度炎症相关的多种慢性疾病。肌肉因子通过表观遗传学重塑来调节生理功能。大多数运动因子有抗炎作用。但是，机体未适应的 PA 或运动也会导致肌肉发炎。

总之，促炎反应是正常且受到严格调节的免疫反应。PA 不足导致内脏脂肪积聚，与许多慢性炎症和慢性疾病有关，会引发久坐的恶性（不健康的生活方式）循环。定期进行 PA、运动和减轻体重是针对与低度炎症相关的多种慢性病的治疗方法。通过改善炎症状况，可降低慢性病的患病风险。

第九节　运动、微生物菌群与慢性代谢疾病

从出生开始，微生物就在人体的皮肤、口腔、肠道等诸多部位定植。总体来说，人身上的微生物大约有 1270g，其中胃肠道最多，有 1000g，占人体微生物总重量的 78.7% 以上；皮肤其次，有 200g。人体共生微生物是免疫系统第一道屏障。肠道微生物菌群由细菌、真菌、病毒和原生生物组成。免疫系统受损患者体内的血样还可检测到大量全新的细菌和病毒。

肠道微生物菌群在新陈代谢和免疫调节中发挥重要作用。肠道微生物菌群的代谢能力大大超过了人体细胞的代谢能力（图 8-3）。目前研究发现，肠道微生物菌群组成或功能的任何改变均可能诱导疾病发生，包括代谢综合征、癌症等。

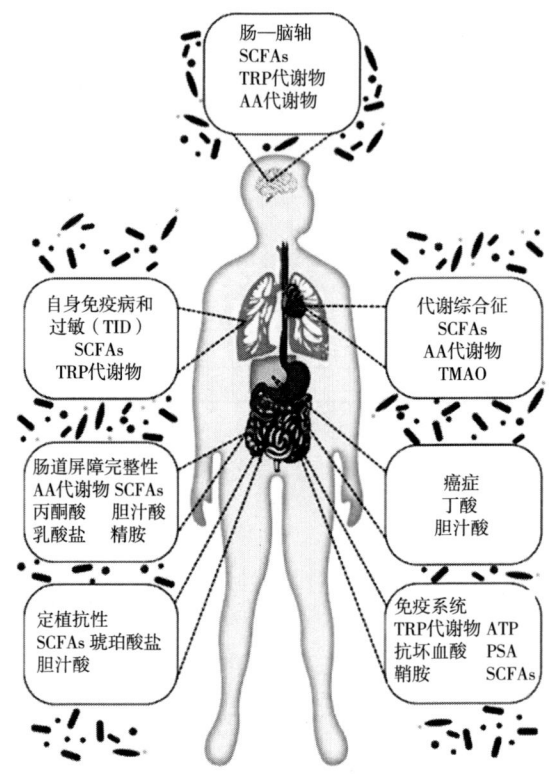

图 8-3　肠道微生物菌群产生的小分子代谢物可以调节无数生理过程

一、肠道微生物菌群与免疫的关系

1. 肠道微生物菌群调节免疫代谢

肠道微生物与免疫代谢密切相关。免疫代谢的主要途径是糖酵解、三羧酸循环（tricarboxylic acid cycle, TCA cycle）、磷酸戊糖途径、FA 氧化、FA 合成和氨基酸（amino acid, AA）代谢。肠道菌群代谢物影响宿主生理和免疫系统，对宿主产生积极或消极的影响。如短链脂肪酸（short chain fatty acids, SCFAs）、胆汁酸（bile acids, BAs）和 AA 代谢物等在免疫代谢中尤为重要。

肠上皮细胞的能量代谢在很大程度上依赖于肠道微生物菌群，特别是在结肠中，SCFAs 作为结肠细胞唯一的碳源，是肠上皮细胞的重要营养来源，可调节肠中组织发育。丁酸促进肠道内环境稳定。结肠嗜铬细胞中 5-羟色胺（5-hydroxytryptamine，5-HT）的产生主要受肠道微生物菌群的调节，对免疫细胞有重要影响。

2. 肠道微生物参与 Mφ 极化的调节

M2 代谢依赖 TCA 循环和氧化磷酸化。TCA 循环被阻断会导致衣康酸和琥珀酸的积累，并向糖酵解转变。衣康酸是免疫代谢的主要参与者，具有免疫调节和抗菌作用。琥珀酸通过氧化产生线粒体 ROS，导致 IL-1β 产生，诱导 M1 极化。丁酸可将 Mφ 代谢重新调整为氧化磷酸化和脂质代谢，导致抗炎 M2 表型。如使用抗生素会引起丁酸的生成减少，促进肠道 Mφ 的 M1 极化。故认为抗生素摄入参与炎症及代谢性疾病的发生。

3. 肠道微生物菌群影响固有淋巴细胞的功能

ILC3 是胃肠道中 ILCs 存在的主要类型，可产生 IL-17 和 IL-22，参与炎症感染中微生物菌群组成和代谢的调节。在适应性免疫系统成熟之前，上皮内淋巴细胞和 ILC3 与其激活控制的肠道微生物菌群及昼夜节律信号参与了局部和全身脂质代谢的调节。ILC2 等过度活化会导致脂质代谢异常。丁酸调节 ILC2 功能，抑制其过度激活。

4. 肠道微生物菌群调节 T 细胞的功能

肠道微生物菌群通过产生 ROS、SCFAs、BAs 和氧化还原信号修饰参与调节 T 细胞的功能。ROS 激活 T 细胞，效应 T 细胞代谢以糖酵解为主，记忆 T 细胞以 FA 氧化和氧化磷酸化为主。SCFAs 促进 $CD8^+T$ 细胞的效应功能。SCFAs 特别是丁酸可促进 FA 的摄入、氧化，以及谷氨酰胺利用，介导糖酵解中断。由丁酸诱导的细胞代谢转变是记忆性 T 细胞分化所必需的。在应激时，由肠道微生物产生的大量的乙酸被记忆性 $CD8^+T$ 细胞摄取，激活糖酵解，使记忆性 $CD8^+T$ 细胞快速转变为效应 T 细胞。

5. 肠道微生物参与浆细胞分化和抗体产生

SCFAs 为 B 细胞分化为浆细胞和产生抗体供能，促进 B 细胞糖酵解。SCFAs 来源的乙酰辅酶 A 也是 FA（尤其是棕榈）合成的底物，参与浆细胞分化，促进抗体的产生。在无菌小鼠中，利用一种基因工程梭状芽孢杆菌的研究发现，支链SCFAs（如异丁酸或异戊酸）的缺失会增加小肠产生IgA的浆细胞的比例和与固有免疫细胞（如PMNs、Mφ和DC）结合的IgA含量。IgA作用于Breg，调节对肠道微生物菌群的耐受。丁酸抑制体内类风湿关节炎。

6. 肠道微生物参与肠道黏膜屏障功能

肠道微生物菌群的组成受人种、环境因素和宿主遗传因素的影响。在健康的肠道内，厌氧拟杆菌和厚壁菌占总细菌菌种的90%。肠道微生物菌群可调节肠道发育和黏膜屏障功能，控制营养物摄取和代谢，促进免疫组织成熟，防止病原微生物繁殖等。

7. 肠道微生物参与食物消化和免疫调节

在糖分解途径中，肠道微生物菌群负责生产SCFAs，发挥保护和免疫调节作用。在蛋白质水解过程中，通过蛋白质发酵，可诱导SCFAs形成并生成其他共同代谢产物，例如氨、胺、硫醇、酚和吲哚，其中一些代谢物有一定的毒性，是尿毒症的潜在发病因素。

总的来说，肠道微生物菌群对全身免疫和代谢发挥着根本性的作用。

二、运动与肠道菌群

此前有研究表明，在不改变任何饮食条件的情况下，运动本身就足以改变肠道微生物菌群。体育活动对机体微生物的影响可以是有利的也可以是有害的。厚壁菌门和放线菌门是对运动做出反应的主要菌门。运动对机体微生物产生的积极影响表现为降低脂多糖水平，改善机体炎症状态。

（一）运动影响肠道菌群与肌肉间的串扰

在运动过程中，一些肌肉激动素似乎具有调节肠道分泌胰高血糖素样肽-1的作用。SCFAs中醋酸盐和丁酸盐都能促进肌肉脂肪氧化，改变肌肉纤维的氧化状态，增强代谢灵活性。丁酸盐防止肌肉蛋白质分解代谢，从而防止与年龄相关的肌肉质量下降。

（二）运动通过肠道菌群调节心肺功能

肠道菌群与PA和心肺功能有关。在中长期运动干预后，SCFAs与PA水平和心肺功能呈正相关。人类细菌的 α-多样性只会受到更长时间的运动干预的影响，关于此问题仍需要研究证实。目前，运动对肠道微生物菌群的影响都涉及耐力干预（跑步或骑自行车），较少关注阻力训练。

(三) 运动通过肠道菌群调节应激反应

不规律、超负荷或长期训练会对肠道菌群产生负面影响。大强度运动（≥60%~70%VO_2max）可激活交感-肾上腺髓质和 HPA 轴，导致运动员应激反应。根据运动类型、强度、年龄和其他因素的不同，20%~50%的运动员还会出现胃肠道症状，并与运动强度呈正相关。剧烈运动中运动员体温升高，应激相关的分子、ROS 产生的增加，以及肠道微生物和活性的改变，加重肠道通透性，引发"肠漏"，促进炎症/胃肠不适。

有规律的适度运动可改善肠道菌群，缓解应激副作用。微生物可能控制机体 HPA 轴。有证据表明，肠道微生物调节兴奋性和抑制性神经递质（即 5-HT、4-氨基丁酸和多巴胺），以及神经递质样物质，特别是在应对压力时，如乳杆菌菌株通过迷走神经调节情绪行为和中枢 4-氨基丁酸受体的表达。动物实验表明，异常应激反应小鼠可被来自 SPF 动物的粪便定植部分逆转，并被婴儿芽孢杆菌以时间依赖的方式逆转。长双歧杆菌 R0175（PF）可以降低焦虑和游离皮质醇水平。法氏（*Farciminis*）乳酸杆菌和瑞士乳杆菌 NS8 可降低应激大鼠的血浆 ACTH 和皮质酮浓度，同时恢复海马区 5-HT 和 NE 水平，并减少神经炎症。耐力训练可使肠道中潜在引起炎症的微生物（变形菌）减少，而增加抗炎菌，如人源罗氏菌（*Roseburia hominis*）等。与来自久坐对照组的微生物菌群相比，运动小鼠的微生物在无菌小鼠中的定植，改善了肠道形态和结肠炎。小鼠自愿轮于跑 6 周可以缓解症状，而强制跑步机跑会加剧结肠炎小鼠模型的肠道炎症和临床结果。与强制跑步组相比，自愿跑步组的粪便和盲肠中苏黎世杆菌属的水平显著降低。

美国饮食协会（ADA）对优秀运动员的基于植物多糖的低消耗的饮食建议与微生物菌群多样性和功能性降低有关（例如 SCFAs 和神经递质等副产品的合成减少）。据研究，饮食变化可致肠道微生物变化的 57%，而基因的影响不超过 12%。短期食用以动物为主或以植物为主的饮食可以极大地改变微生物的组成和功能，最快可达 24h。越来越多的优秀运动员遭受可能与肠道有关的心理和胃肠道疾病的困扰，针对微生物的治疗可能需要纳入运动员的饮食中。而优秀运动员的应激反应相当复杂，很难确定标准的饮食制度。此外，粪菌移植也是调整肠道菌群异常的方法之一。

（四）运动与肠道菌群的相互影响

经常进行中等强度的耐力运动对肠道微生物产生最有益的影响，但是不同类型的运动训练方案（例如阻力、间歇、伸展/柔韧性、耐力/有氧等）对肠道微生物菌群的影响存在差异。适当运动增加有益微生物物种数量和多样性，以及SCFAs合成和碳水化合物代谢，如适度运动的频率会导致厚壁菌门的多样性更大。锻炼与女性体内促健康的细菌的比例更高有关，如产丁酸盐的普拉氏梭杆菌（*Faecalibacterium prausnitzii*）和人源罗氏菌（*Roseburia hominis*），以及运动员体内丰富的嗜黏蛋白阿克曼菌（*Akkermansia muciniphila*）等。运动增加了预防肥胖和糖尿病的阿克曼属微生物。运动员体内的乙酸盐、丙酸盐、丁酸盐和戊酸盐水平明显更高。据研究，优秀运动员肠道中的特定细菌可能有助于提高其运动成绩。在儿童和老年人中也证明了身体活动水平与肠道微生物菌群组成之间的关联。根据世界卫生组织（WHO）每周进行150min中等强度运动的指导方针，以推荐的最低水平进行运动，似乎足以改变肠道微生物菌群的组成。长期运动对微生物菌群的调节不仅取决于个体的生理状态，还取决于饮食，以及是强制运动还是自愿运动。此外，不同年龄、性别也会呈现不同效果。

而肠道微生物菌群的组成和代谢活动可能有助于消化膳食化合物并改善运动期间的能量收集，为运动员在高强度运动和恢复期间提供代谢益处。有研究表明，清除微生物组会使运动能力下降约50%。运动增加的醋酸盐和丁酸盐通过提高脂肪和碳水化合物燃料的使用和转换能力来增强代谢灵活性。人体和动物实验证明，韦洛氏菌属成员与运动成绩相关。韦荣氏球菌属相对丰度在马拉松运动员运动结束后增加，接种了该菌的小鼠显著增加了跑步机的力竭跑时间。训练和定期锻炼与人类粪便SCFAs含量增加有关，大多数SCFAs有助于宿主的能量代谢。丁酸盐主要被结肠中的上皮细胞用作能量来源。乙酸盐在肌肉组织中代谢，但也可以穿过血脑屏障。丙酸盐可用作肝脏中葡萄糖合成的前体。肠道微生物组产生脂肪酸酰胺，可抑制多巴酚氧化酶活性，增强运动诱导的纹状体多巴胺信号，增强运动能力。此外，SCFAs可改善肠道屏障完整性。

三、运动营养和肠道菌群

短期食用以动物为主或以植物为主的饮食会极大地改变微生物群落。为运动员设计个性化饮食时，另一个重要考虑因素是了解微生物菌群如何随时间变化。

（一）碳水化合物对运动机体免疫和肠道菌群的影响

碳水化合物不仅可以恢复运动中消耗的糖原，减弱应激激素水平，还可以限制与高强度运动相关的免疫抑制。在高强度训练期间，采用高碳水化合物饮食（每天每千克体重 8.5g；占总能量摄入量的 65%）可以减少疲劳，提高体能并改善情绪。遵循高碳水化合物饮食的人的计时成绩提高了 6.5%。据研究，采用高碳水化合物饮食后，力竭运动时间延长，与瘤胃球菌和柯林斯菌属菌富集有关。然而，简单碳水化合物和精制碳水化合物含量高的饮食并不能促进健康的肠道微生物组成，也不能产生有益的 SCFAs。

（二）蛋白质及必需 AA 对运动机体免疫和肠道菌群的影响

运动员的每日蛋白质需求量和必需 AA 需求量大约是久坐不动人群的两倍。长期锻炼后，血浆谷氨酰胺浓度下降，可能会损害运动员的免疫功能，升高对感染和肠漏的易感性。蛋白质补充不足，会导致更高的疲劳、压力和不满情绪。运动前几天食用高蛋白、低碳水化合物的饮食会导致运动后血浆谷氨酰胺浓度降低。在剧烈运动前 2h 急性口服谷氨酰胺可以改善应激诱导的肠道通透性，降低血浆内毒素，并产生抗炎作用，是修复和恢复肠道屏障功能的常用补充剂。目前研究发现，急性补充 20~30g 剂量的谷氨酰胺对健康的成年人似乎没有不良影响，但其在健康、营养良好的运动员身上还缺乏科学研究的支持。补充支链 AA 具有良好作用，但目前关于补充支链 AA 的剂量还没有明确的建议。一系列研究表明，酪氨酸补充剂（每千克体重 150mg）可以减少各种急性应激带来的不利影响。

运动员高蛋白饮食会通过结肠中的 AA 发酵影响微生物区系的组成和功能，并增加血浆中的尿素水平。运动员体内常见的高水平尿素可能也会改变微生物的组成。短期的高蛋白饮食与肠道中微生物的不稳定有关，这种不稳定会阻碍优秀耐力运动员的表现。研究表明，在动物蛋白中，摄入马铃薯浓缩蛋白可通过降低 β 葡萄糖醛酸苷酶（致癌风险的生物标志物）的活性而对结肠健康产生积极影响。

（三）维生素对运动机体免疫和肠道菌群的影响

维生素尤其是 B 族维生素对宿主和肠道微生物都是不可或缺的，它们在维持免疫稳态中发挥着重要作用。B 族维生素既可来自食物，也可由肠道菌群代谢产生。但并非所有的肠道细菌都产生 B 族维生素，宿主和肠道微生物菌群之间可能存在对 B 族维生素的竞争。维生素可以直接调节肠道微生物组成。此外，维生素似乎通过体循环的间接机制影响肠道微生物菌群，与人类健康直接相关。在某些条件下，针对肠道微生物菌群的维生素补充剂（直接和间接）可能对健康有益。有研究表明，适量补充维生素有助于减肥，但大剂量的简单抗氧化剂混合物或单独的维生素可能是有毒的。运动员应通过增加水果和蔬菜摄入来获得抗氧化剂。

运动可以改变维生素 B 产生菌。研究发现，将马拉松运动员、越野滑雪运动员和久坐人群的肠道菌群进行对比，前两者菌群更多样，普氏菌属丰度更高，拟杆菌属丰度更低，并且体内富集参与纤维发酵的菌株，如双歧杆菌等。

（四）益生菌对运动机体免疫和肠道菌群的影响

据研究，嗜酸乳杆菌、干酪乳杆菌和双歧杆菌均可以导致肠道微生物活动的特定变化，改善压力引发的症状，如抑郁、情绪紊乱及消化问题。定期食用益生菌可积极地改变肠道微生物的种群和结构，对运动后个人的免疫功能及肠道具有保护作用。益生菌和富含乳杆菌的发酵食品具有类似功能。添加有益细菌菌株的酸奶已经被用于治疗一些胃肠道疾病，如鼠李糖乳杆菌 CNCMI-4317 菌株。细菌对动物和植物蛋白质代谢的影响是不同的。每个饮食计划都需要随着微生物组成和功能同步调整。目前仍然需要对肠道细菌与大脑相互作用的机制进行更多研究。

由于人体微生物菌群的多样性，益生菌补充剂因菌株和微生物区系组成的不同而有很大的差异，目前关于运动员补充益生菌（包括剂量或菌株）还没有明确的饮食建议。

（五）膳食纤维对运动机体免疫和肠道菌群的影响

膳食纤维对各种疾病均有保护作用。根据美国食品和药物管理局的推荐，每日膳食纤维的推荐摄入量是 25~38g，少年儿童及小于 30 岁的成年人推荐每日摄入更多的膳食纤维素。素食饮食、杂食饮食及大量食用红肉的饮食中的微生物区系组成有很大的不同。高红肉饮食导致心血管疾病的风险更高。高酪蛋白饮食导致结肠 DNA 损伤增加 2 倍，结肠黏液层厚度减少 41%。高红肉饮食造成的 DNA

损伤比高酪蛋白饮食高 26%。在高酪蛋白饮食中添加抗性淀粉抵消了高蛋白摄入的负面影响。

低膳食纤维摄入量与微生物多样性降低、抗病原菌减少和单链 FA 产生减少有关，可导致炎症和交感神经系统刺激。目前，大多数运动员没有摄入足够的纤维和抗性淀粉。例如，接受耐力训练的运动员每天摄入的纤维不到 25g，而高水平足球运动员（15~17 岁）的纤维摄入量约为每天 16g。佛兰德青少年田径运动员的饮食习惯显示，纤维摄入量（女孩 15.8~31.6g，男孩 17.9~40.3g）远远低于营养学会与营养学的建议。

在高强度训练或比赛之前食用高纤维饮食可能会引起胃肠道不适，如胀气和腹胀。运动员应在训练前或训练后几小时增加植物性食物的摄入量。

（六）脂肪对运动机体免疫和肠道菌群的影响

高脂肪饮食可能导致肠道菌群的不利变化。运动员的脂肪和多不饱和 FA 摄入量往往相当低。对于人类来说，与高碳水化合物饮食（占饮食能量的 65%）相比，富含脂肪的饮食（占饮食能量的 62%）可能对免疫功能有害。耐力训练中，高碳水化合物饮食的受试者 NK 细胞活性增加，而高脂肪饮食的受试者 NK 细胞活性在训练后下降。动物实验表明，高脂肪饮食可导致焦虑、神经炎症、肠道屏障破坏和慢性"低度"全身炎症，同时总细菌密度降低，类杆菌和梭状芽孢杆菌的相对比例增加。ω-6 多不饱和脂肪酸抑制细胞免疫反应，在运动中和运动后产生潜在的不良免疫功能。

但高脂肠内营养也已被证明可以减轻肠道炎症、细菌移位和肠道低灌流并伴有消化障碍的肠道损伤。ω-3 多不饱和脂肪酸（如 EPA 和 DHA）会减少运动中高活性炎症递质的产生。目前，食用高脂肪饮食对随后的运动表现的影响尚不明确。

总之，运动员情绪和胃肠功能的变化可以反映在剧烈身体应激期间肠道菌群和肠脑轴之间的潜在相互作用。建议选择适当的营养（即避免脂肪和纤维），以降低优秀运动员胃肠道不适的风险。从长远来看，精英运动员的饮食中缺乏复杂的碳水化合物可能会对肠道菌群的组成和功能产生负面影响。应该补充复杂植物多糖，以帮助维持肠道菌群的多样性和功能。减少大量动物蛋白的摄入，在饮食中添加益生菌和（或）益生元，提高运动中健康微生物菌群的代谢物以改善表现，限制产生有毒代谢物的饮食。故微生物群及其发酵能力的调节可能会为设计饮食提供科学依据。

四、运动、肠道菌群与慢性病

(一) 运动、肠道菌群与肥胖

1. 肠道菌群参与控制体重

研究发现，肠道菌群失调可促进人体的肥胖和糖尿病的发生。研究发现，与正常人群相比，肥胖人群中菌群多样性、菌群丰度、拟杆菌的相对比例和拟杆菌门/厚壁菌门比值有所降低，而厚壁菌的比例增加。将肥胖小鼠或人粪便微生物移植给无菌小鼠，均可使无菌小鼠能量摄入增加从而出现肥胖表型。瘦小鼠的肠道微生物可以主导控制肥胖小鼠的肠道微生物，肥胖小鼠可食入瘦小鼠的粪菌，使肥胖小鼠体重恢复正常。

菌群可通过影响热量吸收等方式参与控制体质量和影响能量平衡。厚壁菌可将多糖转换为可吸收的单糖类和 SCFAs，产生更多可吸收的能量，导致体质量增加和肥胖。小肠细菌，如变形菌门、韦永氏球菌属，以及与体质量降低相关的乳杆菌丰度增加，可缓解肥胖和 1 型糖尿病症状。据研究，益生菌 LG2055 具有减少腹部脂肪和降低体质量的作用。*B. pseudocate-nulatum*SPM1204、*B. longum*SPM1205 和 *B. longum*SPM1207 这三种双歧杆菌菌株组合可降低高脂饮食喂养大鼠的体脂和脂肪积累，脂谱和葡萄糖-胰岛素稳态均有改善。益生菌的代谢物如由肠道乳酸菌产生的亚油酸代谢物 KetoA，可增加小鼠的能量消耗，从而保护小鼠避免高脂饮食引起的肥胖。植物乳杆菌 HAC01 可使肠系膜脂肪库减少。肠道菌群的产物和代谢物还可作用于远端器官，影响肥胖相关病理生理过程：LPS 和 SCFAs 作用于脂肪组织，LPS、BAs、SCFAs、乙醇、胆碱等作用于肝脏，菌群产生的活性物质经肠—脑轴作用于大脑，因此肠道菌群在肥胖的发生发展中起到了重要作用。肥胖也可反过来影响肠道菌群的组成。

2. 适宜运动优化机体肠道菌群的结构并改善肥胖

体育锻炼会对肠道菌群的组成产生影响，调节宿主与有益菌群之间的平衡；运动对肠道菌群多样性有益。有研究发现，中等强度有氧运动干预，可使青年肥胖受试者肠道菌群构成改变，其中双歧杆菌属、梭菌属丰度和多样性显著增高，瘤胃菌属显著降低。运动能增加 SCFAs 产生菌 [如毛螺菌属（*Lachnospra*）] 的丰度，并降低硫还原菌（如脱硫弧菌）的数量。有研究表明，运动改变肠道菌群可能与运动强度有关：高强度运动提高拟杆菌门/厚壁菌门的比值，而低强度运动增加厚壁菌门的比例。运动诱导的肠道微生物的改变与肥胖状态有关，运动干预显著增加了苗条者粪便中有益的代谢产物——丁酸的浓度，而在肥胖型个体中这种变化没有出现；当运动停止以后，运动引起的微生物的变化基本被逆转。表明运动训练导致人体肠道微生物组成和功能的改变不依赖于饮食，而依赖于肥胖状态和运动的维持。但目前对于有氧运动同肠道菌群的相关研究仍有局限性，若能证明其相关性，或许可以此为突破点，解决运动治疗肥胖长期效果不佳的问题。

(二) 运动、肠道菌群与骨质疏松

1. 肠道菌群参与骨质疏松的发生

肠道菌群与骨质疏松的发生具有密切关系。均衡的肠道菌群可以增加矿物质（钙和镁）的吸收。如人肠道菌群双歧杆菌的比例增加，对增加青春期成长过程中的骨盐沉积有益。在运动相关的创伤中，功能正常的微生物可以加速骨骼愈合。绝经后妇女肠道菌群构成的改变对骨量流失有重大影响。肠道微生物通过影响宿主全身代谢引起骨的变化，通过调节钙吸收和维生素 D 的吸收调节免疫，影响骨代谢。研究表明，肠道菌群失衡引起的炎症状态、自身免疫改变可引起骨质流失，骨形成减少。动物研究证明，小鼠切除卵巢后，雌激素的丢失增强了肠道通透性，导致肠道内 TNF^+、Th17 的释放增加。这些 T 细胞迁移到骨中，增强破骨细胞介导的小梁骨吸收。去卵巢手术后肠道细菌产物的释放增强也可能导致外周淋巴器官（如肝引流淋巴结）中 TNF^+、Th17 的生成增加。在这些部位产生的 TNF^+、Th17 也可能迁移到骨中，并影响小梁骨吸收。益生菌和益生元的干预能够调节骨免疫系统，降低卵巢切除小鼠及正常雄性小鼠的骨量流失。

肠道微生物通过调节宿主细胞 5-HT、IGF-1 及性激素水平，调控骨代谢。结肠段微生物可活化多环芳烃化合物，发挥类似雌激素的生理功能。雌马酚是大豆苷元经由肠道微生物代谢生成的产物，也具有类雌激素作用，可促进成骨细胞增殖和分化。

2. 适宜运动优化肠道菌群改善骨质疏松

锻炼可以通过改善肠道菌群结构提高骨密度。运动诱导的微生物区系组成的

改变有助于骨骼健康。高脂饮食导致小鼠椎骨、胫骨骨小梁减少，同时引起骨髓中脂肪增多，肠道菌群失调。运动能够减少高脂饮食所导致的肠道菌群失调，有利于形成健康的肠道菌群结构。研究人员通过相关分析发现，在运动的小鼠中，有几种菌群与骨骼的积极变化相关。这些结果提示，运动改善肠道菌群可能是运动促进骨骼健康的新机制。这也为运动防治骨质疏松的机制研究提供了新的方向。

(三) 运动、肠道菌群与心血管疾病

1. 促进炎症的肠道菌群参与心血管疾病

研究人员发现，原因不明的动脉粥样硬化患者的血液中肠道细菌产生的毒性代谢物的浓度显著增高。此外，研究还发现，人类颈动脉粥样硬化斑块的细菌来自肠道微生物群。将促炎性肠道菌群引入小鼠模型会增加全身炎症并加速动脉粥样硬化，提示菌群组成、炎症和动脉粥样硬化之间存在因果关系。抑制 IL-1β 通路能够独立于降低血脂而降低心血管事件的发生率，调节肠道菌群，降低肠上皮细胞紧密连接通透性。

细菌从肠道易位与心血管疾病相关。低热量饮食可通过增加拟杆菌比例、降低硬壁菌门，减轻细菌易位。冠状动脉粥样硬化患者肠杆菌科、口腔来源菌（比如链球菌）及梭菌三个簇的微生物丰度明显增加。而链球菌丰度的变化和血压呈显著正相关，肠杆菌科的丰度变化和心肌指标呈正相关。心力衰竭患者中，肠道菌群基因富集于编码与 LPS 和氧化三甲胺（trimethylamine N-oxide，TMAO）合成有关所必需的蛋白质。心衰患者中，主要的产丁酸菌种普氏粪杆菌水平降低。产酸细菌被鉴定为治疗高血压、心脏不良肥厚和纤维化发展的潜在保护性干预措施。粪便移植、益生菌疗法等可降低心血管疾病的风险。

苯丙氨酸在受到由肠道微生物代谢产生的苯乙酰谷氨酰胺刺激后，可增加血栓形成的风险，引发心肌梗死、中风甚至死亡的风险。TMAO 已成为心血管疾病发病的关键机制之一。血浆 TMAO 水平与冠状动脉粥样硬化性心脏病风险具有较强的相关性。TMAO 是动脉粥样硬化的危险因素。膳食胆碱在肠道细菌代谢和肝脏分泌酶的作用下生成 TMAO。若瘤胃球菌属的微生物种类较少，血管硬化的程度就会更高。据研究，心力衰竭患者倾向于降低个体内菌群分类多样性（α-多样性）。

2. 适宜运动优化肠道菌群以改善心血管疾病

运动可以提高心肺适能,延迟心血管疾病发展,预防或延缓冠状动脉粥样硬化的进展。据研究,PA/心肺健康与粪便 SCFAs 浓度呈正相关。在极短期和中长期运动干预后,放线菌和微生物门的粪便数量分别增加,它们的数量与 PA 和心肺功能有关。一些研究表明,在健康成年人中,更多的 PA 和心肺功能与更高的细菌 α-多样性相关。据研究,心肺健康与肠道菌群相对组成(厚壁菌门/拟杆菌门的比值)存在关联。在中长期运动干预后,SCFAs 似乎增加,并与 PA 水平和心肺功能呈正相关。

(四)运动、肠道菌群与哮喘

与正常人相比,哮喘患者肠道菌群的类群及丰度发生改变,补充益生菌可减轻哮喘患者的临床症状。肠道菌群与哮喘等变应性疾病的研究可追溯到"卫生假说"的提出。1989 年流行病学家斯特拉坎(Strachan)发现家庭规模大小与变应性鼻炎发病率呈负相关,提出"卫生假说",该假说认为幼儿从家庭成员获得的"感染"有保护作用,可减少哮喘、湿疹等变应性疾病的发生。1986 年莫斯曼(Mosmann)等揭示了 Th1 和 Th2 亚群,奠定了"卫生假说"的第一个基本理论基础。随着时间的推移,"卫生假说"不断扩展,逐渐发展为"微生物假说""微生物剥夺假说"和"微生物多样性假说"。以上假说的相同之处是微生物与变应性疾病发生、发展的关系密切。

1. 肠道菌群失调是诱发哮喘的高危因素

据研究,1 岁前使用抗生素可增加 6 岁以后哮喘发病的风险。肠道菌群与哮喘患者肺功能及哮喘的炎症表型具有相关性。研究发现,保加利亚乳杆菌可抑制变应性哮喘小鼠的肺部炎症和气道重塑。哮喘患者双歧杆菌 LCR35 的丰度较正常对照者低。哮喘患者较正常人的肠道菌群数量减少,类群的分布均匀性发生了明显变化。

肠道菌群与哮喘相关的机制主要包括细菌抗原诱导免疫耐受、促进免疫细胞分化成熟和组织特异性归巢,以及肠道菌群代谢产物调节机体免疫等。免疫耐受的破坏是哮喘发病的关键环节。肠道菌群可通过影响 Treg 的功能调节口服免疫耐受。微生物成分通过 Treg 表达 TLR4 激活 Treg,或通过其他类型的受体诱导 INF-α 释放,增强 Th1 型免疫反应,这些均是微生物刺激维持免疫耐受平衡的重要途径。此外，DC 也通过 TLR 识别细菌的产物，在控制口服免疫耐受性中发挥重要作用。支气管哮喘患者肠道菌群失调导致免疫耐受被打破是支气管哮喘发病过程中的重要环节。免疫紊乱如 Th1/Th2、Th17/Treg 平衡失调可影响哮喘的发生、发展。肠道菌群可通过调节 Th1/Th2 平衡，以及 Th17/Treg 分化和平衡影响哮喘的发病。研究发现，肠道菌群中脆弱拟杆菌、双歧杆菌可通过调节 Th1/Th2 平衡缓解哮喘小鼠的症状，分节丝状菌可介导 Th17 的分化，球菌可诱导 Treg 的产生。此外，黏膜免疫系统中淋巴细胞的组织特异性归巢对免疫应答有重要作用。研究发现，肺 T 细胞表达肠道归巢整合素 α4β7。肠相关淋巴组织也可运输到如支气管腺、泪腺、唾液腺及乳腺等效应部位。目前，肠道菌群影响免疫细胞的归巢及其对肺部免疫状态影响的研究尚处于初步阶段，肠道菌群以免疫系统为媒介，调控免疫细胞的分化成熟和组织特异性归巢，从而影响哮喘发病。此外，肠道菌群代谢产物与哮喘有关。SCFAs 具有抗炎特性，并增强 Treg 产生，从而影响哮喘发病过程。

近年来，临床已应用益生菌预防和治疗哮喘。研究发现，加氏乳杆菌可改善患儿哮喘和变应性鼻炎。副干酪乳杆菌、发酵乳杆菌可降低学龄儿童哮喘的严重程度，改善哮喘患儿的临床症状。益生菌预防、治疗哮喘的作用目前尚存争议。关于肠道菌群如何达到治疗和预防哮喘的目的有待进一步研究。

2. 益生菌摄入改善运动诱导的哮喘

运动是哮喘的常见诱因。据研究，益生元是治疗运动性哮喘的一种新途径。Bimuno-低聚半乳糖对运动性哮喘和呼吸道炎症有一定改善作用。

(五) 运动、肠道菌群与 NAFLD

动物实验和临床试验证实，肠道细菌生态失衡也参与了 NAFLD 的发生发展。肠道菌群是引起肥胖、代谢综合征（metabolic syndrome，MS）的重要因素。

1. 肠细菌生态失衡与 NAFLD

肠细菌生态失衡导致肠黏膜屏障破坏，增加肠的渗透性和肝对损伤物质的暴露，加重肝的炎症和纤维化。细菌改变也可引起肠道动力障碍，增加肠道炎症并引起肠道其他免疫改变，进一步通过肠—肝轴促进肝损伤。调节肠道细菌生态失衡对 NAFLD 和 NASH 有保护作用。研究发现，NAFLD 患者肠道通透性增高，小肠细菌过度生长发生率增加，并与肝脂肪变呈正相关。肠道通透性增高，以及肠黏膜浆细胞和 SIgA 数量减少使抗肠道菌定植力下降，导致细菌移位进入门脉系统，引起肝损伤。SCFAs 可参与肝脏脂肪代谢。肠道细菌调控肝脏脂质新生、HDL 或 TG 输出和血浆 TG 转化，直接促进 NAFLD 的进程。肠道细菌也可调节 BAs 代谢，间接对 NAFLD 的发生发展发挥作用。益生菌调节肠道菌群影响肠黏膜屏障（图 8-4）。益生菌也可减轻肝脏氧化应激和炎症损伤，能改变宿主 FA 的合成，还能降低炎症因子的含量。临床试验显示，益生菌可改善碳水化合物代谢、高胰岛素敏感性，改善胰岛素抵抗，降低血浆脂质水平，使 NAFLD 和糖尿病获得好转。

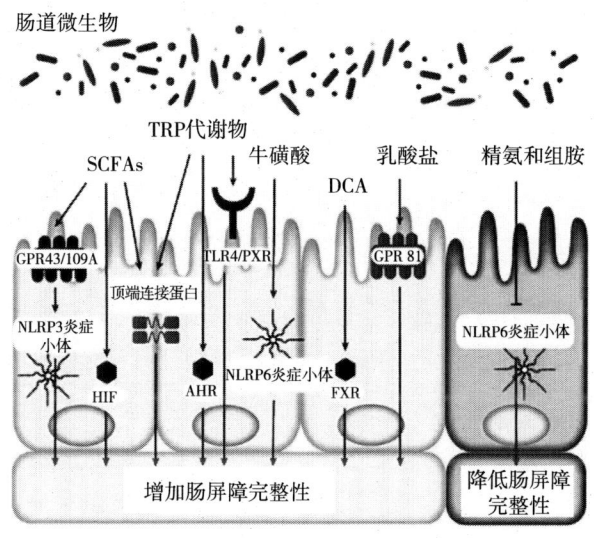

图 8-4 肠道微生物代谢产物调节肠上皮屏障完整性

注：SCFAs 可以通过减轻炎症、改善自身免疫性疾病和过敏维持肠道屏障。肠道细菌可通过法尼醇 X 受体（farnesoid X receptor，FXR）和 G 蛋白偶联胆汁酸受体（TGR）5 调节 BAs 的代谢。TLR4 是肝脏脂肪沉积和 NASH 有进展的必要条件。乳酸（lactate）通过 GPR81 依赖机制促进肠干细胞分化。精胺（spermine）和组胺（histamine）通过抑制 NLRP6 炎症小体降低 IL-18 水平，从而降低肠道上皮屏障的完整性（gut barrier integrity）。牛磺酸（taurine）和色氨酸代谢物（TRP metabolites）能增加肠屏障功能。脱氧胆酸（DCA）可以介导脂肪诱导的肠道菌群改变。

2. 运动通过改变肠道菌群影响 NAFLD

目前研究认为，耐力运动是治疗 NAFLD 的主要有效手段，有研究者提出抗阻训练也可有效逆转 NAFLD。人体和动物实验都表明运动能够增加肠道微生物的多样性，调节厚壁菌门和拟杆菌门的数量。以肠道菌群为靶点的运动干预，可以成为治疗 NAFLD 的便捷有效手段。

（六）运动、肠道菌群与肿瘤

肿瘤微环境（tumor microenvironment，TME）是肿瘤生长所必需的微环境。TME 通过破坏宿主免疫反应，促进肿瘤生长和扩散进而导致肿瘤恶性发展。此外，TME 具有缺氧、慢性炎症和免疫抑制三大特征，三者相辅相成，对肿瘤的发展产生重要作用。肿瘤发展与其所处的炎性微环境有关。TME 中 CTL 和 Th1 减少，除 NKT 细胞外，T 细胞（CTL、Th1、Th2 和 Th17）发挥癌前作用。此外，一些肿瘤细胞能通过与 TLR 相互作用诱导 TME 中 Mφ 向 M2 转化，为诱导肿瘤血管生成和侵袭转移过程创造条件。

1. 肠道微生物促进肿瘤炎性微环境形成

研究表明，肠道菌群对肿瘤炎性微环境与免疫微环境起到重要作用，微生物失调可通过多种途径导致癌症的易感性。越来越多的证据表明，肠道菌群及其代谢产物（如 SCFAs）是影响食物摄入、肥胖、脂质和能量稳态相关的重要代谢途径，可调节神经肽的分泌，还与 HPA 轴介导的神经内分泌信号通路有双向作用。此外，宿主的免疫系统、代谢特征和心理状况都受到微生物菌群的影响，这些因素在致癌和肿瘤进展中起到重要作用。如肠道细菌代谢物和炎症分子如 LPS、脂磷壁酸（lipoteichoic acid，LTA）和次生胆汁酸会促进肿瘤的发生和恶化，而 SC-FAs 表现出抗炎和抗肿瘤作用。炎症信号的失调会促进炎症或破坏 DNA 的细菌物种的生长。如梭杆菌，一种含有成核杆菌的细菌，具有肿瘤特异性，与大肠癌的炎症和癌变直接相关。可见，肠道菌群的失调导致细菌移位、炎症因子产生及代谢改变，促进肿瘤炎性微环境形成，调控肿瘤发生发展。

肠道菌群也可调节肿瘤免疫微环境。肠道菌群失调触发了许多与肿瘤形成过程相关的先天性和适应性免疫反应，而肠道菌群的变化会诱导 IL-6、GM-CSF、TGF-β 等细胞因子的产生，促进肿瘤炎症微环境形成，同时增强骨髓来源的抑制性细胞（myeloid-derived suppressor cells，MDSCs）和 Treg 向肿瘤微环境的募集，维持免疫微环境。在此环境下，T 细胞消除肿瘤的能力受到抑制。

总之，肠道菌群是 TME 的重要调节剂。运动能够改变肠道菌群的组成，且可增加有利于肠道健康的微生物比例。

2. 适宜运动改善肠道菌群具有防癌作用

有研究发现，运动使乳腺癌降低41%，久坐使乳腺癌增加104%。国际标准认为，成年人每周进行2.5~5h的中等强度运动，或至少1.25~2.5h的高强度运动，可以有效降低癌症风险。体力活动水平较高的个体患结肠癌的风险降低约24%，随着运动时间和强度的增加，远端结肠癌的发病风险出现了显著的变化。运动产生的乳酸可以有效激活$CD8^+T$细胞，增强抗肿瘤免疫。

运动改善肠道菌群，可预防结肠癌。规律的有氧运动还可通过缩短排便时间，以及病原体与胃肠道黏膜层的接触时间，对肠道产生积极的影响。PA还可能减少前列腺素的生成，保护肠道的完整性。研究发现，运动会增加短链脂肪酸和Ig的生成，同时增加丁酸盐浓度，增强抗癌和抗炎作用。此外，运动可以预防肥胖，并诱导菌群组份和多样性的变化，有助于减轻体重。最近的研究表明，有氧运动可以改变久坐不动人群的肠道菌群结构和短链脂肪酸含量，诱导宿主的微生物组成发生变化，并刺激肠道细菌产生预防结肠癌的化学物质。

> **思考题：**

1. 简述代谢性慢病概念并举例。
2. 试述肥胖人群的免疫学特点及运动对其免疫功能的影响。
3. 试述运动、肠道菌群、免疫与代谢性慢性病之间的最新研究进展。

References 参考文献

[1] 艾合买提·买买提. 血清肌红蛋白、心肌肌钙蛋白Ⅰ和超敏C反应蛋白在诊断急性心肌梗死患者中的价值 [J]. 中国实验诊断学, 2010, 14 (9): 1488-1489.

[2] 安黎云, 汤菲. 心理应激与免疫功能关系的研究现状 [J]. 医学综述, 2015, 21 (3): 414-416.

[3] 白皙, 朱惠娟, 陈适, 等. 生长激素对免疫系统功能的影响 [J]. 国际内分泌代谢杂志, 2020, 40 (1): 45-48.

[4] 鲍铁. 免疫细胞在非酒精性脂肪性肝病中的作用机制及研究进展 [J]. 中华肝脏病杂志, 2017, 25 (7): 553-556.

[5] 卜淑敏. 运动免疫学 [M]. 北京: 北京体育大学出版社, 2018.

[6] 蔡江敏, 水克冬. 中国15岁及以上居民慢性病患病情况分析 [J]. 医学信息, 2019, 32 (11): 127-129.

[7] 曹玲, 李桉棋, 李峰, 等. 合成免疫学 [J]. 中国免疫学杂志, 2017, 33 (2): 288-296.

[8] 曹雪涛. 医学免疫学 [M]. 6版. 北京: 人民卫生出版社, 2013.

[9] 曹艳霞. 补充精氨酸对力竭性运动后氨代谢与免疫功能的影响 [J]. 西北大学学报 (自然科学版), 2015, 45 (4): 606-610.

[10] 车婷婷. 肥胖与免疫细胞相关性研究进展 [J]. 现代免疫学, 2014, 34 (4): 349-352.

[11] 陈光. 单克隆抗体技术历史与发展简述 [J]. 生物学通报, 2003 (9): 58-60.

[12] 陈天宁, 杨铁毅, 邵进, 等. 免疫相关基因在绝经后骨质疏松症患者外周血白细胞中的表达 [J]. 中国组织工程研究, 2020, 24 (25): 4033-4038.

[13] 陈伟伟, 高润霖, 刘力生, 等. 《中国心血管病报告2015》概要 [J]. 中国循环杂志, 2016, 31 (6): 521-528.

[14] 陈小琼, 肖国强. 长期高温预处理对力竭运动后T淋巴细胞T细胞亚群的影响 [J]. 体育学刊, 2010, 17 (10): 109-112.

[15] 程浩, 栾杰, 付苏. 炎症微环境中Mφ对前体脂肪细胞作用的研究进展 [J]. 中华整形外科杂志, 2019, 35 (4): 410-413.

[16] 池肇春.肠道微生态失衡与非酒精性脂肪性肝病[J].临床普外科电子杂志,2017,5(2):1-6.

[17] 池肇春.非酒精性脂肪性肝病发病机制研究进展与现状[J].世界华人消化杂志,2017,25(8):670-683.

[18] 迟林,李昊森,许晓风.2型糖尿病患者外周血淋巴细胞亚群及Treg细胞检测及临床应用[J].山东医药,2011,51(40):87-89.

[19] 崔书强,赖丽丽,赵杰修.高温高湿环境下递增负荷大强度运动对人体血清白细胞介素12的影响[J].中国运动医学杂志,2015,34(1):21-24.

[20] 邓洁琳,余锂镭,江洪.肥胖相关的神经免疫研究进展[J].医学综述,2018,24(23):4615-4619.

[21] 邓树勋,王健.高级运动生理学[M].北京:高等教育出版社出版,2003.

[22] 董少霞.对婴儿进行游泳与抚触干预对其免疫系统功能的影响[J].当代医药论丛,2019,17(6):10-11.

[23] 范锦勤.运动对人体白细胞和免疫球蛋白的影响[J].韶关学院学报,2011,32(2):47-50.

[24] 符布清.2型糖尿病患者嗜中性粒细胞相关系数变化研究[J].实用心脑肺血管病杂志,2012,20(12):1942-1944.

[25] 付明华,王君.不同喂养方式及抚触对新生儿外周血血清IgG、免疫功能的影响[J].齐鲁护理杂志,2018,24(20):56-58.

[26] Duan Y,Ye T,Qu Z,et al.Brain-wide Cas9-mediated cleavage of a gene causing familial Alzheimer's disease alleviates amyloid-related pathologies in mice[J].Nat Biomed Eng,2022,6(2):168-180.

[27] 高炳宏,步振威,王道,等.LoLo、LoHi、HiLo和HiHiLo训练过程中血象指标变化规律的比较研究[J].体育科学,2005,25(10):32-36.

[28] 高超,李岩.浅谈增强运动员免疫功能的营养措施[J].中国科教创新导刊,2013(2):217.

[29] 高坤,余伟吉,李全,等.中性粒细胞计数与淋巴细胞计数的比值与骨质疏松症相关性的研究[J].中国骨质疏松杂志,2019,25(8):1134-1137.

[30] 高硕,蔡梦洁,毛飞,等.炎症环境下巨噬细胞对小鼠骨髓间质干细胞迁移能力的影响[J].江苏大学学报(医学版),2013,23(3):201-206.

[31] 高晓明.医学免疫学基础[M].北京:北京医科大学出版社,2001.

[32] 耿仕涛,卢昆,张尊月,等.肠道菌群对肿瘤微环境调节的研究进展[J].肿瘤学杂志,2020,26(11):946-952.

[33] 郭峰,钱宝乐,张乐之.现代红细胞免疫学[M].上海:第二军医大学出版社,2002.

[34] 郭鑫,李昆,王超,等.高湿环境对大鼠免疫功能的影响 [J].中国应用生理学杂志,2014,30 (1):89-92.

[35] 韩延柏.运动对唾液免疫球蛋白 A、溶菌酶和皮质醇影响 [J].中国公共卫生,2014,30 (12):1612-1613.

[36] 何欣,顾宁.免疫细胞与动脉粥样硬化斑块研究进展 [J].中国动脉硬化杂志,2021,29 (7):629-634.

[37] 洪长清.运动应激与免疫细胞 [J].湖北大学成人教育学院学报,2007,25 (2):75-77.

[38] 侯杰,耿熠,赵亚宁,等.外周血淋巴细胞绝对值和单核细胞绝对值的比值对胃癌患者预后的预测价值 [J].癌症进展,2019,17 (18):2192-2195.

[39] 胡巍,常燕.运动与免疫的研究现状 [J].中国临床康复,2006,10 (8):132-134.

[40] 胡宗海.高原环境对机体免疫功能的影响机制 [J].西北国防医学杂志,2004,25 (2):031-231.

[41] 黄国玲,陈红兵,谭忠友.T 细胞亚群、IL-6 及 IL-10 在支气管哮喘患儿治疗中的变化 [J].分子诊断与治疗杂志,2021,13 (5):811-815.

[42] 黄美蓉,孙耀,颜军.体育运动、心理应激对免疫系统影响的机制研究 [J].吉林体育学院学报,2010,26 (5):94-96.

[43] 黄楠,任锡凯,苏苗赏.肠道菌群调节机制与肥胖治疗研究进展 [J].温州医科大学学报,2019,49 (9):695-699.

[44] 黄祁平,蒋桂凤,唐双阳,等.健身操运动对女大学生血清免疫球蛋白及补体的影响 [J].北京体育大学学报,2005,28 (12):1649-1651.

[45] 姜晓旭,李明哲,赵九洲,等.巨噬细胞在肥胖进程中的作用研究进展 [J].新乡医学院学报,2019,36 (7):694-697.

[46] 蒋圣祥,王家忠.运动对人体免疫功能的影响研究 [J].巢湖学院学报,2008,10 (6):128-131.

[47] 焦海旭.抗阻运动对心血管疾病患者心脏康复作用的研究进展 [J].齐齐哈尔医学院学报,2020,41 (9):1140-1141.

[48] 矫玮.剧烈运动对机体免疫功能的影响以及检测与调节方法的研究 [M].北京:北京体育大学出版社,2002.

[49] 颉雅苹,童志杰,樊慧峰,等.反复喘息幼儿外周血 CD4[+] CD25[+] Foxp3[+] 调节性 T 淋巴细胞、IL-10 及 IgE 水平的研究 [J].新医学,2021,52 (2):125-130.

[50] 金伯泉.细胞和分子免疫学 [M].北京:世界图书出版公司,1998.

[51] 金伯泉.细胞和分子免疫学 [M].2 版.北京:科学出版社,2001.

[52] 李鹤,谭晓川,姜栋,等.代谢性疾病中巨噬细胞功能及靶向递送治疗研究进展 [J].医药导报,2021,40 (7):905-914.

[53] 李琳娜，李坚，贺熙乔，等．TLR4/MyD88/AMPK 通路参与调节高脂饮食诱导的肥胖小鼠脂肪组织炎症和细胞凋亡［J］．中国免疫学杂志，2022，38（15）：1824-1828．

[54] 李萌，李世敏，于悦，等．自然杀伤细胞相关的肺癌微环境及免疫治疗［J］．医学综述，2021，27（1）：100-104．

[55] 李琦，谢志坚．骨质疏松与 NF-κB 信号通路关系的研究进展［J］．中国老年学杂志，2015，35（9）：2551-2554．

[56] 李瑞玲，李惠敏，游聚敏．婴儿外周血血清免疫球蛋白 IgG 的变化及不同喂养方式对婴儿免疫功能的影响［J］．中国实用护理杂志，2018，34（10）：727-730．

[57] 李志清，沈茜．吴氏太极拳对老年人外周血 NK 细胞活性的影响［J］．中国运动医学杂志，1995（1）：53-56．

[58] 栗刚，陈艳，陈小凯．小儿推拿对幼儿园幼儿体质发育及免疫功能的影响［J］．深圳中西医结合杂志，2017，27（13）：70-71．

[59] 梁蓓蕾，王佐林．巨噬细胞极化与骨组织再生关系的研究进展［J］．口腔颌面外科杂志，2020，30（3）：187-190．

[60] 梁开录．运动与免疫机能［J］．中国运动医学杂志，1990，9（1）：3．

[61] 梁巧妍，于敏．肿瘤微环境内代谢变化与肿瘤免疫治疗研究［J］．中国肿瘤，2021，30（6）：459-464．

[62] 廖萌，严孙杰．成骨细胞 Toll 样受体 4 信号通路研究进展［J］．中华骨质疏松和骨矿盐疾病杂志，2013，6（3）：260-265．

[63] 林明．冬泳与健康［M］．青岛：中国海洋大学出版社，1992．

[64] 灵敏，王建军．特殊人群的运动、感染风险和免疫机能［J］．沈阳体育学院学报，2011，30（5）：72-76．

[65] 刘砺，张丽娜，满富丽，等．肥胖与免疫研究进展［J］．北京医学，2017，39（6）：631-633．

[66] 刘明鑫，唐艳红，黄从新．巨噬细胞在心律失常中的作用及研究进展［J］．武汉大学学报（医学版），2019，40（4）：672-677．

[67] 刘茜茜，陆地，胡嘉华，等．白细胞介素-33 在肿瘤中的双重作用［J］．中南大学学报（医学版），2021，46（2）：169-175．

[68] 刘伟倩，高博，李英肖，等．中性粒细胞/淋巴细胞比值与绝经后女性冠心病患者冠状动脉病变程度的关系［J］．岭南心血管病志，2019，35（4）：252-256．

[69] 刘晓丹．八周太极拳运动对老年人免疫功能的影响［J］．中国临床康复，2006，70（27）：10-12．

[70] 刘奕婷，王巍．健康体检人群白细胞计数与非酒精性脂肪肝的关联性研究［J］．实用预防医学，2020，27（1）：57-60．

[71] 柳笑彦，刘力．代谢及炎症反应相关的巨噬细胞极化调控的研究进展［J］．转化医学电子杂志，2018，5（10）：92-96．

[72] 卢文彪，胡永红．红细胞免疫：运动时的变化及其意义［J］．四川体育科学，2005（4）：20-22．

[73] 芦苏玉．高温高湿环境与运动能力［J］．安徽体育科技，2015，36（2）：58-60，67．

[74] 马锡慧，肖漓，冯凯．γδT细胞生物学特性及研究进展［J］．实用医学杂志，2013，29（20）：3425-3426．

[75] 马延超，张缨．低氧、运动与免疫研究［J］．中国组织工程研究与临床康复，2007，11（30）：6064-6068．

[76] 牛卓娅，张亚玲．巨噬细胞极化与炎性疾病的研究进展［J］．河北医科大学学报，2020，41（6）：742-745．

[77] 钱伟．不同负荷运动训练对冷应激状态大鼠机体免疫功能的影响［J］．中国组织工程研究与临床康复，2007，11（17）：3370-3372．

[78] 秦长辉．运动方式与慢性疾病［J］．体育科技文献通报，2019，27（10）：148-150．

[79] 邱仞之．环境高温与热损伤［M］．北京：军事医学科学出版社，2000．

[80] 曲绵域，卓大宏．中国医学百科全书（运动医学）［M］．上海：上海科学技术出版社，1983．

[81] 曲绵域．运动医学［M］．长春：长春出版社，2003．

[82] 商千里．运动对免疫功能的影响［J］．湖北体育科技，2010，29（4）：430-431．

[83] 尚画雨，黄玫梅，上官若男，等．五种现代常见慢性疾病的运动处方［J］．中国康复医学杂志，2012，27（9）：882-886．

[84] 盛红晶，丁瑞．2型糖尿病患者免疫状态变化研究［J］．中国医药导报，2011，8（11）：44-45．

[85] 盛佳智，弓腊梅．运动对非酒精性脂肪肝患者肠道菌群的影响研究进展［J］．生理科学进展，2020，51（1）：25-28．

[86] 石山领，张晓宇．肠道菌群与支气管哮喘发病相关机制研究进展［J］．中华实用诊断与治疗杂志，2021，35（2）：200-202．

[87] 宋博雅．运动免疫调理思路［J］．福建体育科技，2017，36（4）：38-41．

[88] 宋名通．儿科学［M］．北京：人民卫生出版社，1987．

[89] 宋亚军．力竭运动对小鼠红细胞免疫功能的影响［J］．北京体育大学学报，2006，22（6）：35-42．

[90] 覃飞，赵杰修，王松涛，等．低强度激光对6周递增负荷训练大鼠上呼吸道黏膜免疫机能的影响［J］．中国体育科技，2018，54（4）：107-112．

[91] 谭强，郑国学，郑江华．调节性T细胞在动脉粥样硬化发生机制中作用的研究进展

[J]. 中国动脉硬化杂志, 2020, 28 (9): 823-828.

[92] 陶飞, 赵旺, 琚双五. 血小板与淋巴细胞比值、中性粒细胞与淋巴细胞比值与急性脑梗死颈动脉粥样硬化斑块的相关性研究 [J]. 临床和实验医学杂志, 2021, 20 (6): 606-609.

[93] 陶倩倩, 张雷, 杜晓鹏, 等. 血小板介导的肿瘤微环境调控: 活血化瘀中药的新靶点 [J]. 中南药学, 2021, 19 (6): 1212-1218.

[94] 田晓刚, 高力英. 外周血 T 细胞亚群检测在恶性肿瘤中的价值 [J]. 甘肃医药, 2010, 29 (1): 32-33.

[95] 汪凯, 任安经, 章卫平. 米色脂肪: 一种新型的脂肪 [J]. 第二军医大学学报, 2014, 35 (2): 195-199.

[96] 汪喆. 运动与儿茶酚胺研究进展 [J]. 体育科研. 2010, 31 (3): 85-88.

[97] 王斌, 龚敏. 运动、营养与人体免疫功能 [J]. 中国临床康复, 2003 (15): 2254.

[98] 王铖. 中性粒细胞/淋巴细胞比值与高血压关系的研究现状 [J]. 右江医学, 2018, 46 (4): 491-494.

[99] 王程成, 刘怀磊, 龚卫红. 社区老年高血压人群中血细胞参数与非酒精性脂肪肝的关系 [J]. 中华全科医学, 2021, 19 (6): 979-981, 1007.

[100] 王丛笑, 方素萍, 马丽华, 等. 理气调补汤对运动性疲劳大鼠血清 β 内啡肽和白细胞介素 2 影响的研究 [J]. 现代生物医学进展, 2010, 10 (4): 646-648.

[101] 王军力. 热预处理对大鼠急性运动耐受性和热休克蛋白 70 表达的影响 [D]. 广州: 华南师范大学, 2005.

[102] 王恬, 陈佩杰, 高炳宏. 模拟低氧训练对女子赛艇运动员淋巴细胞亚群等指标变化的影响 [J]. 体育科学, 2006, 26 (6): 59-61.

[103] 王铁流, 田中伟, 周勇. 锌与有氧运动对肥胖患者体重指数和细胞免疫功能的作用 [J]. 体育科学, 2005, 25 (8): 71-74.

[104] 王义娟, 孙冬岩, 孙笑非. 肠道微生物菌群在宿主免疫代谢中的作用 [J]. 饲料研究, 2021, 44 (10): 107-110.

[105] 王玺, 高炳宏. 低氧环境、运动训练对红细胞免疫功能影响的研究进展 [J]. 体育科研, 2019, 40 (3): 93-98.

[106] 王幸, 张祥贵. IL-35 与人类疾病关系的研究进展 [J]. 现代医学, 2019, 47 (1): 109-112.

[107] 郭峰, 骆永珍. 红细胞免疫学新探 (下卷) [M]. 南京: 南京大学出版社, 1993.

[108] 王亚楠, 黄昆仑, 仝涛. 肥胖与慢性炎症关联机制研究进展 [J]. 中国食物与营养, 2021, 27 (8): 95-101.

[109] 王彦丽, 郝礼森, 张铁强, 等. 非酒精性脂肪性肝病患者外周血 $CD4^+CD25^+$ T 细胞变化特点 [J]. 热带医学杂志, 2018, 18 (11): 1462-1465, 1469.

[110] 王彦伟. 概拟冬泳对小鼠血清溶菌酶活性影响的研究 [D]. 石家庄：河北师范大学，2005.

[111] 王燕杰，李世昌，杨念恩. 运动与骨免疫研究进展 [J]. 体育学刊，2015，22（6）：128-132.

[112] 王玉琴，李骁军. 周期性大强度运动训练对竞技健美操运动员细胞免疫机能的影响 [J]. 北京体育大学学报，2006（4）：491-493.

[113] 王卓，林忠伟，王连唐. 炎性细胞在冠状动脉粥样硬化性心脏病中的作用及临床意义 [J]. 国际内科学杂志，2009，36（5）：249-252.

[114] 魏桂红，孔辉，解卫平. 巨噬细胞在肺动脉高压发病机制中的作用 [J]. 国际呼吸杂志，2019，39（17）：1353-1356.

[115] 魏宏文，高伟，肖卓威，等. 常压模拟高住低练对优秀男子手球运动员免疫机能的影响 [J]. 北京体育大学学报，2006，29（8）：1058-1060.

[116] 乌兰，张美玲，张丽军. 少儿瑜伽对儿童体质健康的影响研究 [J]. 体育世界，2019（6）：183-184.

[117] 吴曼，范竹萍，陈志威，等. 长期治疗后运动强度对非酒精性脂肪性肝病的影响 [J]. 胃肠病学和肝病学杂志，2014，23（5）：566-569.

[118] 吴明飞. 高温预处理室温下不同强度负荷对肾脏热休克蛋白70（HSP70）表达的影响 [D]. 广州：华南师范大学，2007.

[119] 熊建团，顾铃毓，王青青，等. TLR4/NF-κB 信号通路对 CBS$^{+/-}$ 小鼠非酒精性脂肪性肝病的影响 [J]. 中国病理生理杂志，2021，37（7）：1227-1232.

[120] 徐建方，张漓，冯连世，等. 不同运动方式对肥胖青年身体慢性炎症状态的影响 [J]. 体育科学，2015，35（17）：30-36.

[121] 许国钧，陈兆. 局部冷刺激结合中低强度运动对学龄前儿童免疫功能的影响 [J]. 浙江医学，2017，39（68）：638-640.

[122] 杨忖卿，庞博，刘贵建. IFN-γ 介导肿瘤免疫逃逸分子机制的研究进展 [J]. 医学综述，2021，27（6）：1112-1117.

[123] 杨贵贞. 边缘免疫学 [M]. 北京：科学出版社，2002.

[124] 杨贵珍. 医用免疫学 [M]. 长春：吉林人民出版社，1980.

[125] 杨洪. 运动与免疫动员和肿瘤防治 [J]. 食管疾病，2021，3（1）：64-67.

[126] 杨梦莹，张红梅，王旋，等. 脂肪组织巨噬细胞与肥胖 [J]. 职业与健康，2021，37（8）：1137-1140.

[127] 杨森. 护肤与皮肤屏障 [M]. 北京：人民卫生出版社，2019.

[128] 杨圣楠，楼青青. 抗阻运动在非酒精性脂肪性肝病治疗中的研究进展 [J]. 武汉体育学院学报，2015，49（4）：91-95.

[129] 杨锡强，易著文. 儿科学 [M]. 6版. 北京：人民卫生出版社，2004.

[130] 杨锡让，傅浩坚. 运动生理学进展 [M]. 北京：北京体育大学出版社，2000.

[131] 杨兴东. 轮滑运动对少年儿童免疫系统机能的影响浅析 [J]. 文体用品与科技，2015 (2)：166-166，175.

[132] 杨永刚，王海丽，陈新华. Toll样受体与心脑血管疾病 [J]. 中国老年学杂志，2020，40 (22)：4907-4910.

[133] 姚灿，史菲. 免疫细胞及活性物质在运动性哮喘发病中的作用 [J]. 广东医学，2020，41 (8)：862-865.

[134] 荫士安. 母乳喂养与新生儿早期免疫的启动与建立 [J]. 中华新生儿科杂志，2017，32 (5)：321-324.

[135] 荫士安. 母乳中微生物及在婴儿免疫系统启动与发育中的作用 [J]. 中国妇幼健康研究，2017，28 (6)：619-624.

[136] 殷新元. 浅议健身锻炼对人体免疫功能的影响 [J]. 实用医技杂志，2006，13 (6)：1012.

[137] 于瑷旗. 低温环境下不同强度运动对人体免疫球蛋白和补体系统的影响 [J]. 辽宁体育科技，2020，42 (1)：48-52.

[138] 余阳，陈天鹏，何才剑，等. 补体成分3与骨质疏松症关系的研究进展 [J]. 中医正骨，2021，33 (2)：69-71.

[139] 虞有超，时国朝. 天然淋巴细胞与支气管哮喘 [J]. 中华结核和呼吸杂志，2014，37 (2)：122-125.

[140] 袁子琪，李世昌，孙朋，等. 脂肪因子在运动介导骨免疫调控骨重构进程的机制研究进展 [J]. 中国体育科技，2019，55 (3)：59-65.

[141] 张凤，刘玉兰. B淋巴细胞在非酒精性脂肪性肝病发病机制中的作用 [C]//第十届全国免疫学学术大会汇编，2015：410-411.

[142] 张海峰，何玉秀. 运动防治非酒精性脂肪性肝病研究现状 [J]. 中国运动医学杂志，2006，25 (3)：373-375.

[143] 张蓝予，耿钰东，陈涛. 不同健身运动对中老年人唾液中SIgA含量影响的研究 [J]. 中国卫生工程学，2018，17 (1)：156-158.

[144] 张苗苗，朱慧芝，张玉玲. Toll样受体3 (TLR3) 在儿童反复呼吸道感染中的研究进展 [J]. 中国生育健康杂志，2020，31 (6)：599-601.

[145] 张慎启，石磊，李文金，等. 骨质疏松相关骨免疫学进展 [J]. 中国老年学杂志，2021，41 (13)：2907-2912.

[146] 张伟东，高艳敏. 运动对免疫系统的影响 [J]. 辽宁体育科技，2005 (1)：47-49.

[147] 张贤政，张玲玲，魏伟. 炎症因子及脂肪因子参与类风湿关节炎并发心血管疾病的研

究进展［J］. 医药导报, 2017, 36 (11)：1283-1287.

[148] 张亚男, 范竹萍. 运动处方应用于非酒精性脂肪性肝病患者治疗作用和安全性评价［J］. 实用肝脏病杂志, 2020, 23 (3)：360-363.

[149] 张瑶, 叶建平. 肥胖引发的炎症是保护反应［J］. 新乡医学院学报, 2015, 32 (8)：695-697.

[150] 张勇, 李之俊. 模拟低住高练（LoHi）对自行车运动员免疫功能的影响［J］. 体育科学, 2005, 25 (11)：26-28.

[151] 张正怀, 杨志林. 外周血中性粒细胞与淋巴细胞比值在非酒精性脂肪肝诊断中的应用［J］. 检验医学与临床, 2016, 13 (23)：3233-3328.

[152] 赵琴, 马永红, 吴世萍, 等. 血清不同炎性因子对糖尿病足感染的诊断价值［J］. 热带医学杂志, 2020, 20 (11)：1475-1478.

[153] 郑慧芳, 杨建文. 高原训练对免疫指标的影响［J］. 吉林体育学院学报, 2006, 22 (4)：66-67.

[154] 周帆扬, 张缨, 胡扬, 等. 4 周高住低训对红细胞免疫功能的影响［J］. 体育科学, 2003, 23 (6)：132-135.

[155] 周光炎. 免疫学原理［M］. 上海：上海科学技术文献出版社, 2000.

[156] 周洁, 马丽, 杨梅. T 淋巴细胞亚群在 48 例 2 型糖尿病患者中变化和意义［J］. 临床经验, 2013, 37 (9)：788-789.

[157] 周晶苹, 褚以德, 郗爱旗, 等, 不同海拔高度 RBC 增多症红细胞免疫功能测定［J］. 高原医学杂志, 1999, 9 (1)：40.

[158] 周鹿蕾. 低密度脂蛋白作为调理素促进单核/巨噬细胞对 A 群链球菌的吞噬［D］. 呼和浩特：内蒙古农业大学, 2015.

[159] 周宁, 杨建全, 冯锁民. 急性递增负荷运动前后红细胞免疫功能与 T 淋巴细胞 T 细胞亚群及其亚群的变化研究［J］. 中西医结合心脑血管病杂志, 2017, 15 (5)：602-603.

[160] 周庆卿, 陈祥, 刘星光. 表观遗传修饰对天然免疫应答的调控作用［J］. 细胞与分子免疫学杂志, 2017, 33 (1)：109-113.

[161] 周祥吉, 裴国献, 张旭辉, 等. 湿热环境下犬肢体枪伤后外周血淋巴细胞亚群的变化［J］. 中国工业医学杂志, 2001, 14 (6)：339-341.

[162] 周志宏, 高雯. 肠道菌群及代谢物与冠状动脉粥样硬化性心脏病关系的研究进展［J］. 中国心血管杂志, 2018, 23 (2)：177-179.

[163] 朱璐璐. 高温高湿环境下运动对大鼠肠黏膜屏障功能的影响［D］. 福州：福建医科大学, 2020.

[164] 朱轼. 高温预处理对不同强度急性运动大鼠海马回 Hsp70, 抗氧化系统及 Ca^{2+}-ATP 酶的影响［D］. 广州：华南师范大学, 2007.

[165] 朱永刚，孙力，徐玉琪，等．冬泳锻炼对中老年几项免疫指标的影响［J］．体育科学，1991（1）：38．

[166] 左海奇，李碧澄，田野．中性粒细胞胞外陷阱网在动脉粥样硬化进展中的作用［J］．中国动脉硬化杂志，2017，25（6）：635-639．

[167] Abul K, Abbas, MBBS, et al. Cellular and Molecular Immunology［M］. Collingwood: Saunders, 2009.

[168] Almanza G, Rodvold JJ, Tsui B, et al. Extracellular vesicles produced in B cells deliver tumor suppressor miR-335 to breast cancer cells disrupting oncogenic programming in vitro and in vivo［J］. Sci Rep, 2018, 8（1）: 17581.

[169] Anderson E, Durstine JL. Physical activity, exercise, and chronic diseases: a brief review［J］. Sports Med Health Sci, 2019, 1（1）: 3-10.

[170] Antonyak MA, Lukey MJ, Cerione RA. Lipid-filled vesicles modulate macrophages［J］. Science, 2019, 363（6430）: 931-932.

[171] Barrett TJ. Macrophages in atherosclerosis regression［J］. Arterioscler Thromb Vasc Biol, 2020, 40（1）: 20-33.

[172] Bartlett DB, Slentz CA, Willis LH, et al. Rejuvenation of neutrophil functions in association with reduced diabetes risk following ten weeks of low-volume high intensity interval walking in older adults with prediabetes-a pilot study［J］. Front Immunol, 2020（11）: 729.

[173] Burini RC, Anderson E, Durstine JL, et al. Inflammation, physical activity, and chronic disease: an evolutionary perspective［J］. Sports Medicine and Health Science, 2020, 2（1）: 1-6.

[174] Cani PD, Van Hul M, Lefort C, et al. Microbial regulation of organismal energy homeostasis［J］. Nat Metab, 2019, 1（1）: 34-46.

[175] Caslin HL, Abebayehu D, Pinette JA, et al. Lactate is a metabolic mediator that shapes immune cell fate and function［J］. Front Physiol, 2021（12）: 688485.

[176] Chae WJ, Bothwell ALM. Canonical and non-canonical Wnt signaling in immune cells［J］. Trends Immunol, 2018, 39（10）: 830-847.

[177] Charles E, Dumont BL, Bonneau S, et al. Angiopoietin 1 release from human neutrophils is independent from neutrophil extracellular traps（NETs）［J］. BMC Immunol, 2021, 22（1）: 51.

[178] Chen L, Hou X, Zhang M, et al. MicroRNA-223-3p modulates dendritic cell function and ameliorates experimental autoimmune myocarditis by targeting the NLRP3 inflammasome［J］. Mol Immunol, 2020, 117: 73-83.

[179] Corriere T, Di Marca S, Cataudella E, et al. Neutrophil-to-lymphocyte ratio is a strong predictor of atherosclerotic carotid plaques in older adults［J］. Nutr Metab Cardiovasc Dis,

2018, 28 (1): 23-27.

[180] Czopek A, Moorhouse R, Guyonnet L, et al. A novel role for myeloid endothelin-B receptors in hypertension [J]. Eur Heart J, 2019, 40 (9): 768-784.

[181] Demirdal T, Sen P. The significance of neutrophil-lymphocyte ratio, platelet-lymphocyte ratio and lymphocyte-monocyte ratio in predicting peripheral arterial disease, peripheral neuropathy, osteomyelitis and amputation in diabetic foot infection [J]. Diabetes Res Clin Pract, 2018, 144: 118-125.

[182] Garcia-Gonzalez G, Sanchez-Gonzalez A, Hernandez-Bello R, et al. Triggering of protease-activated receptors (PARs) induces alternative M2 macrophage polarization with impaired plasticity [J]. Mol Immunol, 2019, 114: 278-288.

[183] Gounder SS, Abdullah BJJ, Radzuanb NEIBM, et al. Effect of aging on NK cell population and their proliferation at ex vivo culture condition [J]. Anal Cell Pathol (Amst), 2018: 7871814.

[184] Greenhill C. Exercise affects gut microbiota and bone [J]. Nat Rev Endocrinol, 2018, 14 (6): 322.

[185] Kazankov K, Jorgensen SMD, Thomsen KL, et al., The role of macrophages in nonalcoholic fatty liver disease and nonalcoholic steatohepatitis [J]. Nat Rev Gastroenterol Hepatol, 2019, 16 (3): 145-159.

[186] Liu CX, Li X, Nan F, et al. Structure and degradation of circular RNAs regulate PKR activation in innate immunity [J]. Cell, 2019, 177 (4): 865-880.

[187] Liu H, Li D, Zhang Y, et al. Inflammation, mesenchymal stem cells and bone regeneration [J]. Histochem Cell Biol, 2018, 149 (4): 393-404.

[188] Loo Yau H, Bell E, Ettayebi I, et al. DNA hypomethylating agents increase activation and cytolytic activity of $CD8^+$ T cells [J]. Molecular Cell, 2021, 81 (7): 1469-1483.

[189] Lu SY, Fu CL, Liang L, et al. miR-218-2 regulates cognitive functions in the hippocampus through complement component 3-dependent modulation of synaptic vesicle release [J]. Proc Natl Acad Sci USA, 2021, 118 (14): e2021770118.

[190] Mahmoudi R, Feldman S, Kisserli A, et al. Inherited and acquired decrease in complement receptor 1 (CR1) density on red blood cells associated with high levels of soluble CR1 in alzheimer's disease [J]. Int J Mol Sci, 2018, 19 (8): 2175.

[191] Maurizi G, Della Guardia L, Maurizi A, et al. Adipocytes properties and crosstalk with immune system in obesity-related inflammation [J]. J Cell Physiol, 2018, 233 (1): 88-97.

[192] McCabe LR, Irwin R, Tekalur A, et al. Exercise prevents high fat diet-induced bone loss, marrow adiposity and dysbiosis in male mice [J]. Bone, 2019, 118: 20-31.

[193] Mehta A, Zhao JL, Sinha N, et al. The microRNA-132 and microRNA-212 cluster regulates

hematopoietic stem cell maintenance and survival with age by buffering FOXO3 expression [J]. Immunity, 2015, 42 (6): 1021-1032.

[194] NemetI, SahaPP, Gupta N, et al. A Cardiovascular Disease-Linked Gut Microbial Metabolite Acts via Adrenergic Receptors [J]. Cell, 2020, 180 (5): 862-877.

[195] Netea MG, Joosten LA, Latz E, et al. Trained immunity: A program of nate immune memory in health and disease [J]. Science, 2016, 352 (6284): aaf1098.

[196] Nicolas GR, Chang PV. Deciphering the chemical lexicon of host-gut microbiota interactions [J]. Trends Pharmacol Sci, 2019, 40 (6): 430-445.

[197] Ortiz-Alvarez L, Xu H, Martinez-Tellez B, et al. Influence of Exercise on the Human Gut Microbiota of Healthy Adults: A Systematic Review [J]. Clin Transl Gastroenterol, 2020, 11 (2): e00126.

[198] Pajarinen J, Lin T, Gibon E, et al. Mesenchymal stem cell-macrophage crosstalk and bone healing [J]. Biomaterials, 2019, 196: 80-89.

[199] Peng H, Hu B, Xie LQ, et al. A mechanosensitive lipolytic factor in the bone marrow promotes osteogenesis and lymphopoiesis [J]. Cell Metab, 2022, 34 (8): 1168-1182.

[200] Salas LA, Stewart TG, Mobley BC, et al. Study of high-dose l-methylfolate in combination with temozolomide and bevacizumab in recurrent IDH wild-type high-grade glioma [J]. Cancer Research Communications, 2022, 2 (1): 1-9.

[201] Saleh LS, Bryant SJ. The host response in tissue engineering: crosstalk between immune cells and cell-laden scaffolds [J]. Curr Opin Biomed Eng, 2018, 6: 58-65.

[202] Sama M, Geiger H. Exercise generates immune cells in bone [J]. Nature, 2021, 591 (7850): 371-372.

[203] Srivastava RK, Dar HY, Mishra PK. Immunoporosis: Immunology of Osteoporosis-Role of T Cells [J]. Front Immunol, 2018, 9: 657.

[204] Tilkeridis K, Kiziridis G, Ververidis A, et al. Immunoporosis: a new role for invariant natural killer T (NKT) cells through overexpression of nuclear factor-kappaB ligand (RANKL) [J]. Med Sci Monit, 2019, 25: 2151-2158.

[205] Trus E, Basta S, Gee K. Who's in charge here? Macrophage colony stimulating factor and granulocyte macrophage colony stimulating factor: competing factors in macrophage polarization [J]. Cytokine, 2020, 127: 154939.

[206] Vila-Caballer M, Gonzalez-Granado JM, Zorita V, et al. Disruption of the CCL1-CCR8 axis inhibits vascular Treg recruitment and function and promotes atherosclerosis in mice [J]. J Mol Cell Cardiol, 2019, 132: 154-163.

[207] Williams JW, Elvington A, Kessler S, et al. B Cell-Mediated antigen presentation through

MHC class II is dispensable for atherosclerosis progression [J]. Immunohorizons, 2019, 3 (1): 37-44.

[208] Witkowski JM, Larbi A, Le Page A, et al. Natural Killer Cells, Aging, and Vaccination [J]. Interdiscip Top Gerontol Geriatr, 2020, 43: 18-35.

[209] Wu MY, Lu JH. Autophagy and macrophage functions: inflammatory response and phagocytosis [J]. Cells, 2019, 9 (1): 70.

[210] Wu MZ, Cheng WC, Chen SF, et al. miR-25/93 mediates hypoxia-induced immunosuppression by repressing cGAS [J]. Nat Cell Biol, 2017, 19 (10): 1286-1296.

[211] Wu X, Meng Y, Wang C, et al. Semaphorin7A aggravates coxsackievirusB3 -induced viral myocarditis by increasing α1β1-integrin macrophages and subsequent enhanced inflammatory response [J]. J Mol Cell Cardiol, 2018, 114: 48-57.

[212] Xiao L, Xiao Y. The autophagy in osteoimmonology: selfeating, maintenance, and beyond [J]. Front Endocrinol (Lausanne), 2019, 10: 490.

[213] Xu L, Huang Q, Wang H, et al. The kinase mTORC1 promotes the generation and suppressive function of follicular regulatory T cells [J]. Immunity, 2017, 47 (3): 538-551.

[214] Yang S, Yuan HQ, Hao YM, et al. Macrophage polarization in atherosclerosis [J]. Clin Chim Acta, 2020, 501: 142-146.

[215] Zhang H, Wu X, Wang G, et al. Macrophage polarization, inflammatory signaling, and NF-κB activation in response to chemically modified titanium surfaces [J]. Colloids Surf B Biointerfaces, 2018, 166: 269-276.

[216] Zhang W, Wang G, Xu ZG, et al. Lactate is a natural suppressor of RLR signaling by targeting MAVS [J]. Cell, 2019, 178 (1): 176-189.

[217] Zhou WJ, Yang J, Zhang G, et al. Association between red cell distribution width-to-platelet ratio and hepatic fibrosis in nonalcoholic fatty liver disease: A cross-sectional study [J]. Medicine (Baltimore), 2019, 98 (30): e16565.